2010年第二季度

Quarter Two, 2010

中国货币政策执行报告

CHINA MONETARY POLICY REPORT

中国人民银行货币政策分析小组

Monetary Policy Analysis Group of
the People's Bank of China

中国金融出版社

China Financial Publishing House

责任编辑：张　驰
责任校对：潘　洁
责任印制：程　颖

图书在版编目（CIP）数据

2010年第二季度中国货币政策执行报告(2010 nian Dier Jidu Zhongguo Huobi Zhengce Zhixing Baogao)／中国人民银行货币政策分析小组编．—北京：中国金融出版社，2010.10
ISBN 978-7-5049-5696-5

I.①2…　II.①中…　III.①货币政策－工作报告－中国－2010　IV.①F822.0

中国版本图书馆CIP数据核字(2010)第200178号

出版
发行　中国金融出版社
社址　北京市丰台区益泽路2号
市场开发部（010）63272190，66070804（传真）
网上书店 http://www.chinafph.com
（010）63286832，63365686（传真）
读者服务部（010）66070833，62568380
邮编　100071
经销　新华书店
印刷　北京汇元统一印刷有限公司
尺寸　210毫米×285毫米
印张　10.75
字数　250千
版次　2010年10月第1版
印次　2010年10月第1次印刷
定价　98.00元
ISBN 978-7-5049-5696-5/F·5256

本书执笔人

总　　纂：张晓慧　　纪志宏

审　　稿：李　波　　霍颖励　　宣昌能　　张　涛　　朱　隽　　汪小亚
　　　　　刘　薇

统　　稿：张　蓓　　管　化

执　　笔：

第一部分：邱潮斌　　曾冬青　　陈文骋

第二部分：赵　婷　　李　超　　穆争社　　陈高松

第三部分：王东妮　　罗惟丹

第四部分：刘长青　　金　玫　　叶　欢　　袁　鹰　　刘胜会　　付　强

第五部分：李　斌　　徐荟竹

附录整理：段　炼　　林振辉　梁传健等

提供材料的还有：张翠微　　谢光启　　史蓉菊　　罗　瑜　　程艳芬
　　　　　　　　王佐罡　　席　钰　　刘　琨　　康　倩　　章向东
　　　　　　　　生　洁　　那丽丽　　陈　敏　　张　赶　　纪　敏
　　　　　　　　马志扬　　牛慕鸿

英文总纂：朱　隽

英文统稿：曹志鸿

英文翻译：曹志鸿　　刘文中　　马　辉　　滕　锐　　齐　喆　　王蓓婕

英文审校：Nancy Hearst（美国哈佛大学费正清东亚研究中心）

Contributors to This Report

CHIEF EDITORS:

ZHANG Xiaohui　JI Zhihong

READERS:

LI Bo　HUO Yingli　XUAN Changneng　ZHANG Tao　ZHU Jun　WANG Xiaoya
LIU Wei

EDITOR:

ZHANG Bei　GUAN Hua

AUTHORS:

PART ONE: QIU Chaobin　ZENG Dongqing　CHEN Wentao

PART TWO: ZHAO Ting　LI Chao　MU Zhengshe　CHEN Gaosong

PART THREE: WANG Dongni　LUO Weidan

PART FOUR: LIU Changqing　JIN Mei　YE Huan　YUAN Ying　LIU Shenghui
FU Qiang

PART FIVE: LI Bin　XU Huizhu

APPENDIX: DUAN Lian　LIN Zhenhui　LIANG Chuanjian et al.

OTHER CONTRIBUTORS: ZHANG Cuiwei　XIE Guangqi　SHI Rongju
LUO Yu　CHENG Yanfen　WANG Zuogang
XI Yu　LIU Kun　KANG Qian　ZHANG Xiangdong
SHENG Jie　NA Lili　CHEN Min　ZHANG Gan
JI Min　MA Zhiyang　NIU Muhong

ENGLISH EDITION

CHIEF EDITOR: ZHU Jun

EDITOR: CAO Zhihong

TRANSLATORS: CAO Zhihong　LIU Wenzhong　MA Hui　TENG Rui
QI Zhe　WANG Beijie

PROOFREADER:

Nancy Hearst (Fairbank Center for East Asian Research, Harvard University)

内容摘要

2010年上半年，中国经济继续朝着宏观调控的预期方向发展，运行总体态势良好。消费较快增长，投资增速高位回稳，对外贸易快速恢复，消费、投资、出口拉动经济增长的协调性增强，工业增长总体较快，企业效益大幅提高，居民消费价格温和上涨。上半年，实现国内生产总值（GDP）17.3万亿元，同比增长11.1%，居民消费价格指数(CPI)同比上涨2.6%。

中国人民银行按照国务院统一部署，继续实施适度宽松的货币政策，保持政策的连续性和稳定性，根据新形势、新情况着力提高政策的针对性和灵活性，综合采取多种措施，加强银行体系流动性管理，引导金融机构合理把握信贷投放总量、节奏和结构，进一步推进人民币汇率形成机制改革，改进外汇管理，继续稳步推进金融企业改革，促进经济平稳健康发展。在各项措施的综合作用下，货币信贷增长从2009年的高位逐步向常态回归，银行体系流动性总体充裕，人民币汇率弹性增强，金融运行平稳。

2010年6月末，广义货币供应量M2余额为67.4万亿元，同比增长18.5%，增速比上季度末低4.0个百分点。狭义货币供应量M1余额为24.1万亿元，同比增长24.6%，增速比上季度末低5.3个百分点。金融机构存款增速回落，6月末，全部金融机构本外币各项存款同比增长18.6%，增速比上季度末低3.1个百分点。金融机构贷款增速逐步回稳，投放节奏更趋均衡。6月末，人民币贷款余额同比增长18.2%，增速比上季度末低3.6个百分点，比年初增加4.6万亿元，同比少增2.7万亿元。金融机构贷款利率小幅回升，6月非金融性企业及其他部门贷款加权平均利率为5.57%，比年初上升0.32个百分点。2010年6月19日进一步推进人民币汇率形成机制改革以来至6月末，人民币汇率最大单日升值幅度为295个基点（折合0.43%），最大单日贬值幅度为122个基点（折合0.18%），6月末，人民币对美元汇率中间价为6.7909元。

下一阶段，国民经济在快速回升的基础上有望逐步趋向稳定和可持续增长。中央出台了一系列推动经济增长的新举措，有利于加快经济结构调整，形成更可持续的经济增长点。但当前国内外环境依然复杂严峻，经济运行中不确定、不稳定因素较多，宏观调控面临两难局面。世界经济复苏的基础比较脆弱，国际金融环境仍不稳定。国内民间投资和内生增长动力还要强化，持续扩大居民消费、改善收入分配、促进经济结构调整优化的任务艰巨，节能减排形势严峻，财政金融领域的风险不容忽视，价格形势比较复杂，通货膨胀预期管理仍需加强。

中国人民银行将继续认真贯彻落实科学发展观，按照国务院统一部署，继续实施适度宽松的货币政策，把握好政策实施的力度、节奏、重点，保持政策的连续性和稳定性，增强针对性和灵活性，处理好保持经济平稳较快发展、调整经济结构和管理好通货膨胀预期的关系，综合运用多种货币政策工具，加强流动性管理，保持货币信贷适度增长，提高金融支持经济发展的可持续性，维护金融体系健康稳定运行。稳步推进利率市场化改革，进一步完善人民币汇率形成机制，推动金融市场健康发展。强化市场配置资源功能，进一步加强政策协调配合，优化政策组合，着力于体制、机制改革和经济结构调整，加快转变经济增长方式，进一步提高经济发展的内生动力。

Executive Summary

In the first half of 2010, the Chinese economy generally performed well and was proceeding in the direction intended by the macroeconomic management policies. Consumption picked up rapidly; investment growth moderated but remained high; foreign trade experienced a fast rebound; the contributions of consumption, investment, and exports to economic development were more balanced; both industrial output and corporate profits went up by a large margin and the Consumer Price Index (CPI) edged up slightly. In the first half of the year, China's Gross Domestic Product (GDP) stood at 17.3 trillion yuan, up 11.1 percent year on year. The Consumer Price Index (CPI) rose year on year by 2.6 percent.

In accordance with the overall arrangements of the State Council, the People's Bank of China (PBC) continued a relatively loose monetary policy, maintained the consistency and stability of its policies, and made policies better targeted and more flexible in response to new developments. It deployed a mix of measures to strengthen liquidity management in the banking system and to guide financial institutions to properly manage the aggregate, pace, and structure of credit provision. The PBC further promoted the RMB exchange rate regime reform, improved foreign exchange administration, and pressed ahead steadily with the reform of financial enterprises, so as to contribute to the stable and healthy development of the economy. With the combined effects of various measures, the growth of money and credit gradually returned from the high level reached in 2009 to the general trend rate, liquidity in the banking system remained generally abundant, the flexibility of the RMB exchange rate was further strengthened, and the financial sector performed in a sound manner.

At the end of June 2010, broad money supply M2 recorded RMB 67.4 trillion yuan, up 18.5 percent from the same period of the last year, a deceleration of 4.0 percentage points. Narrow money supply M1 stood at RMB 24.1 trillion yuan, up 24.6 percent from the same period of the last year, a deceleration of 5.3 percentage points from the end of the last quarter. Deposits at financial institutions grew at a slower pace, with RMB and foreign currency deposits at financial institutions increasing by 18.6 percent year on year, down 3.1 percentage points from the end of the last quarter. Growth of lending by financial institutions moderated and loan extensions were more balanced. By end-June, RMB loans had grown 18.2 percent year on year, a deceleration of 3.6 percentage points from the end of the last quarter, or an increase of RMB 4.6 trillion yuan, representing a deceleration of RMB 2.7 trillion yuan. Lending rates offered by financial institutions went up slightly, with the weighted average lending rate for non-financial enterprises and other sectors standing at 5.57 percent in June, up 0.32 percentage point from the beginning of the year. After the PBC decided to proceed further with the reform of the RMB exchange rate regime on June 19, the largest daily appreciation of the RMB against the US dollar posted 295 basis points(or 0.43 percent) and the largest daily depreciation of the RMB against the US dollar posted 122 basis points (or 0.18 percent). By the end of June the central parity of the RMB against the US dollar registered RMB 6.7909 yuan.

Going forward, the economy is expected to grow in a more stable and sustainable way on the basis of the recent rapid rebound. To boost economic growth, the central government has launched a series of new measures, which will step up adjustments in the economic structure and nurture new growth points. However, given the still- complicated and serious conditions at home and abroad, as well as the many uncertainties regarding economic development, macroeconomic management is facing a dilemma. The basis for a global recovery is still fragile and the international financial environment has not yet stabilized. Meanwhile, domestic private investment and endogenous drivers for growth need to be further enhanced, household consumption should be boosted, optimization of income distribution and adjustments of the economic structure are facing difficulties, the tasks of energy-savings and emission- reductions remain arduous, the risks in the fiscal and financial sector call for attention, movements in the price level is not clear, and management of inflation expectations needs to be strengthened.

The PBC will continue to follow the scientific outlook on development and implement the relatively easy monetary policy in line with the overall arrangements of the State Council. It will properly manage the intensity, pace, and focus of the policies and make policies better targeted and more flexible while also maintaining policy consistency and stability. Efforts will be made to strike a balance among supporting sound and relatively rapid development, restructuring the economy, and managing inflationary expectations. The PBC will employ a variety of policy tools to enhance liquidity management so as to maintain proper growth of money and credit, strengthen the sustainability of financial support to economic development, and make sure that the financial system performs in a sound manner. Moreover, the PBC will advance the market-based interest rate reform and the reform of the RMB exchange rate regime to promote the healthy development of the financial market. In addition, it will enhance the role of the market in allocating resources, improve policy coordination, optimize the policy mix, and facilitate systemic reform and economic structural adjustments to contribute to a shift in the growth model and to provide an internal impetus for economic development.

目　录

专栏

表

图

①数据来源：中国人民银行、国家统计局、商务部、海关总署、国家外汇管理局、世界银行、国际货币基金组织、世界贸易组织、联合国贸易和发展会议等。

②数据来源：相关中央银行、国家统计机构、世界银行、国际货币基金组织等。

Contents

Figures

1. Source: The People's Bank of China, the National Bureau of Statistics, the Ministry of Commerce, the General Administration of Customs, the State Administration of Foreign Exchange, World Bank, International Monetary Fund, World Trade Organization, and United Nations Conference on Trade and Development, etc..

2. Source : Central banks, national statistical agencies in relevant countries, The World Bank, IMF, etc..

第一部分 货币信贷概况

2010年上半年，货币信贷增长从上年的高位逐步向常态回归，银行体系流动性总体充裕，人民币汇率弹性增强，金融运行平稳。

一、货币供应量增长逐步放缓

2010年6月末，广义货币供应量M2余额为67.4万亿元，同比增长18.5%，增速比上年年末低9.2个百分点。狭义货币供应量M1余额为24.1万亿元，同比增长24.6%，增速比上年年末低7.8个百分点。流通中现金M0余额为3.9万亿元，同比增长15.7%，增速比上年年末高3.9个百分点。上半年现金净投放658亿元，同比多投放1 236亿元。

货币总量增长呈逐步放缓态势，M2和M1增速分别较上季度末回落4.0个和5.3个百分点。在各项货币政策措施的综合调控下，2010年以来货币增长走势总体符合调控预期，有利于为经济平稳发展提供良好的货币金融环境。M1增速连续10个月高于M2，货币流动性仍相对较强。

二、金融机构存款增速回落

6月末，全部金融机构（含外资金融机构，下同）本外币各项存款余额为68.9万亿元，同比增长18.6%，增速比上年年末和上季度末分别低9.1个和3.1个百分点，比年初增加7.7万亿元，同比少增2.4万亿元。其中，人民币各项存款余额为67.4万亿元，同比增长19.0%，增速比上年年末和上季度末分别低9.2个和3.1个百分点，比年初增加7.6万亿元，同比少增2.3万亿元。外币存款余额为2 127亿美元，同比增长2.2%，比年初增加40亿美元，同比少增113亿美元。

从人民币存款的部门分布和期限看，住户存款增长相对平稳，非金融企业存款增长明显回落，活期存款占比提升。6月末，金融机构住户存款余额为29.2万亿元，同比增长15.2%，增速比上季度末高0.1个百分点，比年初增加2.8万亿元，同比少增4 152亿元，可能与理财产品等投资渠道存在一定分流有关。非金融企业人民币存款余额为28.1万亿元，同比增长19.5%，增速比上季度末低7.1个百分点，比年初增加2.9万亿元，同比大幅少增2.7万亿元，主要与上年基数较高有关。上半年新增住户存款和非金融企业存款中，活期存款占比分别为45%和52%，比上年同期分别高10个和6个百分点。6月末，财政存款余额为3.2万亿元，同比增长28.9%，比年初增加9 707亿元，同比多增2 826亿元。

三、金融机构贷款增长逐步回稳

6月末，全部金融机构本外币贷款余额为47.4万亿元，同比增长19.2%，增速比上年年末和上季度末分别低13.8个和4.9个百分点，比年初增加4.8万亿元，同比少增2.9万亿元。本外币中长期贷款主要投向基础设施行业（交通运输、仓储和邮政业，电力、燃气及水的生产和供应业，水利、环境和公共设施管理业）、房地产业、制造业。上半年，主要金融机构（包括国家开发银行和政策性银行、国有商业银行、股份制商业银行、中国邮政储蓄银行、城市商业银行）投向这三个行业的本外币中长期贷款分别为1.03万亿元、4 488亿元和3 133亿元，占全部产业新增中长期贷款的比重分别为43.4%、18.8%和13.1%。“三农”贷款增速继续高于同期各项贷款。6月末，主要金融机构及农村合作金融机构、城市信用社、村镇银行和财务公司农村贷款本外币余额为8.8万亿元，同比增长31.3%，高出同期各项贷款增速12.1个百分点；农户贷款本外币余额为2.4万亿元，同比增长30.2%，高出同期各项贷款增速11个百分点；农林牧渔业贷款本外币余额为2.2万亿元，同比增长22.0%，高出同期各项贷款增速2.8个百分点。

人民币贷款增速逐步回落。6月末，人民币贷款增速为18.2%，分别比上年年末和上季度末低13.5个和3.6个百分点，比年初增加4.6万亿元，同比少增2.7万亿元。信贷投放节奏更趋平稳，2月以来，月度贷款增量基本维持在6 500亿元左右。总体看，2010年以来信贷增长走势符合调控方向。分机构看，中资全国性大型银行、全国性中小型银行及区域性中小型银行贷款均同比少增。从部门分布看，住户贷款保持较快增长，非金融企业及其他部门贷款增速明显放缓。6月末，住户贷款同比增长49.3%，增速比上年年末高6.0个百分点，比上季度末则回落2.2个百分点，比年初增加1.7万亿元，同比多增6 829亿元。主要是个人住房贷款增加较多，比年初增加8 703亿元，在住户贷款中占比为50%。近期，受房地产调控政策进一步落实、房地产交易量明显下滑等影响，个人住房贷款增长已有所放缓，6月在住户贷款中的占比已降至33%。非金融企业及其他部门贷款同比增长11.3%，比年初增加2.9万亿元，同比少增3.4万亿元。其中，中长期贷款比年初增加2.7万亿元，同比少增4 262亿元。票据融资比年初减少6 524亿元，同比少增2.4万亿元，其中，第二季度仅减少281亿元。近期，票据签发量总体保持较高水平，票据贴现利率也维持于相对高位，票据融资调节商业银行资产结构的“蓄水池”功能继续体现。中小企业信贷支持力度继续加大。上半年，我国银行业机构中小企业人民币贷款新增1.9万亿元，6月末余额同比增长19.2%，其中，小企业贷款上半年新增8 668亿元，6月末余额同比增长23.9%，增速比中型企业高7.7个百分点，比大型企业高11.4个百分点。

表1　2010年上半年分机构人民币贷款情况

单位：亿元

	2010年上半年	
	新增额	同比多增
中资全国性大型银行①	24 282	-17 180
中资全国性中小型银行②	12 649	-8 955
中资区域性中小型银行③	2 801	-1 713
农村合作金融机构④	7 602	143
外资金融机构	775	1 101

注：①中资全国性大型银行是指本外币资产总量超过2万亿元的银行（以2008年年末各金融机构本外币资产总额为参考标准）。
②中资全国性中小型银行是指本外币资产总量小于2万亿元且跨省经营的银行。
③中资区域性中小型银行是指本外币资产总量小于2万亿元且不跨省经营的银行。
④农村合作金融机构包括农村商业银行、农村合作银行、农村信用社。
数据来源：中国人民银行。

6月末，金融机构外币贷款余额为4 117亿美元，同比增长39.4%，比年初增加323亿美元，同比少增194亿美元。其中，支持进出口的贸易融资增加122亿美元，增量占比为38%。第二季度，外币贷款仅增加30亿美元，增长有所放缓，与商业银行外币存款增加较少、资金头寸存在制约有一定关系。

专栏1　强化资本约束　提高商业银行资本运用效率

2003年商业银行股份制改革启动以来，我国商业银行资本管理能力不断提高，资本约束理念日益强化，资本约束机制初步建立，有力地促进了我国银行业的稳定发展，增强了金融支持经济发展的力度。2009年年末，我国商业银行整体加权平均资本充足率为11.4%，239家商业银行资本充足率全部达标。

资本管理的目的是发挥资本约束机制，使资本增长与风险资产的扩张相匹配，提高银行自身抵御风险的能力。现阶段，我国商业银行处于快速发展时期，在良好的经济环境下，利润增长较快，加之以利差收入为主的盈利模式，增加了银行扩大资产规模的动力，特别是风险权重较高的信贷资产快速增长，大量消耗资本，造成资本充足水平下降。不少银行尤其是大型商业银行仍然在一定程度上对国有股东和政府存在依赖性，信贷扩张对资本补充的“倒逼”时有发生。资本规模对资产扩张的约束机制未能充分发挥，存在“水多了加面，面多了加水”的现象，不利于银行的长期可持续发展。此外，大型金融机构集中筹集资本也会对资本市场形成冲击，反过来会加大资本筹集的难度、提高筹资成本。商业银行资本约束的理念和相关措施仍需进一步完善，资本约束机制有待强化，资本运用效率亟须提高。

近一年多来，为应对国际金融危机，我国及时出台了一系列政策措施促进经济平稳较快发展，实施适度宽松的货币政策，银行信贷规模快速增长，较好地满足了实体经济对信贷资金的合理需求。但是，随着信贷投放的快速增长，银行风险资产规模不断扩大，资本充足率下降。监管部门相应提高了对商业银行资本数量和质量的要求，加之《巴塞尔新资本协议》将逐步实施以及国际金融危机后全球资本监管要求趋于提高等因素，强化资本约束机制、提高资本运用效率，进一步完善我国商业银行资本补充和约束机制的要求更加迫切。

强化资本约束，提高商业银行资本运用效率，有利于确保银行体系稳健运行、缓解商业银行资本补充压力、调整我国融资结构和防范金融体系系统性风险，有利于促进我国经济持续、平稳、健康发展。当前，应根据我国银行业的实际情况，借鉴国际金融危机后巴塞尔银行监管委员会等国际组织提出的资本监管理念和方法，继续优化资本监管体系，在不断完善资本补充机制，强化商业银行核心资本和内部积累能力的同时，进一步深化资本约束理念，真正建立起资本约束的长效机制，提高商业银行资本运用效率。一是要合理把握信贷投放总量和节奏，使信贷增长与我国国民经济发展需要相适应。研究建立和完善宏观审慎管理的制度框架，发挥跨周期的逆风向调节功能，引导货币信贷平稳适度增长，增强银行应对经济周期性波动的能力。二是要积极引导和鼓励金融创新，强化银行主动管理资产负债的能力。根据资本的风险承受能力，合理调整资产结构，大力发展中间业务以及资本占用少的业务和项目，转变盈利增长方式，通过集约化经营提高资本运用效率和竞争实力。三是要继续完善商业银行内部的经济资本管理，健全内部资本充足评估程序，综合考虑风险、收益、资本占用的平衡关系，实现资本对资产的有效制约。四是要加快资本市场发展，扩大直接融资比例，推动我国融资结构的调整，缓解银行体系的资本需求。

四、银行体系流动性总体充裕

6月末，基础货币余额为15.4万亿元，同比增长24.5%，比年初增加1.0万亿元。6月末，货币乘数为4.37，与上季度末基本持平；比上年同期则低0.22，货币扩张能力相对趋弱。6月末，金融机构超额准备金率为1.82%。其中，中资大型银行为1.39%，中资中型银行为1.79%，中资小型银行为2.68%，农村信用社为4.27%。

五、金融机构贷款利率小幅上升

非金融性企业及其他部门贷款利率小幅回升。6月，贷款加权平均利率为5.57%，比年初上升0.32个百分点。其中，一般贷款加权平均利率为5.99%，比年初上升0.11个百分点；票据融资加权平均利率为3.77%，比年初上升1.03个百分点。个人住房贷款利率小幅上升，6月加权平均利率为4.95%，比年初上升0.53个百分点。

从利率浮动情况看，实行下浮利率的贷款占比下降。6月，非金融性企业及其他部门一般贷款实行下浮利率的占比为27.72%，比年初下降5.47个百分点；实行基准利率和上浮利率的贷款占比分别为30.89%和41.39%，比年初分别上升0.63个和4.84个百分点。

受境内企业外币资金融资需求增加、境外美元Libor等国际市场利率有所上扬等因素影响，境内外币存贷款利率总体上升。6月，3个月以内、3（含）~6个月美元贷款加权平均利率分别为2.39%和2.81%，比年初分别上升0.80个和1.15个百分点。活期、3个月以内大额美元存款加权平均利率分别为0.21%和1.76%，比年初分别上升0.04个和1.30个百分点。

表2　2010年1～6月金融机构人民币贷款各利率区间占比表

单位：%

月份	下浮	基准	上浮					
	[0.9,1.0)	1.0	小计	(1.0,1.1]	(1.1,1.3]	(1.3,1.5]	(1.5,2.0]	2.0以上
1月	35.38	31.18	33.44	11.92	8.74	4.42	5.71	2.65
2月	32.64	31.95	35.41	12.77	9.21	4.31	6.09	3.03
3月	30.05	28.91	41.04	13.12	10.91	5.45	7.11	4.45
4月	26.22	31.18	42.60	13.83	11.66	5.89	7.47	3.75
5月	26.56	29.55	43.89	14.92	11.88	5.77	7.62	3.70
6月	27.72	30.89	41.39	14.44	11.63	5.34	6.80	3.18

数据来源：中国人民银行。

表3　2010年1～6月大额美元存款与美元贷款平均利率表

单位：%

月份	大额存款						贷款				
	活期	3个月以内	3(含3个月)~6个月	6(含6个月)~12个月	1年	1年以上	3个月以内	3(含3个月)~6个月	6(含6个月)~12个月	1年	1年以上
1月	0.12	0.62	0.88	1.07	1.88	2.96	1.55	1.91	2.07	2.09	3.04
2月	0.15	0.70	0.85	1.50	1.65	1.75	1.68	1.88	1.90	2.16	2.79
3月	0.15	0.76	0.81	1.34	2.32	0.82	1.69	1.82	2.03	2.32	2.87
4月	0.15	0.92	0.87	1.69	1.99	3.83	1.94	2.12	2.14	2.53	2.50
5月	0.16	1.41	1.65	1.72	3.09	2.82	2.39	2.88	2.63	2.96	3.02
6月	0.21	1.76	1.44	2.32	1.60	3.94	2.39	2.81	2.88	3.10	3.33

数据来源：中国人民银行。

六、人民币汇率弹性显著增强

2010年年初至6月19日，为应对全球金融危机，人民币汇率保持基本稳定，基本上在6.81～6.85元的区间内运行。从2010年6月19日进一步推进人民币汇率形成机制改革以来，人民币小幅升值，双向浮动特征明显，汇率弹性显著增强。6月末，人民币对美元汇率中间价为6.7909元，比上年年末升值373个基点，升值幅度为0.55%；人民币对欧元、日元汇率中间价分别为1欧元兑8.2710元人民币、100日元兑7.6686元人民币，分别较上年年末升值18.45%和贬值3.79%。2005年7月人民币汇率形成机制改革以来至2010年6月末，人民币对美元汇率累计升值21.88%，对欧元汇率累计升值21.07%，对日元汇率累计贬值4.73%。根据国际清算银行的计算，同期人民币名义有效汇率升值18.5%，实际有效汇率升值21.5%。

上半年，人民币对美元汇率中间价最高为6.7890元，最低为6.8284元，118个交易日中，59个交易日升值、6个交易日持平、53个交易日贬值。从6月19日进一步推进人民币汇率形成机制改革起至6月末，最大单日升值幅度为295个基点（折合0.43%），最大单日贬值幅度为122个基点（折合0.18%）。

第二部分　货币政策操作

2010年上半年，中国人民银行按照国务院的统一部署，继续实施适度宽松的货币政策，保持政策的连续性和稳定性，根据新形势、新情况着力提高政策的针对性和灵活性，加强银行体系流动性管理，引导金融机构合理把握信贷投放总量、节奏和结构，继续稳步推进金融企业改革，进一步推进人民币汇率形成机制改革，改进外汇管理，促进经济平稳健康发展。

一、灵活开展公开市场操作

2010年第二季度，中国人民银行继续加强对国内外经济金融形势和银行体系流动性变化的监测分析，按照适度宽松的货币政策的要求灵活开展公开市场操作，保持银行体系流动性合理适度，促进市场预期稳定。一是灵活掌握公开市场操作规模和节奏。中国人民银行积极应对第二季度以来欧洲主权债务危机加剧、金融机构年中监管指标考核、新股发行等多种因素带来的银行体系流动性短时波动加大的新情况，灵活安排公开市场操作规模和节奏，实现了银行体系流动性的合理适度。上半年，累计发行中央银行票据2.6万亿元，开展正回购操作1.5万亿元。6月末，中央银行票据余额约为4.4万亿元。二是不断优化操作工具组合。根据货币调控的需要，中国人民银行于4月初适时重启3年期中央银行票据发行，与1年期以内的操作品种相配合，在操作中以中央银行票据发行为主、短期正回购操作为辅，不断优化操作工具组合，灵活调节银行体系流动性。三是合理把握公开市场操作利率弹性。结合市场环境变化，中国人民银行增强了公开市场操作利率弹性，在公开市场短期操作利率适度上行的同时，3年期中央银行票据发行利率顺应市场变化小幅下行，对于理顺公开市场利率期限结构、有效引导市场预期、改进流动性管理发挥了重要作用。6月30日，3个月期中央银行票据和1年期中央银行票据的发行利率分别为1.5704%和2.0929%，分别较上年年末上升24个和33个基点；3年期中央银行票据的发行利率为2.68%，自重启以来累计下降7个基点。四是适时开展中央国库现金管理操作。继续加强与财政政策的协调配合，结合货币调控及提高财政库款收益的需要，中国人民银行2010年上半年开展了六期国库现金管理商业银行定期存款业务，操作规模共计2 000亿元，其中，3个月期800亿元、6个月期900亿元、9个月期300亿元，既有助于保持操作的连续性，也及时满足了部分中小金融机构的融资需求。

二、适时上调存款准备金率

为加强流动性管理，引导货币信贷适度增长，管理好通货膨胀预期，中国人民银行分别于2010年1月18日、2月25日和5月10日上调存款类金融机构人民币存款准备金率各0.5个百分点。农村信用社等小型金融机构存款准备金率暂不上调，以加大对“三农”和县域经济的支持力度。三次上调存款准备金率适时、适度地对冲了银行体系部分过剩的流动性，政策实施后，市场流动性仍可满足货币信贷总量适度增长和经济发展的需要。

三、加强“窗口指导”和信贷政策引导

2010年上半年，中国人民银行进一步加强对金融机构的“窗口指导”，引导金融机构相对均衡地安排贷款投放节奏，完善信贷管理制

度，充分发挥信贷政策对国民经济和社会建设的积极作用。一是按照“有保有控”的信贷政策要求，引导金融机构加大对重点产业和在建项目的贷款支持力度，支持企业节能减排、技术改造和淘汰落后产能，改善对小企业的金融服务，做好金融支持文化产业、服务外包、物流等新兴产业发展工作，抓好“民生金融”，做好抗震救灾、“大学生村官”、就业、助学、扶贫、区域发展等改善民生的信贷支持工作。同时，加强对地方政府融资平台的放贷管理，严格控制对高耗能、高排放行业和产能过剩行业的贷款。引导金融机构执行好差别化房贷政策。二是在全国范围内全面推动农村金融产品和服务方式创新，进一步改进和提升农村金融服务，加强信贷结构调整和优化，不断增加涉农信贷投放。三是引导金融机构改进考核机制，合理安排贷款投放节奏，防止贷款在季度、月度间大起大落。

四、跨境贸易人民币结算试点工作取得新进展

2010年第二季度，跨境贸易人民币结算业务量快速增长，商业银行累计办理跨境贸易人民币结算业务486.6亿元，比上季度增长1.65倍。自试点开始至2010年6月末，银行累计办理跨境贸易人民币结算业务706.0亿元。其中，货物贸易出口结算金额为65.3亿元、货物贸易进口结算金额为563.9亿元、服务贸易及其他经常项目结算金额为76.8亿元。境内代理银行为境外参加银行共开立284个人民币同业往来账户，账户余额为77.3亿元。中国香港和新加坡仍是境外接受人民币结算的主要地区，在发生人民币实际收付的业务中，两地合计占比为87%。

2010年6月22日，中国人民银行、财政部、商务部、海关总署、税务总局和中国银监会联合发布了《关于扩大跨境贸易人民币结算试点有关问题的通知》，扩大跨境贸易人民币结算试点范围，增加国内试点地区，不再限制境外地域，试点业务范围扩展到货物贸易之外的其他经常项目结算，以进一步满足企业对跨境贸易人民币结算的实际需求，发挥跨境贸易人民币结算的积极作用。

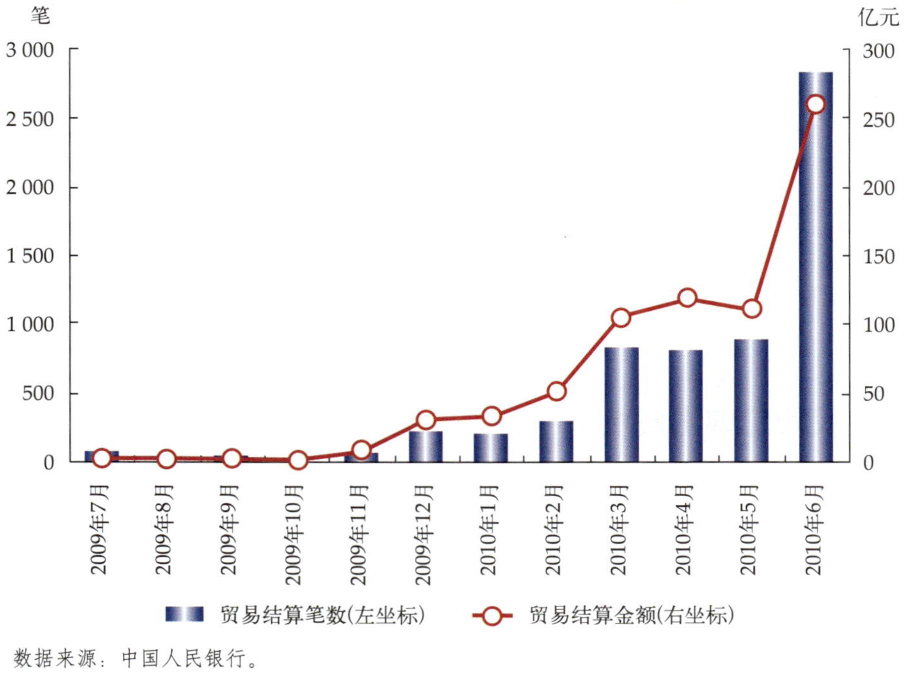

数据来源：中国人民银行。

图1　跨境贸易人民币结算按月情况

专栏2 跨境贸易人民币结算试点范围扩大

自2009年7月开展跨境贸易人民币结算试点工作以来，人民币资金结算、清算渠道便捷、顺畅，人民币出口退（免）税及进出口报关政策清晰明确、操作流程便利，受到了试点企业的欢迎。在试点过程中，企业提出扩大试点区域和业务范围的要求。

为满足企业对跨境贸易人民币结算的实际需求，进一步发挥跨境人民币结算的积极作用，经国务院批准，中国人民银行、财政部、商务部、海关总署、国家税务总局和中国银行业监督管理委员会联合发布了《关于扩大跨境贸易人民币结算试点有关问题的通知》，扩大跨境贸易人民币结算试点范围。该通知的主要内容包括以下几方面：一是跨境贸易人民币结算的境外地域由港澳、东盟地区扩展到所有国家和地区。二是增加北京、天津、内蒙古、辽宁、吉林、黑龙江、江苏、浙江、福建、山东、湖北、广西、海南、重庆、四川、云南、西藏、新疆18个省（自治区、直辖市）为跨境贸易人民币结算试点地区。三是广东省的试点范围由4个城市扩大到全省，增加上海市和广东省的货物贸易出口试点企业数量。四是所有试点省（自治区、直辖市）具有进出口经营资格的企业，均可按照《跨境贸易人民币结算试点管理办法》（中国人民银行 财政部 商务部 海关总署 国家税务总局 中国银行业监督管理委员会 [2009] 第10号公布），以人民币进行进口货物贸易、跨境服务贸易和其他经常项目结算。五是对北京、天津、内蒙古、辽宁、上海、江苏、浙江、福建、山东、湖北、广东、广西、海南、重庆、四川、云南16个省（自治区、直辖市）出口货物贸易人民币结算实行试点企业管理制度。六是内蒙古、辽宁、吉林、黑龙江、广西、云南、西藏、新疆8个边境省（自治区）具有进出口经营资格的企业，均可按照《跨境贸易人民币结算试点管理办法》，对指定口岸与毗邻国家的一般贸易和边境小额贸易出口货物开展人民币结算试点，出口退（免）税按照《财政部 国家税务总局关于边境地区一般贸易和边境小额贸易出口货物以人民币结算准予退（免）税试点的通知》（财税[2010]26号）办理。

此次扩大试点，顺应了国内外市场的意愿，拓宽了境外人民币资金的来源渠道，满足了企业跨境业务多元化的需求，进一步促进了贸易和投资便利化，支持企业“走出去”；进一步密切和巩固了我国与周边国家和地区尤其是发展中国家的经贸联系。

五、完善人民币汇率形成机制

2010年年初至6月中旬，为应对全球金融危机，人民币汇率继续保持基本稳定。2010年6月19日，根据国内外经济金融形势和我国国际收支状况，中国人民银行决定进一步推进人民币汇率形成机制改革，增强人民币汇率弹性。进一步推进人民币汇率形成机制改革以来，人民币小幅升值，双向浮动特征明显，汇率弹性显著增强。

专栏3　进一步推进人民币汇率形成机制改革

6月19日，根据国内外经济金融形势和我国国际收支状况，中国人民银行决定，进一步推进人民币汇率形成机制改革，增强人民币汇率弹性。

一、2005年人民币汇率形成机制改革取得预期效果

2005年7月21日起，我国开始实行以市场供求为基础、参考一篮子货币进行调节、有管理的浮动汇率制度。几年来，人民币汇率形成机制改革有序推进，总体上对我国实体经济起到了积极影响，为宏观调控创造了有利条件，也在应对国内外形势变化中发挥了重要作用，取得了预期的效果。

为应对2008年国际金融危机带来的不利影响，我国适当收窄了人民币的波动幅度，这符合我国经济的自身利益，有助于我国经济较快地实现稳定和复苏。在国际金融危机最严重的时候，许多国家货币对美元大幅贬值，而人民币汇率保持了基本稳定，为抵御国际金融危机发挥了重要作用，也为亚洲乃至全球经济复苏作出了巨大贡献。

二、进一步推进人民币汇率形成机制改革的主要内容和特点

实行有管理的浮动汇率制度是我国的既定政策，当前全球经济逐步复苏，我国经济回升向好的基础进一步巩固，经济运行已趋于平稳，加快经济结构调整、转变发展方式的任务也十分重要和紧迫，有必要在2005年汇改的基础上进一步推进人民币汇率形成机制改革，增强人民币汇率弹性。

进一步推进人民币汇率形成机制改革的重点在于，坚持以市场供求为基础，参考一篮子货币进行调节。继续按照已公布的外汇市场汇率浮动区间，对人民币汇率浮动进行动态管理和调节，保持人民币汇率在合理、均衡的水平上的基本稳定，促进国际收支基本平衡，维护宏观经济和金融市场的稳定。

当前人民币汇率不存在大幅波动和变化的基础。目前我国进出口渐趋平衡，2009年经常项目顺差同比下降32%，占国内生产总值之比为6.0%，较2008年的9.6%显著下降，2010年以来这一比例进一步下降，第一季度经常项目顺差536亿美元，同比下降32%，占GDP的比重为4.5%，国际收支向均衡状态进一步趋近。

三、进一步推进人民币汇率形成机制改革符合我国的根本利益

进一步推进汇改，完善有管理的浮动汇率制度，是根据我国国情和发展战略作出的选择，符合完善社会主义市场经济体制的改革方向和我国长远、根本的核心利益。对于促进我国结构调整和经济的全面协调可持续发展、抑制通货膨胀和资产泡沫、增强宏观调控的主动性和有效性、改善宏观调控能力、维护有利于我国经济发展的战略机遇期和国际经贸环境等都将起到积极作用。

进一步推进汇改对我国进出口和就业的影响总体利大于弊。在当代国际货币体系下，主要货币均实行浮动汇率制，进出口企业必然要面对本币与其他各币种间的汇率波动，随着我国经济市场化程度的不断提高，越来越多的企业已经具备积极调整和应对市场变化的灵活性和能力，这从2005年汇改到2008年国际金融危机恶化前我国出口行业的快速发展上就已经得到印

证，汇率浮动也有利于降低进口成本，改善我国的贸易条件，对企业引进技术、设备、进口原材料和原器件等也是有利的。汇率浮动有助于调整优化就业结构，增加就业总量，通过促使出口由简单加工转向深加工和精加工，延长了产业链、细化了分工，从而能够增加就业岗位；通过优化资源在贸易品部门和非贸易品部门间的配置，有助于加快服务业的发展，吸纳更多就业。

今后将积极创造有利条件，引导和帮助企业加强结构调整，银行部门也需进一步改进金融服务，协助企业管理汇率风险，为企业发展提供有利支持。中国人民银行还将加强对短期投机资本的监测和管理，防止热钱大规模流动给国内金融体系造成大的冲击。

四、进一步推进汇改以来外汇市场运行平稳，人民币汇率弹性增强

进一步推进汇改的一个月以来，我国银行间外汇市场运行平稳，人民币汇率弹性增强。一是人民币汇率小幅升值，体现了市场供求的基础性作用。截至7月21日，人民币对美元汇率中间价为6.7802元，较汇改前一日（6月18日）升值473个基点，升值幅度为0.70%，较上年年末升值0.71%。二是人民币汇率走势体现了参考一篮子货币的要求。人民币对美元汇率中间价除6月21日与前日持平外，在其余交易日与美元对其他国际主要货币汇率走势基本一致。三是人民币汇率双向浮动特征明显。汇改一个月以来，人民币对美元汇率中间价1天持平，14天升值，8天贬值；市场收盘汇率较中间价14天升值，9天贬值。四是汇率弹性明显增强。银行间外汇市场汇率日波幅最大为329个基点，最小为34个基点，平均为101个基点，是2005年汇改至2008年7月底期间平均77个基点的1.3倍。五是企业和个人反应平稳，银行柜台结售汇业务并未出现异常波动。六是企业运用外汇避险工具规避汇率风险，银行柜台远期结售汇签约额较前期增长。

六、继续推进金融机构改革

大型商业银行改革进一步推进。中国农业银行股票于7月15日、16日分别在上海证券交易所和香港联交所挂牌上市，大型商业银行改革完成收官之战。此次中国农业银行股票A+H同步发行，A股全额行使超额配售权后发行规模为256亿股，筹资685亿元人民币；H股全额行使超额配售权后发行规模为292亿股，筹资935亿港元。中国农业银行积极探索“面向‘三农’”与“商业运作”相结合的有效途径，稳步推进“‘三农’金融事业部”改革，继续选择四川、重庆、湖北、广西、甘肃、吉林、福建、山东8省（自治区、直辖市）进行改革试点。中国工商银行、中国银行、中国建设银行和交通银行四家已上市的大型商业银行公司治理架构不断规范，企业核心竞争力逐步提高。截至2010年第一季度末，上述四家商业银行的资本充足率分别为12.0%、11.1%、11.4%和11.7%；不良贷款率分别为1.35%、1.30%、1.35%和1.27%；税前利润分别为541亿元、355亿元、457亿元和135亿元。国家开发银行继续推进商业化转型，服务于国民经济重大中长期发展战略。

按照“一行（司）一策”的原则，继续推进政策性金融机构改革。中国人民银行继续牵头研究论证中国进出口银行和中国出口信用保险公司改革方案和《章程》修订草案，以促进两家机构充分发挥政策性金融机构在对外贸易和投资方面的支持作用。进一步做好中国农业发展银行改革前期研究工作，推动其继续深化内部改革，为全面改革作好准备。

农村信用社改革取得重要的阶段性成果。一是经营财务状况明显改善。按贷款四级分类口径统计，6月末，全国农村信用社不良贷款余额为3 581亿元，不良贷款比例为6.6%，比上年年末下降0.8个百分点；2010年上半年，盈利395亿元，同比增加103亿元，增长35.3%。二是支农服务力度明显加大。6月末，全国农村信用社的各项贷款余额为5.5万亿元，占全国金融机构各项贷款余额的比例为12.2%，比上年年末提高0.5个百分点。涉农贷款和农户贷款余额分别为3.7万亿元和1.9万亿元，比上年年末分别增加5 691亿元和3 056亿元。三是产权制度改革取得一定进展。截至6月末，全国共组建以县（市）为单位的统一法人农村信用社2 023家，农村商业银行55家，农村合作银行205家。

七、深化外汇管理体制改革

2010年上半年，外汇管理部门认真落实国务院的统一部署，继续实施应对国际金融危机的一揽子计划，防范跨境资金流动风险，促进国民经济又好又快发展。

进一步提高贸易投资便利化，支持涉外经济发展。在7个省（直辖市）开展进口付汇核销制度改革试点，实现了由逐笔核销向总量核查、现场核销向非现场核查、行为监管向主体监管的转变；下放10项资本项目外汇业务审批权限，简化部分业务审核材料；进一步便利个人结售汇行为，先后批准中国银行、招商银行以及中国工商银行试点开办电子银行个人结售汇业务；在控制外债总规模的条件下，将中资企业借用短期外债试点推广至全国，允许国家外汇管理局各分局在地区短期外债指标内为辖内中资企业核定借债指标。

加强跨境资金流动监测和预警，严厉打击“热钱”等违规资金流动。开展应对和打击“热钱”专项行动，开展打击地下钱庄等违法、违规外汇交易活动；规范境内银行境外直接投资外汇管理，进一步完善境外直接投资统计监测；完善国际收支风险监测预警系统，构建能够监测国际收支顺差和逆差双向风险的指标体系。

第三部分　金融市场分析

2010年上半年，我国金融市场继续健康、平稳运行，市场流动性总体充裕。货币市场交易活跃，市场利率波动中明显上升；债券市场指数有所上涨，债券发行规模稳步增加；股票市场震荡下行，股票融资大幅扩展。

2010年上半年，国内非金融机构部门（包括住户、非金融企业和政府部门）融资总量为6.0万亿元，同比下降32.3%。在融资结构中，贷款融资的主导地位较上年同期有所下降，股票融资占比明显上升，企业债券融资继续增加较多，直接融资在配置资金中的作用明显增强。

表4　2010年上半年国内非金融机构部门融资情况简表

	融资量(亿元人民币)		比重(%)	
	2010年上半年	2009年上半年	2010年上半年	2009年上半年
国内非金融机构部门融资总量	60 156	88 915	100.0	100.0
贷款①	48 358	77 230	80.4	86.9
股票②	2 548	919	4.2	1.0
国债③	3 275	4 902	5.4	5.5
企业债券④	5 975	5 864	9.9	6.6

注：①本表贷款融资为本外币贷款融资额。

②本表股票融资包括可转债融资，不包括金融机构上市融资额。

③包括财政部代理发行的地方政府债。

④包括企业债、公司债券、可分离债、集合票据、短期融资券和中期票据。

数据来源：中国人民银行。

一、金融市场运行分析

（一）货币市场交易活跃，市场利率波动中明显上升

货币市场回购交易平稳增长，拆借交易大幅增加。上半年，银行间市场回购累计成交38.4万亿元，日均成交3 146亿元，日均成交同比增长7.7%；拆借累计成交11.1万亿元，日均成交914亿元，日均成交同比增长40.6%。从期限结构看，市场交易主要集中于隔夜品种，回购和拆借隔夜品种的交易份额分别为79.3%和87.7%。交易所市场政府债券回购累计成交2.6万亿元，同比增长100.2%。

从货币市场融资结构看，融资主体主要呈现以下特点。一是货币市场资金供给格局有所变化。受商业银行根据经济金融形势、宏观调控和监管要求加强资产负债管理等因素的影响，货币市场融资格局相应有所变化，国有商业银行在货币市场净融出资金大幅减少，其他商业银行也由上年同期净融出资金转为净融入。上半年，国有商业银行净融出资金10万亿元，同比减少6.4万亿元；其他商业银行净融入资金4.1万亿元，同比增加4.3万亿元。二是非银行金融机构的资金需求总体有所减少。受国际、国内宏观经济不确定因素较多及国内股票市场波动加大等因素的影响，非银行金融机构的交易行为较为谨慎，融资需求同比下降较多，证券及基金公

表5　2010年上半年金融机构回购、同业拆借资金净融出、净融入情况表

单位：亿元

	回购市场		同业拆借市场	
	2010年上半年	2009年上半年	2010年上半年	2009年上半年
国有商业银行	-91 317	-151 343	-8 552	-12 349
其他商业银行	39 996	-4 529	916	2 714
其他金融机构	37 888	138 777	6 347	4 888
其中：证券公司及基金公司	37 314	53 068	642	1 103
保险公司	908	21 500	—	—
外资金融机构	13 434	17 095	1 290	4 746

注：本表其他金融机构包括政策性银行、农村信用社联社、财务公司、信托投资公司、保险公司、证券公司、基金公司及其他机构；负号表示净融出，正号表示净融入。

数据来源：中国人民银行。

司、保险公司上半年净融入资金同比分别下降29.9%和95.8%。此外，随着自身资金来源和资产负债状况的改善，外资金融机构融资量同比减少，上半年净融入资金同比下降32.6%。

货币市场利率波动中明显上升。前4个月，随着春节因素的逐步消退，质押式回购和同业拆借月加权平均利率在2月达到1.55%和1.52%的高点后持续平稳回落。自5月中下旬以来，受欧洲主权债务危机加剧引起的市场避险情绪上升、存贷比等监管指标考核临近以及大型商业银行增资扩股等因素的综合影响，市场流动性一度出现短时波动，货币市场利率持续上行。6月，质押式回购和同业拆借月加权平均利率分为2.38%和2.31%，比上月分别上升67个和64个基点，比上年年末分别上升112个和106个基点。6月末，隔夜和1周Shibor分别为2.27%和2.62%，分别较年初上升112个和105个基点；3个月和1年期Shibor分别为2.63%和2.62%，较年初分别上升80个和37个基点。

利率互换交易快速增长，远期品种活跃程度相对较低。2010年上半年，人民币利率互换市场发生交易4 262笔，名义本金总额为4 856.3亿元，同比大幅增加160%。从期限结构看，1年期及1年期以下交易仍然最为活跃，其名义本金总额为2 567.6亿元，占总量的52.9%。上半年债券远期共达成交易644笔，成交金额为2 355.5亿元，同比下降17.6%，其中，14天以下品种交易量占比为90%。远期利率协议交易清淡，仅在5月和6月各发生1笔交易，名义本金额共5亿元。Shibor在利率衍生产品定价中的作用不断增强。2010年上半年，

表6　利率衍生产品交易情况

年份	债券远期		利率互换		远期利率协议	
	交易笔数(笔)	金额(亿元)	交易笔数(笔)	名义本金额(亿元)	交易笔数(笔)	名义本金额(亿元)
2006年	398	664.5	103	355.7	—	—
2007年	1 238	2 518.1	1 978	2 186.9	14	10.5
2008年	1 327	5 005.5	4 040	4 121.5	137	113.6
2009年	1 599	6 556.4	4 044	4 616.4	27	60.0
2010年第一季度	552	1 951.4	1 872	2 098.1	0	0
2010年第二季度	92	404.2	2 390	2 758.2	2	5.0

数据来源：中国外汇交易中心。

以Shibor为基准的利率互换共成交1 401亿元，占全部利率互换交易总量的29%。远期利率协议全部采用Shibor为基准。

（二）债券市场指数有所上涨，债券发行规模稳步增加

债券市场现券交易平稳。2010年上半年，银行间债券市场现券交易累计成交24.5万亿元，日均成交2 006亿元，同比增长12.8%。银行间现券市场上，除其他商业银行净卖出现券6 898亿元外，其余类型金融机构均为净买入现券。其中，国有商业银行买入5 722亿元，其他金融机构买入676亿元，外资金融机构买入500亿元。交易所国债现券交易成交970亿元，同比减少137亿元。

债券市场指数有所上涨。2010年上半年，银行间市场和交易所市场债券指数涨幅明显。银行间债券市场财富指数由年初的130.2点上升到6月末的134.7点，上涨3.5%；交易所国债指数由年初的122.3点上升到6月末的125.7点，上涨2.8%。

国债收益率曲线整体呈现平坦化特征。随着资金面宽松程度逐步下降，受货币市场利率持续上行带动，5月、6月，短期债券收益率快速上行；而中长期债券收益率受机构配置需求较高及市场预期的影响，收益率整体有所下降。总体看，债券收益率曲线呈现较为明显的平坦化特征。以6月末的银行间市场国债收益率曲线为例，6个月期和1年期国债收益率较上年年末分别上升了70个和64个基点，3年期、5年期、7年期和10年期国债收益率较上年年末分别下降了3个、37个、39个和37个基点。

债券发行规模稳步增加。上半年，债券一级市场累计发行各类债券（不含中央银行票据）2.3万亿元，同比增长9.9%，其中，政策性银行债券以及短期融资券增长较快，同比分别增长68.1%和136.0%。2010年6月末，中央国债登记结算有限责任公司债券托管量余额为17.9万亿元，同比增长13%。

债券发行利率有所波动。2010年第一季度，受市场流动性充裕及债券投资需求旺盛等因素的影响，债券发行利率呈逐步下行走势；第二季度以来，随着债券供给有所增加及市场资金面宽松程度有所下降，债券发行利率总体有所上升。以10年期国债为例，2010年6月发行的10年期记账式国债利率为3.41%，分别比3月和5月发行的同期限记账式国债利率高5个和16个基点。7年期政策性银行债券发行利率基本在3.2%～4.0%波动；1年期短期融资券发行利率则基本在2.5%～4.5%运行。

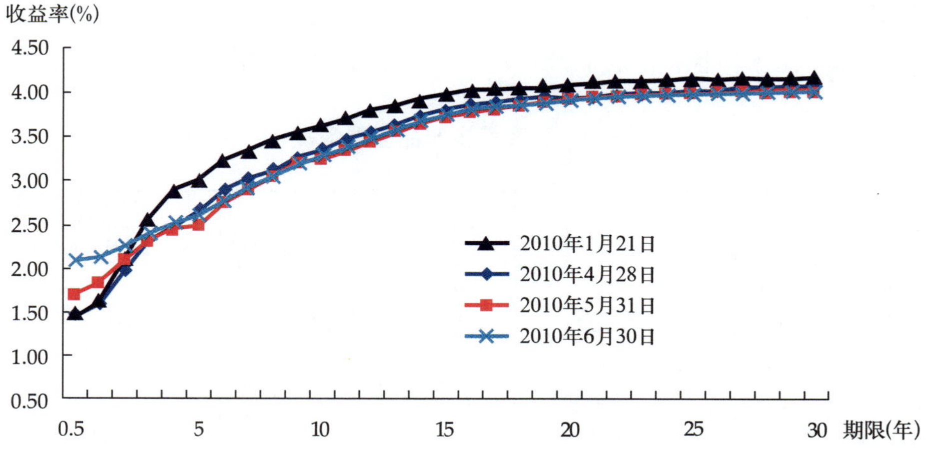

数据来源：中央国债登记结算有限责任公司。

图2　2010年第二季度银行间市场国债收益率曲线变化情况

表7　2010年上半年主要债券发行情况

债券品种	发行额(亿元)	同比增长(%)
国债[①]	8 296	-4.4
其中：地方政府债券	438	-73.6
国家开发银行金融债及政策性金融债	5 390	68.1
银行次级债、混合资本债	1 009	-4.5
银行普通债	20	—
企业债券[②]	8 175	6.3
其中：短期融资券	3 536	136.0
中期票据	2 890	-33.7
公司债券	344	—
资产支持证券	0	—

注：①国债含地方政府债券。

②包括企业债、公司债券、中小企业集合票据、短期融资券和中期票据。

数据来源：中国人民银行。

Shibor对债券类产品定价的指导性不断增强。2010年上半年，银行间债券市场共发行以Shibor为基准的浮动利率债券10只，总发行量为173亿元。另外，上半年发行企业债71只，总发行量为1 404亿元，全部参照Shibor定价；发行参照Shibor定价的固定利率短期融资券79只，总发行量为1 571亿元，占固定利率短期融资券发行总量的45%。

（三）票据融资逐步企稳

票据融资余额降幅趋缓，票据市场交易仍然比较活跃。上半年，企业累计签发商业汇票5.5万亿元，同比增长1.6%；累计贴现12.1万亿元，同比下降4.6%。累计办理再贴现627.4亿元，同比增加613.5亿元。6月末，商业汇票未到期金额为4.7万亿元，同比下降6.3%；贴现余额为1.7万亿元，同比下降52.3%；再贴现余额为473.1亿元，同比增加464.2亿元。6月末，承兑余额比上季度末增加2 768亿元。票据融资余额比上季度末下降281亿元，降幅进一步放缓；在各项贷款中占比为3.9%，同比下降5.7个百分点。

票据市场利率较上季度小幅回落，总体水平仍高于上年。票据业务流动性强、资金周转较快，业务量的扩张或收缩对货币信贷总量和结构的调整作用日益明显。第二季度以来，随着货币信贷总量增速趋缓，金融机构持有票据的意愿有所增强，票据融资规模企稳，票据市场利率较上季度小幅回落，但总体仍处于高位运行。

（四）股票市场震荡下行，股票融资大幅扩展

股票市场交易量略有增加。上半年，沪、深股市累计成交22.6万亿元，同比增加4 563亿元；日均成交1 919亿元，同比增长2.1%。6月末，市场流通市值为12.7万亿元，比上年年末缩水16.2%。

股票指数震荡下行。继2010年第一季度震荡波动后，上证综指自4月起呈快速下行态势。6月末，上证综合指数和深证综合指数分别收于2 398点和945点，比上年年末分别下跌26.8%和21.3%。6月末，沪、深两市A股平均市盈率分别为18倍和32倍，低于上年年末的29倍和47倍。

股票融资大幅扩展。上半年，非金融企业及金融机构在境内外股票市场上通过发行、增发、配股、行权以及可转债方式累计筹资4 029亿元，同比增加3 110亿元，增长338.4%。其

中，A股发行和配股融资3 507亿元，同比多融资2 628亿元，增长299.0%。

（五）保险业总资产继续较快增长

保费收入增长明显上升。上半年，保险业累计实现保费收入7 999亿元，同比增长33.6%，增幅同比上升27.0个百分点。其中，人身险收入增长33.7%，增幅同比上升30.1个百分点；财产险收入增长33.5%，增幅同比上升17.1个百分点。保险业累计赔款、给付1 473亿元，同比少支出135亿元。

保险业总资产保持较快增长势头，结构上更多配置于投资类资产。6月末，保险总资产为4.5万亿元，同比增长22%。其中，投资类资产增长24.4%，增幅同比上升8.5个百分点；银行存款增长21.6%，增幅同比下降28.1个百分点。

外汇市场进一步发展。外汇市场交易主体扩大，新增11家即期市场会员，2家做市商，6家非银行金融机构和非金融企业进入银行间外汇市场。此外，银行结售汇综合头寸限额调整，增强了银行使用外汇资金的灵活性和主动性。

（七）黄金交易增加较快

上半年，上海黄金交易所各贵金属品种总成交金额为8 915.1亿元，同比增长111.3%。其中，黄金累计成交3 174.5吨，同比增长58.7%，成交金额为8 073.5亿元，同比增长100.0%；白银累计成交1.8万吨，同比增长418.5%，成交金额为740.5亿元，同比增长612.7%；铂金累计成交27.9吨，同比减少9.4%；成交金额为101.2亿元，同比增长27.5%。

表8　2010年6月末主要保险资金运用余额及占比情况表

	余额(亿元人民币)		占资产总额比重(%)	
	2010年6月末	2009年6月末	2010年6月末	2009年6月末
资产总额	45 235	37 072	100.0	100.0
其中：银行存款	12 700	10 445	28.1	28.2
投资	28 954	23 280	64.0	62.8

数据来源：中国保险监督管理委员会。

（六）外汇市场平稳发展

外汇即期市场运行平稳，掉期交易量持续上升，远期交易量大幅增加。上半年，人民币外币即期交易量继续保持稳定增长，询价仍然是市场的主要交易方式。人民币外汇掉期市场累计成交6 306亿美元，日均成交量同比增长118.4%，其中，主要交易品种为隔夜，占掉期总成交量的59.5%，同比下降3.8个百分点。人民币外汇远期市场累计成交54.9亿美元，日均同比增加72.0%。八种“外币对”累计成交折合282亿美元，日均成交量同比上升58.7%，成交品种主要为美元/港元和欧元/美元，合计成交量占全部成交量的82.7%。

上半年，上海黄金交易所黄金价格走势与国际市场黄金价格走势一致，价格整体呈上涨趋势，与国外黄金价格价差扩大。上半年，上海黄金交易所黄金最高价为每克275.99元，最低价为每克233.1元。6月末，黄金价格为每克271.33元，比年初上涨12.51%。

二、金融市场制度性建设

（一）完善证券市场基础性制度建设

加强证券经纪业务管理。2010年4月1日，中国证券监督管理委员会发布《关于加强证券经纪业务管理的规定》，规定证券公司应当建立健全证券经纪业务管理制度，对证券经纪业务实施集中统一管理，防范公司与客户之间的利益冲突，切实履行反洗钱义务，防止出现损害客户合法权益的行为。

规范机构投资者参与股指期货交易的行为。2010年4月21日，中国证券监督管理委员会发布《证券公司参与股指期货交易指引》和《证券投资基金参与股指期货交易指引》，规定证券公司证券自营业务和基金应以套期保值为目的参与股指期货交易，要求证券公司和基金管理公司强化风险管理和内部控制制度，防范风险。

（二）完善保险市场基础性制度建设

加强保险公司股权监管。为保持保险公司经营稳定，保护投保人和被保险人的合法权益，加强保险公司股权监管，中国保险监督管理委员会于2010年5月发布《保险公司股权管理办法》，提高准入门槛，加大对主要股东的监管力度，规范出资和持股行为，强化股东责任，规范股权流动，并适度放宽了单一股东持股比例上限规定。

提高保险公司透明度。中国保险监督管理委员会于2010年5月发布《保险公司信息披露管理办法》，要求保险公司将反映其经营状况的主要信息向社会公众公开，主要包括基本信息、财务会计、风险管理状况、保险产品经营、偿付能力、重大关联交易、重大事项七个方面的信息，旨在进一步规范保险公司的信息披露行为，保障投保人、被保险人和受益人的合法权益，促进保险业平稳、健康发展。

加强再保险业务监督管理。为贯彻落实新《中华人民共和国保险法》，加强再保险业务监督管理，中国保险监督管理委员会于2010年5月发布新修订的《再保险业务管理规定》，对控制风险集中程度、寿险业务的准备金评估、再保险信息披露等予以进一步规范。

第四部分　宏观经济分析

一、世界经济金融形势

2010年以来，全球经济缓慢复苏，但欧洲部分国家的主权债务危机和金融部门风险增加了全球经济前景的不确定性。主要发达经济体失业率仍居高不下，各经济体和地区间复苏进程也不均衡。美国、日本经济继续好转，欧元区复苏势头则有所减弱。新兴市场经济体复苏普遍较快，但也有所分化，亚洲和拉丁美洲增长较快，欧洲新兴市场经济体复苏相对较慢。受欧洲主权债务危机的影响，全球金融市场震荡下行，主要货币汇率波动加大。

（一）主要经济体经济状况

美国经济继续以温和的步伐复苏。2010年第二季度，美国GDP环比增长率经季节调整后折年率为2.4%，低于预估的2.5%，但第一季度GDP经季节调整后的环比增长率由2.7%上升至3.7%。4～5月就业和工作周数均有所增长，但失业率仍然较高。第二季度各月经季节调整后的失业率分别为9.9%、9.7%、9.5%。进出口总量逐步恢复，贸易赤字逐月增加，4月、5月对外贸易赤字分别为403亿美元和423亿美元，分别较上年同期增加118亿美元和174亿美元。联邦财政赤字继续上升，第二季度各月联邦预算赤字分别为826.9亿美元、1 359亿美元和684亿美元，累计较上年同期减少178.5亿美元。受原油价格下跌的影响，第二季度各月CPI同比涨幅分别为2.2%、2.0%、1.1%，环比分别下降0.1%、0.2%、0.1%。

欧元区复苏势头有所减弱。2010年第一季度，欧元区GDP环比上升0.2%，高于2009年第四季度的0.1%，呈现温和上升势头，但2010年6月欧元区综合采购经理指数（PMI）降至55.6，为4个月以来的最低点。尽管部分国家发生了主权债务危机，但全球经济持续复苏对出口的拉动、适当的货币政策取向以及稳定金融市场的措施仍为欧元区经济提供了支撑。对外贸易继续保持较快增长，前5个月，进、出口同比分别上升15%和16%，累计贸易逆差68亿欧元，略低于上年同期。物价涨幅较为温和，第二季度各月HICP同比涨幅分别为1.5%、1.6%和1.4%。就业形势仍然严峻，第二季度各月经季节调整的失业率均为10%，与3月持平。

日本经济出现好转迹象。受消费和出口增长的影响，2010年第一季度实际GDP经季节调整后环比折年率上升5.0%。就业形势仍然严峻，第二季度各月失业率分别为5.1%、5.2%和5.3%。对外贸易持续回升，上半年，进口、出口同比分别上升23.3%和37.9%，贸易顺差为3.395万亿日元。私人消费继续呈复苏态势。价格水平继续回落，但步伐放缓，第二季度各月CPI同比分别下降1.2%、0.9%和0.7%。

新兴市场经济体继续复苏，但速度不一。受益于消费、出口的改善，亚洲新兴经济体复苏势头明显。印度2010年第一季度GDP同比增长8.6%，为2007年第四季度以来的最高。受国内需求较快增长以及大宗商品市场企稳回升的影响，拉丁美洲主要经济体复苏速度快于全球平均水平。2010年第一季度，巴西GDP同比增长9%，环比增长2.7%，为1995年来的最快增速。阿根廷经济增长也好于预期，第一季度同比增长6.8%，已恢复至金融危机爆发前的水平。俄罗斯经济形势也出现好转，居民消费有所增长，2010年第一季度GDP同比增长2.9%，但向好趋势还有待进一步确认。受财政紧缩政策及金融机构去杠杆化的影响，欧洲新兴经济体，尤其是东欧、南欧经济体复苏相对缓慢。

（二）国际金融市场概况

上半年，主要货币间汇率宽幅波动，具体可分为三个阶段：第一阶段为年初至4月中旬。欧元受区内国家主权债务可持续性问题困扰持续下跌，套利交易推动日元高位回调，其他货币受主要经济体经济情况好转推动大多对美元继续升值。第二阶段为4月中旬至6月上旬。欧洲债务危机全面加深，市场避险情绪急剧增强，国际外汇市场重新出现国际金融危机时美元升值，其他货币贬值的一边倒行情。6月7日，欧元兑美元盘中创下1欧元兑1.1875美元的四年来新低。第三阶段为6月中下旬以来。欧洲债务危机蔓延的势头逐步缓和，欧元跌幅缩小甚至回调，日元、英镑对美元汇率大幅回升。6月末，欧元兑美元汇率为1.2238美元/欧元，较上季度末贬值9.4%，较上年年末贬值14.5%；日元兑美元汇率为88.43日元/美元，较上季度末升值5.7%，较上年年末升值5.2%。美联储公布的美元广义名义贸易加权指数上半年累计升值2.6%。

受避险需求驱动，主要经济体的国债收益率震荡走低。第二季度以来，随着市场对部分欧洲国家主权债务危机恶化以及全球经济复苏前景的担忧加剧，避险需求上升，资金纷纷流向安全性高的国债市场。6月30日，美国、欧元区和日本的10年期国债收益率分别收于2.941%、2.575%和1.090%，较上季度末分别下降0.89个、0.52个和0.323个百分点，较上年年末分别下降0.852个、0.806个和0.201个百分点。由于投资者纷纷买进美国国债避险，美国国债价格走高，收益率大幅走低，10年期国债收益率6月30日一度跌至2.924%，创2009年4月以来的最低水平；30年期国债收益率一度触及3.892%，为2009年10月以来的最低水平。

受欧洲主权债务危机等因素的影响，国际货币市场利率震荡上行。6月30日，伦敦同业拆借市场1年期美元Libor为1.17%，比年初上升0.19个百分点；第二季度以来，欧元区同业拆借利率Euribor上升，6月30日，1年期Euribor为1.306%，比年初上升0.058个百分点。

全球主要股票市场震荡走低，较上季度末跌幅均超过10%。受经济刺激政策退出预期以及欧洲主权债务危机的影响，市场担忧未来全球经济复苏前景的不确定性加大。第二季度，全球主要股票市场大幅回调，5月上旬和6月下旬曾出现多个交易日连续暴跌。5月6日，受市场恐慌和传闻交易员失误等因素的影响，美国道琼斯指数一度急挫997点，跌幅达9.1%。6月30日，道琼斯工业平均指数、纳斯达克指数、欧元区STOXX50指数和日经225指数分别收于9 774点、2 109点、2 573点和9 383点，较上季度末分别下跌9.98%、12.1%、12.2%和15.4%，较上年年末分别下降6.3%、7.0%、13.2%和24.1%，均跌至2010年以来的最低点附近。

（三）主要经济体房地产市场走势

美国房地产市场短期数据喜忧参半。4月美国现房销售量猛增，经季节调整后的数据为579万套，为2009年11月以来的最高值。5月现房销售为566万套，同比上涨19.2%。第二季度写字楼空置率达17.4%，写字楼需求触及近十七年的最低点。受首次购房优惠政策接近尾声影响，6月新屋开工数环比下降了5%，为2010年以来的最低。美国首次购房优惠政策对现房销售起到了重要的推动作用，但下半年房地产市场的走向要看宏观经济特别是就业市场的恢复情况。

欧洲房地产市场增长乏力。第二季度，英国房地产价格小幅下跌，4～6月，Halifax房价指数经季节调整后环比分别下跌0.13%、

0.55%、0.65%。法国房价出现回稳迹象。德国住宅市场继续保持稳定，写字楼空置率略有上升，租金保持稳定。

日本房地产依然低迷。尽管政府开始提供对节能型房屋的税收优惠，新屋开工数仍跌至历史最低区间。在4月房屋开工较上年同期增加0.6%之后，5月新屋开工较上年同期减少了4.6%，低于市场预期。5月50大建筑公司接到的建筑订单较上年同期增加9.2%，前一个月则减少25%。

（四）主要经济体货币政策

主要经济体中央银行继续实行宽松货币政策。为了促进经济增长，第二季度，各主要经济体中央银行维持较低的政策利率水平不变，美联储、欧洲中央银行、英格兰银行和日本银行基准利率水平分别为0～0.25%、1%、0.5%和0.1%。为应对欧元区愈演愈烈的主权债务危机，5月10日，欧洲中央银行决定采取措施应对严重紧张的金融市场，包括干预欧元区公共和私有债务证券市场、采用固定利率全额招标的3个月和6个月长期再融资操作、重启与美联储的临时货币互换。

越来越多的新兴经济体和发达经济体中央银行上调基准利率。为缓解经济过热、通货膨胀及资产泡沫压力，巴西、印度、马来西亚、秘鲁、韩国、泰国等新兴经济体中央银行先后提高利率。6月1日和7月20日加拿大中央银行宣布提高隔夜拆借利率各25个基点至0.75%，成为危机以来七国集团中首个加息的国家。部分经济体升息，显示了其对经济增长的信心及对通货膨胀压力的担心。

部分经济体中央银行下调基准利率。第二季度以来，少数经济体实施了降息政策。4月30日、6月1日，俄罗斯中央银行分别降息25个基点至7.75%，以扶持国内需求。5月5日和6月23日，冰岛中央银行下调政策利率各50个基点至8.0%。各国货币政策的不一致性反映出全球经济复苏步调的复杂性。

表9　2010年以来部分经济体货币政策一览表

中央银行	2010年7月末 政策目标利率水平	2010年以来政策措施
美国联邦储备银行	联邦基金利率0～0.25%	6月14日、28日和7月12日，美联储进行了三次小额定期存款拍卖，期限分别为14天、28天和84天，金额分别为11.5亿美元、21.2亿美元和21.2亿美元。这是美联储首次尝试使用这种工具收回银行系统流动性。
欧洲中央银行	主要再融资利率1%	5月10日，为帮助缓解欧洲市场的压力，欧洲中央银行决定干预欧元区公共和私有债务证券市场，并采用固定利率全额招标的3个月和6个月长期再融资操作，同时重启与美联储的临时货币互换。
日本银行	无担保隔夜拆借利率0.1%	5月21日，日本银行公布了旨在加强支持经济增长的资金提供计划。6月15日公布细节，计划向银行业提供最多3万亿日元的贷款。
英格兰银行	官方利率0.5%	英格兰银行决定将“量化宽松”非常规货币政策下的资产购买计划保持在2 000亿英镑的规模不变。
澳大利亚储备银行	现金目标利率4.5%	3月2日、4月6日和5月4日，澳大利亚储备银行分别提高基准利率25个基点至4.5%。
马来西亚中央银行	隔夜政策利率2.75%	3月5日、5月13日和7月8日，马来西亚中央银行分别上调隔夜政策利率各25个基点至2.75%。

续表

中央银行	2010年7月末 政策目标利率水平	2010年以来政策措施
印度储备银行	回购利率5.75%	3月19日、4月20日、7月2日和7月27日，印度储备银行分别上调回购利率各25个基点至5.75%。
巴西中央银行	目标基准利率10.75%	4月29日、6月10日，巴西中央银行分别上调基准利率75个基点，7月21日再次上调50个基点至10.75%。
挪威银行	关键政策利率2%	5月5日，挪威银行上调基准利率25个基点至2%。
秘鲁中央储备银行	货币政策参考利率2%	5月、6月、7月，秘鲁中央储备银行分别上调0.25个百分点至2%。
加拿大银行	隔夜拆借利率0.75%	6 月 1 日和 7 月 20 日，调高隔夜拆借利率各 25 个基点至0.75%，成为首个开始退出宽松货币政策的七国集团国家。
新西兰储备银行	官方现金利率3%	6月10日和7月29日，新西兰储备银行上调基准利率各25个基点至3%。
智利中央银行	货币政策利率1.5%	6月14日和7月15日，智利中央银行分别调高政策利率50个基点至1.5%。
瑞典中央银行	隔夜回购利率0.5%	7月1日，瑞典中央银行调高回购利率25个基点至0.5%。为2009年7月以来首次上调基准利率。
韩国银行	7天回购政策利率2.25%	7月9日，韩国银行升息25个基点至2.25%，这是此次金融危机爆发以来首次升息。
泰国中央银行	隔夜回购利率1.5%	7 月 14 日，泰国中央银行调高隔夜回购利率 25 个基点至1.5%。
俄罗斯中央银行	对金融机构贷款利率7.75%	2月24日、3月29日、4月30日和6月1日，俄罗斯中央银行分别调低对金融机构贷款利率25个基点至7.75%。
冰岛中央银行	7天抵押贷款利率8.5%	3月17日、5月5日和6月23日，冰岛中央银行分别调低7天抵押贷款利率各50个基点至8.0%。

数据来源：相关中央银行网站。

（五）国际经济形势展望

国际货币基金组织2010年7月预测，世界经济将继续复苏，但近期金融市场出现的波动以及主权债务危机给复苏前景增添了阴影。国际货币基金组织预测2010年全球经济增长率为4.6%，比4月的预测上调0.4个百分点。其中，美国、欧元区、日本和新兴市场与发展中经济体的经济增长率分别为3.3%、1.0%、2.4%和6.8%，比2009年实际增长率分别高出5.7个、5.1个、7.6个和4.3个百分点。国际货币基金组织同时预计，由于产能利用率仍保持较低水平和经济温和复苏，2010年全球通货膨胀压力总体缓和。发达经济体由于需求增长缓慢以及财政整固政策的影响，总体通货膨胀率将从2009年的0.1%小幅升至2010年的1.4%。新兴市场和发展中经济体由于经济增长强劲，2010年通货膨胀率将上升为6.3%。

展望未来，尽管经济复苏仍在继续，但由于欧洲主权债务危机尚未得到有效遏制，部分经济体财政赤字严重，主要经济体失业率居高不下，贸易保护主义抬头，大宗商品价格上涨，新兴市场经济体通货膨胀及资本流动压力加大，全球经济复苏过程中的风险不容忽视。

二、我国宏观经济运行分析

2010年上半年，中国经济继续朝着宏观调控的预期方向发展，运行总体态势良好。消费较快增长，投资增速高位回稳，对外贸易快速恢复，消费、投资、出口拉动经济增长的协调性增强，工业增长总体较快，企业效益大幅提高，居民消费价格温和上涨。上半年，实现国内生产总值（GDP）17.28万亿元，按可比价格计算，同比增长11.1%，增速比上季度低0.8个百分点；居民消费价格指数(CPI)同比上涨2.6%，比上季度高0.4个百分点；贸易顺差553亿美元，比上年同期减少409亿美元。

（一）消费增长较快，投资增速高位回稳，对外贸易快速恢复

城乡居民收入继续增长，消费增长较快。上半年，城镇居民家庭人均可支配收入为9 757元，同比增长10.2%，扣除价格因素，实际增长7.5%；农村居民人均现金收入为3 078元，同比增长12.6%，扣除价格因素，实际增长9.5%。上半年，社会消费品零售总额为7.27万亿元，同比增长18.2%，比上个季度高0.3个百分点；扣除价格因素的影响，实际消费增长15.3%，比上个季度低0.1个百分点。分城乡看，城镇消费增速快于乡村，增速差距基本保持稳定。上半年，城镇消费品零售额为6.27万亿元，增长18.6%，实际增长15.9%；乡村消费品零售额为1.00万亿元，增长15.6%，实际增长12.2%。第二季度全国城镇储户问卷调查结果显示：居民当期收入感受指数比上个季度下降5.5个百分点至49.5%，但比上年同期高3.7个百分点，居民投资意愿下降，消费意愿不强，储蓄意愿持续增长。

固定资产投资增速高位回稳，第三产业投资增速较高。上半年，全社会固定资产投资11.42万亿元，同比增长25.0%，增速比上个季度回落0.6个百分点，扣除价格因素后，实际增长21.8%。分城乡看，城镇固定资产投资完成9.80万亿元，同比增长25.5%，增速比上季度回落0.9个百分点；农村固定资产投资完成1.61万亿元，同比增长22.1%，增速比上季度提高1.1个百分点。在城镇固定资产投资中，分地区看，东部、中部、西部地区城镇投资分别增长22.4%、28.0%和27.3%，中部和西部投资增速明显快于东部；分产业看，三次产业投资分别增长17.8%、22.3%和28.4%，第三产业投资增速明显高于第一、第二产业。上半年，城镇施工项目计划总投资39.37万亿元，同比增长27.0%，施工项目299 311个，同比增加24 052个。

对外贸易恢复较快，贸易顺差收窄。上半年，进出口总额为13 549亿美元，同比增长43.1%，增速同比加快66.5个百分点，比上季度略低1.0个百分点。其中，出口为7 051亿美元，同比增长35.2%，增速同比加快57.0个百分点，比上季度加快6.5个百分点；进口为6 498亿美元，同比增长52.7%，增速同比加快77.9个百分点，比上季度低12.0个百分点；实现顺差553亿美元，比上年同期减少409亿美元。出口产品结构改善推动外贸持续复苏。机电、高新技术产品出口增长较快，上半年分别增长35.9%和40.9%，均快于同期出口增速。美国、日本、欧盟仍是我国主要出口目的地，但份额呈下降趋势，我国对外贸易多元化格局日益强化。上半年，实际使用外资金额514亿美元，增长19.4%，比上季度加快11.8个百分点。

（二）农业生产保持稳定，工业生产总体较快

上半年，第一产业增加值为13 367亿元，增长3.6%；第二产业增加值为85 830亿元，增长13.2%；第三产业增加值为73 643亿元，增长9.6%。三次产业占GDP比重分别为7.7%、49.7%和42.6%。

农业生产保持稳定，夏粮产量基本持平。全国夏粮产量为12 310万吨，比上年减少0.3%，但仍是新中国成立以来第三个好收成。上半年，猪牛羊禽肉产量为3 713万吨，同比增长3.5%，其中，猪肉产量2 455万吨，增长3.6%。

工业增长总体较快，企业效益大幅提高。上半年，全国规模以上工业增加值同比增长17.6%，增速比上年同期提高10.6个百分点，但比上季度降低2.0个百分点；工业产销衔接状况良好，工业产品产销率为97.6%，比上年同期水平高0.4个百分点。随着国内经济平稳运行，企业利润也有明显增长。1～5月，全国规模以上工业企业①实现利润15 397亿元，同比增长81.6%，比上年同期高104.5个百分点；企业税前销售利润率为6.1%，比上年同期高1.5个百分点。第二季度中国人民银行5 000户工业企业调查显示，企业经营景气指数连续五个季度攀升，达到64.1%，接近2008年年初的水平。市场需求继续转暖，企业产品市场需求指数为59%，较上个季度提高1.4个百分点，已连续四个季度进入景气区间；企业盈利状况持续向好，企业盈利指数分别比上季度和上年同期提高1.1个和6.7个百分点，达57.5%。

（三）居民消费价格温和上涨

居民消费价格同比温和上涨。上半年，CPI同比上涨2.6%，比上年同期高3.7个百分点，各季度同比涨幅分别为2.2%和2.9%。从食品和非食品分类看，食品价格大幅上涨是推动CPI上涨的主要原因，上半年食品价格上涨5.5%，拉动CPI上涨1.8个百分点；非食品价格上涨1.2%，拉动CPI上涨0.8个百分点。从消费品和服务分类看，消费品价格涨幅高于服务价格上涨幅度，上半年消费品价格上涨2.9%，拉动CPI上涨2.2个百分点；服务价格上涨1.5%，拉动CPI上涨0.4个百分点。从基期因素和新涨价因素看，上半年基期因素平均为1.4%；新涨价因素平均为1.2%。

生产价格涨幅较大。上半年，工业品出厂价格同比上涨6.0%，比上年同期高11.9个百分点，各季度同比涨幅分别为5.2%和6.8%。原材料、燃料、动力购进价格同比上涨10.8%，比上年同期高19.5个百分点，各季度同比涨幅分别为9.9%和11.7%。全国农产品生产价格（指农产品生产者直接出售其产品时的价格）同比上涨8.4%，涨幅比上年同期高15.0个百分点；农业生产资料价格同比上涨1.1%，与上年同期持平。中国人民银行监测的企业商品价格指数（CGPI）上涨6.0%，比上年同期提高12.6个百分点，各季度分别上涨5.3%和6.8%。其中，投资品和消费品价格分别上涨6.6%和4.5%。当前引起CGPI上涨的原因主要是初级产品价格涨幅过大。按商品基本分类看，上半年，CGPI中农产品、矿产品和煤油电价格同比分别上涨10.3%、15.3%和16.9%。

进口价格涨幅有所回落。第二季度，进口价格各月同比涨幅分别为19.4%、19.2%和17.4%，平均为18.7%，涨幅比上年同期高37.3个百分点；出口价格各月同比涨幅分别为-0.7%、2.2%和3.4%，平均为1.6%，涨幅比上年同期高8.6个百分点。进口价格同比涨幅有所回落主要是受近期国际大宗商品价格下跌的影响。第二季度，纽约商品交易所原油期货当季度平均价格比上季度下跌1.0%，比上年同期上涨30.6%。伦敦金属交易所铜和铝现货当季度平均价格比上季度分别下跌2.9%和3.4%，比上年同期分别上涨50.5%和40.7%。

劳动报酬继续较快增长。上半年，全国城镇单位在岗职工月度平均工资同比增长13%左右，增速比上年同期有所加快。其中，城镇集体经济单位和城镇其他经济类型单位（不含私营企业）增长快于城镇国有经济单位。

①指年主营业务收入500万元以上的企业。

专栏4 劳动力成本分析

劳动力成本通常指企业雇佣社会劳动力支付的全部费用，包括直接付给职工的工资、薪酬和雇主承担的职业训练成本、招聘费用以及雇佣员工发生的税收成本等。劳动力成本对就业、总产出、通货膨胀、对外贸易等宏观经济变量具有重要影响。一些国家和国际组织编制了劳动力成本指数（LCI）反映劳动力成本变动情况。我国目前尚未建立反映企业综合用工成本的指标体系，劳动力成本主要依据职工工资核算体系和外出农民工务工收入调查加以测算。

劳动力成本是生产或服务成本的重要组成部分，但其变动是否会在价格中有所反映，取决于劳动力成本与劳动生产率变动之间的比较关系。如果其他条件不变，劳动力成本增速低于劳动生产率增速，产品价格一般不会明显上升。反之则相反。当后一种情况在经济系统中成为普遍现象时，就会出现成本推进型通货膨胀。反过来，物价水平的普遍连续上涨，也会造成劳动者生活成本提高，刺激劳动者要求增加工资薪酬，从而推升劳动力成本。厂商则会通过进一步提高商品价格消化劳动力成本上升对利润的影响，最终形成“工资—价格”螺旋式上升格局。

改革开放以来，一方面，我国农业部门的大量富余劳动力不断向城镇转移，劳动力成本总体处于较低水平；另一方面，我国经济快速增长，特别是2005年以来劳动密集型出口行业的迅速发展，也逐渐推动了劳动力成本上升。2009年下半年以来，随着我国经济从全球金融危机中逐渐复苏，投资和出口增长带动劳动力需求快速增长，劳动力成本上升压力有所显现。国家统计局调查数据显示，2005～2009年，城镇职工（不包括私营企业）平均货币工资年均增长15.2%，2009年达到32 736元；2010年第一季度末，外出农民工月均收入为1 560元，同比增长11.1%。从趋势看，中长期内我国劳动力成本将继续上升。一是人口结构逐渐发生变化。2009年年末，我国60岁以上老年人口占比已达到12.5%，在经济增长仍然对劳动密集型产业有较强依赖的情况下，人口老龄化趋势对我国劳动力市场供求关系的影响将逐渐突出，工资上涨压力趋于增强。二是政策因素的推动。随着经济社会的发展，我国越来越重视改善普通劳动者社会保障和福利水平，着力为普通劳动者创造更好的生存环境和发展机遇。近年来，国家采取一系列措施提高社会保障的覆盖率和保障水平，仅2010年年初以来，就有15个省（直辖市）上调最低工资标准，上调幅度平均达20.6%。同时，中西部地区的发展和“三农”政策的实施，也提高了农民外出务工的机会成本。

劳动力成本上升对我国经济金融的影响主要有三个方面。一是会形成一定的价格上涨压力。一般来说，劳动生产率短期内难以快速提高，劳动力成本的上升无疑会加重通货膨胀上行压力。但在较长时期内，劳动力成本优势的减弱将刺激国内企业调整要素投入比例，通过大幅提高劳动生产率抵消劳动力成本上升的负面影响。2004～2008年，我国制造业工资年平均增长率为14.13%，而同期我国劳动生产率的年均增速也达到了10.69%，这也在很大程度上抵消了工资上涨带来的通货膨胀压力。二是将推动产业结构升级。劳动力成本的持续上升会改变生产要素的投入比例，增大资金、技术等生产要素的相对重要性，有利于产业结构优化升级和提升产品附加值。三是有利于改善收入分配结构和扩大消费。劳动力成本的上升对提高劳动者收入水平和劳动者报酬在国民收入分配中的占比有积极作用，有利于促进消费、投资和出口协调增长。

面对劳动力成本持续上升的趋势，一方面，要充分认识到这一趋势的合理性和积极意义，进一步采取措施改善劳动者社会保障和福利水平，切实维护劳动者权益，在提高劳动力市场资源配置效率的同时，让劳动者充分分享经济发展成果；另一方面，也要加大人力资本投入，提高劳动者技能和素质，通过提高劳动生产率抵消劳动力成本上升的负面影响。同时，还应促进技术进步和产业升级，从根本上转变低工资、低投入、低效率的经济发展方式。

GDP缩减指数回升较快。上半年，我国GDP为17.3万亿元，实际增长率为11.1%，GDP缩减指数（按当年价格计算的GDP与按固定价格计算的GDP的比率）变动率为5.1%，比上年同期提高6.9个百分点，比上季度提高0.5个百分点。

资源性产品价格改革继续稳步推进。一是调整成品油价格。上半年，国家发展和改革委员会根据现行成品油价格形成机制，结合国际市场油价变化情况，先后两次调整成品油价格。从4月14日起，将汽油、柴油价格每吨均提高320元；从6月1日起，将汽油、柴油价格每吨分别降低230元和220元。二是清理对高耗能企业电价优惠。5月12日，国家发展和改革委员会等部委联合下发《关于清理对高耗能企业优惠电价等问题的通知》决定：取消对高耗能企业的用电价格优惠，坚决制止各地自行出台的优惠电价措施，加大差别电价政策的实施力度，对超能耗产品实行惩罚性电价，整顿电价秩序，加强监督检查。三是进行资源税改革试点。资源税改革在新疆试点，改革的实质内容是把原油、天然气的资源税由从量计征改为从价计征，目前试点的税率是5%。在总结经验的基础上将在全国推开，不同资源产品可能会实行不同的税率。适当调整资源价格，有利于发挥价格杠杆调节资源性产品供给和需求的作用，有利于促进节能减排、经济结构优化和发展方式转变。在充分考虑社会各方面承受能力的情况下，未来应继续积极稳妥地推进资源价格改革，更大限度地发挥市场在资源配置中的基础性作用。

（四）财政收入大幅增长

受经济回升向好带动和同比基数较低等因素影响，上半年财政收入（不含债务收入）大幅提高，全国财政收入为43 350亿元，同比增长27.6%，增幅较上年同期大幅提高30.0个百分点，比上个季度下降6.4个百分点。财政支出平稳增加。上半年，全国财政支出为33 811亿元，同比增长17.0%，增幅较上年同期下降9.3个百分点，比上个季度加快5.1个百分点。收支相抵，收入大于支出9 538亿元，比上年同期增加4 465亿元。

上半年，税收收入同比增长30.8%，增速比上年同期高36.8个百分点，比上季度下降5.1个百分点。其中，国内增值税同比增长12.9%，营业税同比增长33.4%，国内消费税同比增长42.4%。从支出结构看，在各项支出中，位居前三位的分别是教育（4 797亿元，占比为14.2%）；社会保障和就业（4 099亿元，占比为12.1%）；一般公共服务支出（3 698亿元，占比为10.9%）。科学技术支出、交通运输支出以及社会保障和就业支出增长较快，分别同比增长55.7%、33.0%和23.3%。

（五）国际收支

2010年上半年，我国外汇净流入在持续回升后有所回落，总体仍保持较大规模。前四个月，受人民币汇率升值预期增强等因素影响，外汇净流入压力较大。5月以来，随着欧洲主权债务危机进一步加剧，国际资金重新买入美元资产避险，境外美元利率有所攀升，人民币升值预期减弱，外汇净流入压力有所缓解。从上半年看，外汇净流入主要来自货物贸易、直接投资、境内企业境外上市筹资调回及个人等项目。6月末，外汇储备达24 543亿美元，较上年年末增加551亿美元。当前，世界经济正在逐步复苏，但仍存在不确定性。我国经济继续保持回升向好的态势，但管理通货膨胀预期、保持经济平稳较快发展、调整经济结构和转变经济发展方式的任务依然艰巨。受此影响，未来一段时间我国国际收支双顺差格局不会发生明显改变，外汇资金净流入仍将保持一定规模，但也不排除一定情况下外汇资金集中流出的风险。

外债总体规模小幅上升。2010年3月末，我国外债余额为4 432.4亿美元，比上年年末增加145.9亿美元，上升3.4%。其中，登记外债余额为2 764.4亿美元，比上年年末增加94.9亿美元，上升3.6%，占外债余额的62.4%。从债务期限看，中长期外债余额为1 670.3亿美元，占外债余额的37.7%；短期外债余额为2 762.0亿美元，比上年年末增加169.4亿美元，上升6.5%，占外债余额的62.3%，占比较上年年末上升1.8个百分点，其中，贸易信贷余额为1 668亿美元，占短期外债的60.4%。

（六）行业分析

工业利润大幅增长，生产保持平稳较快增长。2010年1～5月，全国规模以上工业实现利润同比增长81.6%，虽然比1～2月回落38.1个百分点，但仍是近十年来的同期最高增速。在39个工业大类中，黑色金属冶炼及压延加工业、有色金属冶炼及压延加工业、电力热力的生产和供应业、化学纤维制造业等36个行业利润同比增长较快，石油加工、炼焦及核燃料加工业利润同比下降8.9%。1～5月，39个工业大类行业中有38个行业的规模以上工业增加值保持同比增长。煤电油运供求形势总体宽松。上半年，全国煤炭产量为15.7亿吨，同比增长20.1%；发电量为19 706亿千瓦时，同比增长19.3%；原油产量为9 848万吨，同比增长5.3%；全社会货运量为150亿吨，同比增长15.5%。

1. 房地产行业

随着《国务院办公厅关于促进房地产市场平稳健康发展的通知》（国办发[2010]4号，2010年1月7日）和《国务院关于坚决遏制部分城市房价过快上涨的通知》（国发[2010]10号，2010年4月17日）发布实施，房地产市场出现了一些积极变化，全国商品房成交量明显下降，价格涨幅放缓，房地产贷款增速回落。

商品房成交数量明显下降。2010年上半年，全国商品房累计销售面积为3.94亿平方米，同比增长15.4%，增速比上个季度低20.4个百分点，比上年全年低26.7个百分点。其中，商品住宅销售面积增长12.7%，比上个季度低21.5个百分点。上半年，全国商品房累计销售额为1.98万亿元，同比增长25.4%，比上个季度低32.3个百分点，比上年全年低50.1个百分点。其中，商品住宅销售额增长20.3%，比上个季度低34.9个百分点。

房屋销售价格涨幅放缓。6月，全国70个大中城市房屋销售价格指数同比上涨11.4%；月环比为下降0.1%，自2009年3月以来首次出现负增长，28个城市出现月环比下降。其中，新建商品住宅销售价格同比上涨14.1%，环比持平，海口、三亚、北京、金华和温州为同比涨幅最大的五个城市，同时，金华等城市环比跌幅也靠前；二手住宅销售价格同比上涨7.7%，环比下降0.3%，三亚、海口、温州、湛江和杭州为同比涨幅最大的五个城市，同时，三亚、海口环比跌幅也靠前。第二季度，全国土地交易价格同比上涨22.1%，涨幅比上个季度扩大0.9个百分点；房屋租赁价格同比上涨6.4%，涨幅比上个季度扩大4.2个百分点。

房地产开发投资、新开工面积继续保持较快增长，但增幅出现2010年以来的首次回落；土地购置面积增长较多。上半年，全国完成房地产开发投资1.97万亿元，同比增长38.1%，增幅比第一季度高3个百分点，但比前五个月回落0.1个百分点，是2010年来的首次回落。其中，商品住宅完成投资1.37万亿元，占房地产开发投资总量的69.3%，同比增长34.4%，比上个季度加快1.4个百分点，比前五个月回落1.3个百分点。房屋新开工面积为8.05亿平方米，同比增长67.9%，比上个季度加快7.1个百分点，比前五个月回落4.5个百分点。上半年，全国房地产开发企业完成土地购置面积为1.85亿平方米，同比增长35.6%，比上个季度加快5.6个百分点；房地产开发投资、新开工面积的快速增长，与上年同期基数较小有关，且因时滞原因暂未反映新的市场变化。

房地产贷款增速明显回落。随着各项调控政策的落实，房地产各项贷款指标增速自5月以来出现明显回落。6月末，主要金融机构房地产贷款余额为8.71万亿元，同比增长40.2%，增速比上年年末高2.1个百分点，但比上个季度末低4.1个百分点。其中，地产开发贷款余额为7 915亿元，同比增长45.5%，增速比上年年末低58.6个百分点，比上个季度末低34.6个百分点，增速大幅下滑；房产开发贷款余额为2.18万亿元，同比增长20.3%，增速比上年年末高4.5个百分点，比上个季度末高0.7个百分点；购房贷款余额为5.74万亿元，同比增长48.8%，增速在5月、6月连续两个月出现下滑，且个人再交易房贷款增速下滑幅度大于新建房。2010年6月末，房地产贷款余额占各项贷款余额的20.4%。上半年房地产贷款新增1.38万亿元，同比少增4 947亿元。6月当月新增1 273亿元，为2010年最低当月新增额。

2. 钢铁行业

钢铁行业是国民经济的支柱产业，产业关联度高，对经济、社会、资源环境发展影响大。受2008年下半年以来国际金融危机的扩散和蔓延的冲击，我国钢铁产业出现了产需陡势下滑、价格急剧下跌、企业经营困难、全行业亏损的局面。为应对危机，确保钢铁产业平稳运行、加快结构调整、推动产业升级，2009年3月，国务院颁发了《钢铁产业调整和振兴规划》（以下简称规划）。规划实施以来，政策效应逐步显现。2010年上半年，我国钢铁行业生产高速增长，国内市场需求平稳，出口持续增加，有力地支撑国民经济整体回升向好势头的进一步发展，但钢铁行业仍面临着重复建设严重、产能过剩、铁矿石流通秩序混乱、资源环保压力加大等深层次矛盾和问题。

固定资产投资增速较快，产能过剩和结构性矛盾仍未缓解。2010年上半年，钢铁行业（含矿山在内）完成固定资产投资1 953亿元，同比增长10.4%。钢铁企业库存压力加大，钢铁市场风险增加。据钢铁工业协会对22个大中城市、5个主要钢材品种的社会钢材库存统计，6月末钢材社会库存为1 080万吨，比年初增长34.2%。同时，现阶段我国钢铁行业产能过剩呈现出明显的结构性特征，一方面，落后产能和中低档次的钢铁产品过剩，上半年，全国粗钢、生铁和钢材产量分别为3.23亿吨、3.04亿吨和3.99亿吨，同比分别增长21.1%、17.0%和26.1%，继续保持快速增长的发展态势。按日历天数算，上半年日均产粗钢178.5万吨，同比增长21.2%，相当于年产粗钢6.52亿吨的水平。按照2009年国内市场粗钢表观消费量（可供资源量）5.65亿吨来看，粗钢生产总量明显过高，国内钢铁市场供大于求。另一方面，高技术含量、高附加值钢铁产品产能又不能满足国内市场需求，还需要从国外进口。

企业盈利水平不高，钢铁生产成本上升，价格回落。2010年上半年，钢铁工业协会统计全国77家大中型钢铁企业实现利润507.2亿元，企业销售利润率为3.47%，与工业企业平均销售利润率相比，处于较低水平。上半年，铁矿石进口价格不断攀升加大了钢铁企业的成本压力。6月，海关进口铁矿石平均价格升至139.85美元/吨，比年初上涨61.5%。另外，由于房地产政策调控等因素的影响，自5月上旬以来，国内钢价持续下跌。在生产成本不断上升和钢价不断下降的双重挤压下，钢铁行业利润空间不断被压缩。

资源供应和环保压力加大。据工业和信息化部统计，2009年我国铁矿石对外依存度已经接近70%，目前，全球铁矿石的定价权掌握在巴西、澳大利亚等少部分国家，资源垄断加剧严峻，我国钢铁企业定价话语权较弱。虽然我国重点大中型企业吨钢综合能耗不超过620千克标准煤，提前达到了《钢铁产业发展政策》中规划的2010年吨钢综合能耗730千克标准煤的水平，但由于我国钢铁行业集中度偏低，2009年，国内排名前10位的钢铁企业集团钢产量占全国产量的比例仅为44%，大量技术落后企业的存在，使得钢铁企业成为我国能源消耗、污染物排放的大户，淘汰落后产量、节能减排的任务艰巨。经国务院批准，自2010年7月15日起，我国取消了部分钢材的出口退税，采取措施限制国内钢材出口过快增长，促进钢铁行业结构调整。

针对钢铁工业快速发展过程中存在的深层次矛盾和问题，为深入贯彻科学发展观，进一步落实《钢铁产业调整和振兴规划》，实现国家确定的“十一五”节能减排目标，加快钢铁工业结构调整，国务院办公厅于2010年6月4日发布了《关于进一步加大节能减排力度　加快钢铁工业结构调整的若干意见》，指出必须充分利用市场变化形成的倒逼机制，综合运用经济、技术、法律和必要的行政手段，切实加大节能减排力度，加快结构调整步伐，促进钢铁工业的全面、协调和可持续健康发展。坚决抑制钢铁产能过快增长，严格钢铁行业贷款审批，加大淘汰落后产能力度，进一步强化节能减排，加快钢铁企业兼并重组，大力实施企业技术创新和技术改造，切实规范铁矿石流通秩序，推进国内铁矿开发和“走出去”战略的实施。

第五部分　货币政策趋势

一、我国宏观经济展望

当前我国经济总体向着宏观调控的预期方向发展，下一阶段，国民经济在快速回升的基础上有望逐步趋向稳定和可持续增长。从外部需求看，虽然存在欧洲部分经济体主权债务危机等不确定因素，但全球经济总体保持复苏态势。从国内情况看，根据国民经济运行中出现的新情况、新变化，2010年以来，宏观政策在坚持连续性和稳定性的同时，提高针对性和灵活性，注意把握好调控的力度、节奏和重点，并采取了加强地方融资平台管理以及引导房地产市场健康发展等一系列措施，对及早防范财政金融领域的潜在风险、保持经济平稳健康发展发挥着积极作用。同时，中央出台了一系列推动经济增长的新举措，着力振兴战略性新兴产业，加快保障房建设和棚户区改造，鼓励和引导民间投资，加快新疆地区发展，深入推进西部大开发，这些举措有利于加快经济结构调整，形成更可持续的经济增长点。当前各地加快发展的热情依然较高，城镇化和消费结构升级发挥着持续拉动经济增长的作用，这些都有利于经济实现平稳较快增长。从第二季度中国人民银行对企业家、银行家和城镇储户问卷调查的结果看，主要指标继续上升或出现一定程度回稳，总体仍处在较高的水平上。

当然，也要看到，当前国内外环境依然复杂严峻，经济运行中不确定、不稳定因素较多，宏观调控面临两难局面。世界经济复苏的基础比较脆弱，国际金融环境仍不稳定。同时，内需发展的基础还不平衡，民间投资和内生增长动力还要强化，持续扩大居民消费、改善收入分配、促进经济结构调整优化的任务艰巨，节能减排形势严峻，财政金融领域风险值得关注。必须把保持我国经济当前平稳较快发展和为长远发展营造良好条件有机结合起来，毫不动摇地加快经济发展方式转变。

价格形势比较复杂，通货膨胀预期管理仍需加强。当前全球经济复苏较为缓慢，国际初级产品价格总体回稳，国内生产能力较为充裕，经济趋向稳定增长，货币信贷增速有所回落，这些都有利于稳定价格水平。不过也要看到，当前通货膨胀预期和价格上行风险也不容忽视。受主权债务危机等不确定因素的影响，各国政策退出较为谨慎，全球货币条件比较宽松，富余资金可能寻找各种途径和出口，潜在的通货膨胀压力依然存在。当前国内劳动力价格趋升，资源环保成本加大，资源性产品价格改革继续推进，都有可能对通货膨胀预期产生影响。中国人民银行第二季度城镇储户问卷调查显示，居民对当期物价满意指数较上季度下降4.2个百分点，再创历史新低。未来物价预期指数升至70.3%，仍处于历史同期中的较高水平。

二、下一阶段主要政策思路

下一阶段，中国人民银行将继续认真贯彻落实科学发展观，按照国务院统一部署，继续实施适度宽松的货币政策，把握好政策实施的力度、节奏、重点，保持政策的连续性和稳定性，增强针对性和灵活性，处理好保持经济平稳较快发展、调整经济结构和管理好通货膨胀预期的关系，提高金融支持经济发展的可持续性，维护金融体系健康稳定运行。进一步加强政策协调配合，优化政策组合，着力于体制机制改革和经济结构调整，加快转变经济增长方式，进一步提高经济发展的内生动力。

一是加强流动性管理，保持货币信贷适度增长。根据经济金融形势和外汇流动的变化情况，综合运用多种货币政策工具，合理安排货币政策工具组合、期限结构和操作力度，加强流动性管理，保持银行体系流动性合理适度，促进货币信贷适度增长，既要满足经济发展的合理资金需求，又要为价格总水平的基本稳定创造良好的货币环境，切实管理好通货膨胀预期。引导金融机构根据宏观调控要求和实体经济部门的信贷需求，安排好全年贷款投放的进度和节奏。

二是加大金融支持经济发展方式转变和经济结构调整的力度。认真落实“有扶有控”的信贷政策，调整优化信贷结构。加大对就业和助学、节能减排、淘汰落后产能、西部大开发、战略性新兴产业、科技发展和产业转移的支持，继续做好“大学生村官”、抗震救灾、扶贫等金融服务，有效缓解小企业融资难的问题，保证在建重点项目贷款需要，严格控制对高耗能、高排放行业和产能过剩行业的贷款。加快推动农村金融产品和服务方式创新，积极探索金融支农的新模式，努力满足多层次、多元化的“三农”金融服务需求。执行好差别化房贷政策，促进房地产市场健康平稳发展。加强对金融机构的风险提示，加强地方融资平台公司贷款风险管理，探索建立和完善宏观审慎管理的制度框架，发挥其跨周期的逆风向调节功能，研究强化对具有系统重要性影响的银行的资本约束和流动性要求，保持金融体系稳健，防范系统性风险，增强金融持续支持经济发展的能力。

三是稳步推进利率市场化改革，进一步完善人民币汇率形成机制。继续推进货币市场基准利率体系建设，不断提高科学定价能力，增强价格杠杆调控作用。按照人民币汇率形成机制改革的原则，进一步完善人民币汇率形成机制，重在坚持以市场供求为基础，参考一篮子货币进行调节。继续按照已公布的外汇市场汇率浮动区间，对人民币汇率浮动进行动态管理和调节，保持人民币汇率在合理均衡水平上的基本稳定。继续推动外汇市场发展，丰富汇率风险管理工具。稳步推进跨境贸易人民币结算试点工作，促进贸易投资便利化，支持企业“走出去”。继续深化外汇管理体制改革，促进资本平衡流动，规范和完善跨境资本流动管理，加强对违规和异常资金的监测和管理。

四是推动金融市场健康发展。继续深化金融企业改革，加快建立现代金融企业制度，完善金融服务组织体系。加快金融产品创新，大力加强市场基础设施建设。进一步拓宽企业直接融资渠道，加快债券市场发展，积极、稳妥地推动银行间债券市场对外开放。

另外，要进一步加强财政政策、产业政策与货币政策之间的协调配合，着力推动改革和结构调整，提升经济内生增长动力。继续推进财税体制改革，进一步放松投融资管制，改善收入分配结构，增强民营经济活力，增加居民可支配收入。进一步完善市场机制，更加充分地发挥市场在资源配置中的基础性作用。

PART 1 Monetary and Credit Performance

In the first half of 2010, the trend in the growth of money and credit turned to normal from the high in 2009. The first half of 2010 also witnessed adequate liquidity in the banking system, stronger flexibility of the RMB exchange rate, and sound financial performance.

I. The growth of money supply slowed down

At end-June 2010, outstanding M2 registered 67.4 trillion yuan, up 18.5 percent year on year, a deceleration of 9.2 percentage points over the end of 2009. Outstanding M1 stood at 24.1 trillion yuan, an increase of 24.6 percent year on year, a deceleration of 7.8 percentage points from the end of 2009. Outstanding M0 totaled 3.9 trillion yuan, up 15.7 percent year on year, an acceleration of 3.9 percentage points over the end of the previous year. Net cash injections reached 65.8 billion yuan, 123.6 billion yuan more year on year.

Aggregate money growth gradually slowed down, as M2 and M1 declined by 4.0 percentage points and 5.3 percentage points respectively over the end of Q1 2010. Under the monetary policy mix, money growth has been in line with the macroeconomic goals, providing a money and financial environment facilitating stable economic development. M1 growth exceeded that of M2 for 10 consecutive months, indicating adequate liquidity.

II. Deposit growth slowed down

At end-June, outstanding loans in domestic and foreign currencies of all financial institutions (including foreign-funded financial institutions, including hereafter) totaled 68.9 trillion yuan, up 18.6 percent year on year, 9.1 percentage points and 3.1 percentage points less than end-2009 and end-Q1 2010 respectively. Outstanding loans increased 7.7 trillion yuan over the beginning of the year, a deceleration of 2.4 trillion yuan year on year. Outstanding RMB deposits registered 67.4 trillion yuan, up 19.0 percent year on year, 9.2 percentage points and 3.1 percentage points less than end-2009 and end-Q1 2010 respectively, and up 7.6 trillion yuan over the beginning of the year, a deceleration of 2.3 trillion yuan year on year. Outstanding foreign currency deposits registered USD212.7 billion, up 2.2 percent year on year and an increase of USD4 billion over the beginning of 2010, a deceleration of USD11.3 billion.

Household deposits were stable while the deposits of non-financial enterprises registered a significant decline. The share of demand deposits rose. At end-June, outstanding household deposits at financial institutions totaled 29.2 trillion yuan, up 15.2 percent year on year, an acceleration of 0.1 percentage point over the growth in Q1 and an increase of 2.8 trillion yuan over the beginning of the year, a deceleration of 415.2 billion yuan, which may be partly attributed to diversion to wealth management products and other investment products. Outstanding RMB deposits of non-financial institutions reached 28.1 trillion yuan, up 19.5 percent year on year, a deceleration of

7.1 percentage points over the growth in Q1. They rose 2.9 trillion yuan over the beginning of the year, a major deceleration of 2.7 trillion yuan, which can be partly attributed to last year's high base. Demand deposits accounted for 45 percent and 52 percent respectively of new household deposits and deposits of non-financial enterprises, up 10 percentage points and 6 percentage points respectively year on year. At end-June, outstanding fiscal deposits registered 3.2 trillion yuan, up 28.9 percent year on year and up 970.7 billion yuan over the beginning of the year, an acceleration of 282.6 billion yuan year on year.

III. Loan growth of financial institutions stabilized

At end-June, outstanding loans in domestic and foreign currencies of all financial institutions reached 47.4 trillion yuan, up 19.2 percent year on year, 13.8 percentage points and 4.9 percentage points lower than end-2009 and end-Q1 2010 respectively. Outstanding loans grew 4.8 trillion yuan over the beginning of the year, a deceleration of 2.9 trillion yuan year on year. The major share of medium- and long-term loans in domestic and foreign currencies went to the infrastructure sector (transportation, warehousing, and postal services, the production and supply of electricity, gas, and water, and management of water conservation, the environment, and public utilities), the real estate sector, and the manufacturing sector. In the first half of the year, medium- and long-term loans extended by major financial institutions (including the China Development Bank and policy banks, state-owned commercial banks, shareholding commercial banks, China postal savings banks, and urban commercial banks) to the three sectors registered 1.03 trillion yuan, 448.8 billion yuan, and 313.3 billion yuan, accounting for 43.4 percent, 18.8 percent, and 13.1 percent respectively in new medium- and long-term loans for all industries. The growth in loans extended to the agricultural sector and the rural areas remained higher than other loans during the same period. At end-June, outstanding loans extended to the rural areas by major financial institutions and rural cooperative financial institutions, urban credit unions, and rural banks and financial companies stood at 8.8 trillion yuan, up 31.3 percent year on year, 12.1 percentage points higher than the average loan growth in other sectors. Outstanding loans to the agricultural, forestry, animal husbandry, and fishery industries totaled 2.2 trillion yuan, up 22.0 percent year on year, 2.8 percentage points higher than the average loan growth in other sectors.

The growth of RMB loans gradually slowed down. At end-June, the growth of RMB loans stood at 18.2 percent, 13.5 percentage points and 3.6 percentage points slower from end-2009 and end-Q1 2010 respectively, and RMB loans totaled 4.6 trillion yuan more than that at the beginning of 2010, 2.7 trillion yuan less compared with the growth during the same period of the previous year. Credit extensions followed a stable trend from month to month. Beginning in February 2010, monthly credit extensions remained at around 650 billion yuan. Credit generally grew in line with the aims of macroeconomic management. Broken down by institutions, loans extended by Chinese-funded large banks and small- and medium-sized banks operating nationwide and locally grew slower compared with the growth during the same period of the last year. Broken down by sectors, household loans maintained fairly rapid growth whereas growth of non-financial enterprise loans and other sectors declined significantly. At end-June, household loans grew 49.3 percent year on year, up 6.0 percentage points over the end of 2009, 2.2 percentage points slower compared with Q1-2010, and 1.7 trillion yuan more than at the beginning of the year, an acceleration of 682.9 billion yuan year on year. Residential mortgage loans accounted for 50 percent of the total household loans, registering a remarkable increase of 870.3 billion yuan over the beginning of the year. In recent months, however, the growth of residential mortgage loans slowed down as a result of the further implementation of real estate control measures and the marked fall in the volume of real estate transactions. In June 2010, residential mortgage loans only accounted for 33 percent of total household loans. Loans to non-financial enterprises and other sectors rose 11.3 percent year on year, growing 2.9 trillion yuan over the beginning of this year, a deceleration of 3.4 trillion yuan year on year. Among this total, medium- and long-term loans went up 2.7 trillion yuan over the beginning of the year, a deceleration of 426.2 billion yuan. Bill financing dropped 652.4 billion yuan from the beginning of the year, a deceleration of 2.4 trillion yuan, falling only 28.1 billion yuan over end-Q1 2010. Recently, bill issuances remained at a fairly high level, as have the bill discount rate. Bill financing continued to serve as a pool for commercial banks to adjust their asset structures. Credit support for SMEs was reinforced. In the first half of the year, new loans extended by banking institutions to SMEs stood at 1.9 trillion yuan, and by end-June 2010 outstanding bank loans for SMEs had risen 19.2 percent year on year. Among this total, new loans for small enterprises registered 866.8 billion yuan in the first half of the year, and outstanding loans for small enterprises increased 23.9 percent year on year, 7.7 percentage points and 11.4 percentage points more than that for medium-sized and large enterprises respectively.

At end-June, outstanding foreign-currency loans of financial institutions registered USD411.7 billion, up 39.4 percent year on

Table 1 RMB Loans of Financial Institutions in the First Half of 2010

Unit: RMB100 million yuan

	In the first half of 2010	
	New loans	Acceleration year on year
Large national banks[1]	24,282	-17,180
Small- and medium-sized national banks[2]	12,649	-8,955
Small- and medium-sized regional banks[3]	2,801	-1,713
Rural cooperative financial institutions[4]	7,602	143
Foreign-funded financial institutions	775	1,101

Notes: 1. Large national banks operating nationwide refer to banks with assets denominated in foreign and domestic currency worth no less than 2 trillion yuan (according to the amount of the total assets in both domestic and foreign currency of the financial institutions at end-2008).
2. Small- and medium-sized banks operating nationwide refer to banks that operate across different provinces with assets denominated in domestic and foreign currency of less than 2 trillion yuan.
3. Small- and medium-sized regional banks refer to banks that operate within a single province with total assets of less than 2 trillion yuan.
4. Rural cooperative financial institutions refer to rural commercial banks, rural cooperative banks, and rural credit cooperatives.
Source: The People's Bank of China.

year, and USD32.3 billion more than that at the beginning of the year, a deceleration of USD19.4 billion. Among this total, trade financing support for imports and exports increased by USD12.2 billion, accounting for 38 percent of the total new foreign-currency loans. In Q2, new foreign-currency loans totaled merely USD3 billion, representing slower growth partly as a result of the small increase in foreign-currency deposits and the limited foreign-currency position at the commercial banks.

Box 1 Reinforce the Capital Requirement and Enhance the Efficiency of Commercial Banks in Capital Operations

After the launching of the shareholding reform of commercial banks in 2003, commercial banks in China have improved capital management and enhanced awareness of capital discipline, and have established a capital discipline mechanism that has facilitated the sound development of the banking industry and helped provide more efficient financial support for economic growth. At end-2009, the weighted average capital adequacy ratio of commercial banks in China stood at 11.4 percent. All 239 commercial banks met the capital adequacy requirement.

The goal of capital management is to put the role of the capital discipline mechanism into full play, so that capital will grow along with the expansion of risk assets, thus making banks better prepared to face any risks. Currently, commercial banks in China are accelerating their development. A facilitating economic environment, a rapid rise in profits, and dependence on the interest spread for profits have driven commercial banks to expand the size of their assets, especially those with high risk weights, bringing down their capital adequacy ratio. Many banks, particularly the large commercial banks, still rely on state-owned shareholders and the government for replenishment of capital when there is a lack of capital adequacy as a result of credit expansion. The role of the capital discipline mechanism was not put into full play as the banks expanded their assets regardless of their capital adequacy and they resorted to state-owned shareholders and the government for capital increases when their asset expansion diluted and undermined the capital adequacy. This was misaligned with the long-term sustainable development of the banks. Moreover, intensive capital replenishment on the part of large financial institutions will have an impact on the capital market, making it more difficult to raise capital and it will increase financing costs. In brief, capital discipline awareness and measures, the capital discipline mechanism, and efficiency in running capital operations require further improvement.

In response to the international financial crisis, China has taken a series of policy measures to promote stable and fairly rapid growth of the economy in a timely manner during the past year. Implementation of the relatively loose monetary policy enabled rapid growth in bank credit and helped fuel development of the real economy. Alongside the rapid credit extensions, however, the size of bank assets went up and the capital adequacy ratio declined. To solve this problem, regulators introduced stronger requirements for both the quantity and the quality of capital. In addition, implementation of Basel II and the global trend to strengthen the regulatory capital requirement added to the necessity to reinforce the capital discipline mechanism, enhance the efficiency of capital operations, and improving the capital replenishment and discipline mechanisms of commercial banks in China.

Stronger capital discipline and more efficient use of capital facilitate sound operations of the banking system, help ease the replenishment pressures faced by commercial banks, adjust the financing structure, and prevent systemic risks in the financial sector, thus promoting sustainable, sound, and healthy development of the Chinese economy. At present, continued efforts should be made to improve the capital regulatory system based on the specifics of the Chinese banking system and in line with the concepts and approaches for capital regulation proposed by international organizations such as the Basel Committee on Banking Supervision (BCBS) since the outbreak of the international financial crisis. While improving the capital replenishment mechanism and strengthening core capital and the internal capital accumulation capability of commercial banks, efforts should be made to strengthen awareness of capital discipline and to establish a long-term and effective capital discipline system so that commercial banks will handle capital in a more efficient manner. First, the total amount and pace of credit extensions should be well managed so that credit will grow based on the needs of economic development. Efforts should be made to establish and improve the macro-prudential framework to enable counter-cyclical adjustments, to guide the stable growth of money and credit, and to enhance the banks' capability to handle cyclical volatilities. Second, appropriate financial innovations should be guided and encouraged to improve the banks' active management of assets and liabilities. Banks will be encouraged to adjust the asset structure based on their resilience to risks, to enhance the share of fee-based businesses and other non-capital intensive businesses and items, to transform their profit-making patterns, to make more efficient use of capital, and to enhance competitiveness by adopting cost-effective operations. Third, continued efforts should be made to improve the internal capital management of commercial banks, to improve the internal capital adequacy assessment procedure, to put in place a strictly-implemented capital discipline system that limits excessive asset expansions so as to strike a balance between risk management, profitability, and capital adequacy. Fourth, development of the financial market should be accelerated to enhance the share of direct financing, adjust the financing structure, and ease the capital needs of the banking sector.

IV. Liquidity in the banking sector was adequate

At end-June, outstanding base money registered 15.4 trillion yuan, up 24.5 percent year on year and an increase of 1.0 trillion yuan over the beginning of the year. At end-June, the money multiplier was 4.37, basically flat with that in Q1 2010 and 0.22 smaller compared with that in Q2 2009, indicating less of an increase in money supply in response to one unit of growth in the monetary base. At end-June, excess reserves of financial institutions stood at 1.82 percent, and those of Chinese-funded large banks, Chinese-funded medium banks, Chinese-funded small banks, and rural credit cooperatives registered

1.39 percent, 1.79 percent, 2.68 percent, and 4.27 percent respectively.

V. The lending rate of financial institutions registered a slight increase

Lending rates offered to non-financial enterprises and other sectors increased slightly. In June, the weighted average lending rate reached 5.57 percent, up 0.32 percentage point over the beginning of the year. The weighted average interest rate for general lending registered 5.99 percent, up 0.11 percentage point over the beginning of 2010, and the weighted average bill financing rate posted 3.77 percent, up 1.03 percentage points over the beginning of the year. The weighted average residential mortgage rate rose by a small margin of 0.53 percentage point over the beginning of 2010 to 4.95 percent at end-June.

Loans with interest rates lower than the benchmark accounted for a smaller share of the total. In June, the share of general loans of non-financial enterprises and other sectors with interest rates lower than the benchmark stood at 27.72 percent, down 5.47 percentage points from the beginning of 2010. Loans with interest rates flat with or higher than the benchmark accounted for 30.89 percent and 41.39 percent respectively of the total, up 0.63 percentage point and 4.84 percentage points compared with the beginning of this year.

Table 2 Shares of Loans with Rates Adjusted at Various Ranges in the First Half of 2010

Unit:%

Month	Adjusted downward	At the benchmark	Adjusted upward					
	[0.9,1.0)	1.0	Sum	(1.0,1.1]	(1.1,1.3]	(1.3,1.5]	(1.5,2.0]	Above 2.0
January	35.38	31.18	33.44	11.92	8.74	4.42	5.71	2.65
February	32.64	31.95	35.41	12.77	9.21	4.31	6.09	3.03
March	30.05	28.91	41.04	13.12	10.91	5.45	7.11	4.45
April	26.22	31.18	42.60	13.83	11.66	5.89	7.47	3.75
May	26.56	29.55	43.89	14.92	11.88	5.77	7.62	3.70
June	27.72	30.89	41.39	14.44	11.63	5.34	6.80	3.18

Source: The People's Bank of China.

Table 3 The Average Interest Rates of Large-value Deposits and Loans Denominated in US Dollars in the First Half of 2010

Unit:%

Month	Large-value deposits						Loans				
	Demand deposit	Within 3 months	3-6 months (including 3 months)	6-12 months (including 6 months)	1 year	Above 1 year	Within 3 months	3-6 months (including 3 months)	6-12 months (including 6 months)	1 year	Above 1 year
January	0.12	0.62	0.88	1.07	1.88	2.96	1.55	1.91	2.07	2.09	3.04
February	0.15	0.70	0.85	1.50	1.65	1.75	1.68	1.88	1.90	2.16	2.79
March	0.15	0.76	0.81	1.34	2.32	0.82	1.69	1.82	2.03	2.32	2.87
April	0.15	0.92	0.87	1.69	1.99	3.83	1.94	2.12	2.14	2.53	2.50
May	0.16	1.41	1.65	1.72	3.09	2.82	2.39	2.88	2.63	2.96	3.02
June	0.21	1.76	1.44	2.32	1.60	3.94	2.39	2.81	2.88	3.10	3.33

Source: The People's Bank of China.

Due to the heightened foreign-currency financing needs of domestic enterprises and the higher interest rates on the international market, such as the overseas US dollar Libor, foreign currency deposits and lending rates in China increased. In June, the weighted average 3 months and 3-6 months(including 3 months) US dollar lending rate stood at 2.39 percent and 2.81 percent respectively, up 0.80 percentage point and 1.15 percentage points over the beginning of the year. The weighted average interest rates of US dollar demand deposits and large-value US dollar deposits with a maturity of less than 3 months posted 0.21 percent and 1.76 percent respectively, increases of 0.04 percentage point and 1.30 percentage points compared with the beginning of the year.

VI. The flexibility of the RMB exchange rate rose significantly

From the beginning of 2010 to June 19 of this year, the RMB exchange rate remained basically stable within a range of 6.81 to 6.85 yuan. Since the furthering of the RMB exchange rate reform on June 19, 2010, the RMB exchange rate has moved in both directions and has appreciated slightly with much stronger flexibility. At end-June, the central parity of the RMB against the US dollar was 6.7909 yuan per US dollar, up 373 basis points or 0.55 percent over end-2009. The central parity of the RMB against the euro registered 8.2710 yuan per euro, an appreciation of 18.45 percent from end-2009, and the central parity of the RMB against the Japanese yen stood at 7.6686 yuan per 100 Japanese yen, a depreciation of 3.79 percent from end-2009. From the reform of the RMB exchange rate in July 2005 to end-June 2010, the RMB has appreciated 21.88 percent against the US dollar, 21.07 percent against the euro, and has depreciated 4.73 percent against the Japanese yen. According to the estimation of the BIS, the nominal effective RMB exchange rate appreciated 18.5 percent and the real effective exchange rate appreciated 21.5 percent.

In the first half of the year, the central parity of the RMB against the US dollar peaked at 6.7890 yuan per dollar and reached a trough of 6.8284 yuan per dollar. Among the 118 trading days, the inter-bank foreign exchange market saw an appreciation on 59 days, flat movement on 6 days, and a depreciation on 53 days. Since the furthering of the RMB exchange rate reform on June 19 to the end of June, the largest appreciation in a single day was 295 basis points (or 0.43 percent) whereas the largest depreciation in a single day was 122 basis points (or 0.18 percent).

PART 2 Monetary Policy Conduct

In line with the overall arrangements of the State Council, the PBC continued to implement a moderately easy monetary policy in the first half of 2010. While policies remained consistent and stable, they also became better targeted and more flexible in response to new developments so as to support steady and healthy economic development. Specifically, the PBC strengthened liquidity management in the banking system and guided financial institutions to properly manage the aggregate, pace, and structure of credit provisions. It continued to overhaul financial enterprises, further reform the RMB exchange rate regime, and improve foreign exchange administration.

I. Open market operations were conducted in a flexible manner

Closely monitoring and analyzing global and domestic economic and financial developments as well as liquidity movements in the banking system, and in line with its relatively easy monetary policy stance, the PBC conducted open market operations in a flexible manner during the second quarter of 2010, which helped maintain liquidity in the banking system at a reasonably adequate level and stabilize market expectations. First, the PBC properly managed the size and pace of open market operations to deal with the heightened liquidity volatility in the banking system, which came about as a result of a number of factors, including the worsening of the European sovereign debt crisis since the second quarter, the mid-year supervisory examination of financial institutions, and a series of IPOs. These operations have stabilized liquidity in the banking system to a reasonably adequate level. In the first six months, the PBC issued 2.6 trillion yuan of central bank bills and conducted 1.5 trillion yuan of repurchase operations on a cumulative basis. Outstanding central bank bills stood at 4.4 trillion yuan at end-June. Second, the PBC continued to improve the mix of tools employed in open market operations in an effort to flexibly manage the liquidity in the banking system. In early April, it reintroduced 3-year central bank bills to supplement the tools with a maturity less than 1 year, and conducted short-term repurchase operations in addition to central bank bill issuances. Third, the PBC duly increased the flexibility of interest rates of open market operations in line with market movements. Although the interest rate of short-term operations moved upward, the interest rate for 3-year central bank bill issuances edged down in response to market changes. This helped improve the maturity structure of open market interest rates, guide market expectations, and improve liquidity management. On June 30, the interest rates of 3-month and 1-year central bank bills stood at 1.5704 percent and 2.0929 percent, up 24 basis points and 33 basis points from end-2009 respectively; the interest rate for 3-year central bank bills posted 2.68 percent, down 7 basis points cumulatively since they were resumed. Fourth, the PBC duly conducted state treasury cash management operations in an effort to accommodate fiscal policy, support monetary policy, and raise returns on state treasury funds. In the first half of 2010, the PBC deposited

200 billion yuan of state treasury funds in commercial banks in 6 separate operations, including 80 billion yuan in 3-month deposits, 90 billion in 6-month deposits, and 30 billion in 9-month deposits. This helped maintain the consistency of operations and satisfied the financing needs of some small- and medium-sized financial institutions.

II. The reserve requirement ratio was raised with proper timing

In an effort to enhance liquidity management, guide proper money and credit growth, and manage inflationary expectations, the PBC raised the reserve requirement ratio for RMB deposits in depository financial institutions on January 18, February 25, and May 10, by an increment of 0.5 percentage points. The reserve requirement ratio for rural credit cooperatives and other small financial institutions remained unchanged so as to support agriculture, rural areas, and farmers, and county-level development. These properly timed moves helped sterilize part of the excess liquidity in the banking system. After these moves, there was still sufficient liquidity available in the market to support proper money and credit growth and economic development.

III. Window guidance and credit policy guidance were strengthened

The PBC continued to improve window guidance on financial institutions in the first half of 2010. It encouraged financial institutions to properly manage the pace of credit provisions and improve the credit management system, fully leveraging the role of credit policy to support economic and social development. First, following the requirement to make differentiated credit policies, the PBC guided financial institutions to increase lending to key industries and projects under construction, to support companies' efforts for energy savings, emission reductions, technological upgrading, and elimination of inefficient capacity, and to improve financial services to small enterprises. It encouraged financial institutions to support the development of the culture industry, outsourcing services, logistics, and other emerging industries of strategic importance, improve financial services closely related to the people's livelihood, including ensuring credit support to earthquake relief efforts, programs to encourage university graduates to work in civil service positions at the grass-roots levels, to encourage employment, and to support students facing financial difficulties, poverty reduction, and regional development programs. In the meantime, the PBC strengthened management of lending activities for local government financing platforms, cut back lending to high energy-consuming and polluting industries and industries with an overcapacity. It also guided financial institutions to concretely implement differentiated mortgage policies. Second, the PBC encouraged innovation in rural financial products and services across the country so as to improve rural financial services. It took measures to adjust and optimize the credit structure and increased the agro-linked credit supply. Third, the PBC encouraged financial institutions to update their evaluation systems and properly pace credit extensions to avoid sharp lending fluctuations between months and quarters.

IV. The pilot program for RMB settlement of cross-border trade transactions made new progress

In the second quarter of 2010, RMB settlement of cross-border trade reached 48.66 billion yuan, expanding 1.65 times quarter on quarter. At end-June total RMB settlement reached 70.60 billion yuan since the program was launched, including 6.53 billion yuan of goods exports, 56.39 billion yuan of goods imports, and 7.68 billion yuan in services trade and other items under the current account. Agent banks in the mainland opened 284 inter-bank RMB transfer accounts for overseas participating banks, with a total balance of 7.73 billion yuan. Most overseas RMB settlements took place in Hong Kong, China and Singapore, which together accounted for 87 percent of the total RMB payments and receipts business.

To meet the growing need for RMB settlement in cross-border trade, on June 22, 2010, the PBC, the Ministry of Finance, the Ministry of Commerce, the General Administration of Customs, the State Administration of Taxation, and the China Banking Regulatory Commission (CBRC) issued a joint notice on expanding the pilot program. According to the *Notice on Issues Regarding Expanding the Pilot Program for RMB Settlement of Cross-border Trade Transactions*, the pilot program was expanded to allow more regions in China to settle trade of goods and other items under the current account with overseas companies throughout the world.

Figure 1 Monthly RMB Settlement of Cross-border Trade Transactions

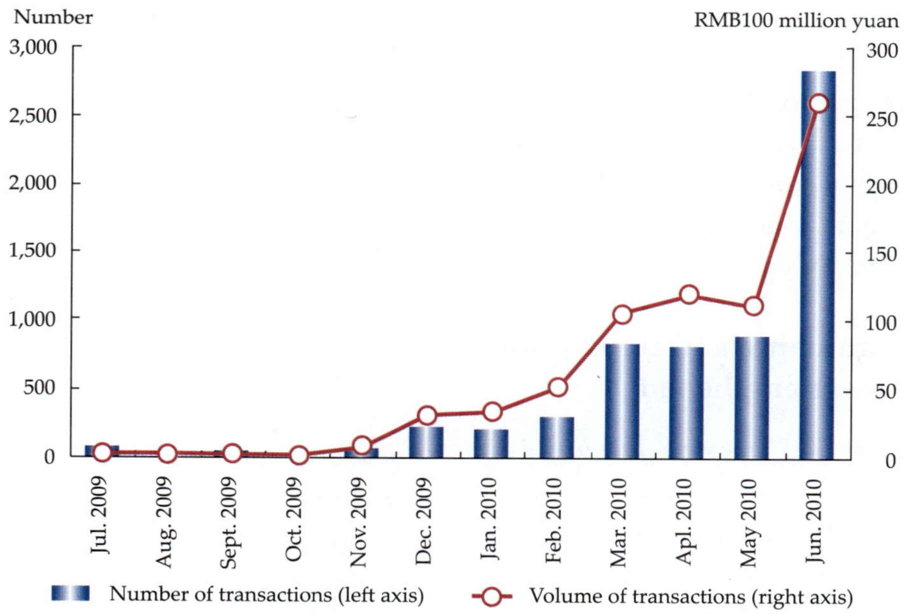

Source: The People's Bank of China.

Box 2 The Pilot Program for RMB Settlement of Cross-border Trade was Expanded

Since the pilot program for RMB settlement of cross-border trade was initiated in July 2009, RMB settlement and clearing have been conducted smoothly, and policies for tax rebates and exemptions for exports and for declaration of imports and exports have been clearly defined and supported by easy operational procedures. The pilot program was positively received, and there have been growing calls among companies that the program be expanded.

In response to these calls and to promote the role of RMB settlement of cross-border trade, with the approval of the State Council, the PBC, the Ministry of Finance, the Ministry of Commerce, the General Administration of Customs, the State Administration of Taxation, and the CBRC jointly issued the Notice on Issues regarding Expanding the Pilot Program for RMB Settlement of Cross-border Trade Transactions. The Notice expanded the pilot program in the following 6 ways. First, the pilot program was expanded to cover overseas enterprises from all other countries and regions in addition to Hong Kong, Macao, and the ASEAN countries. Second, another 18 provinces (autonomous regions and municipalities) were added to the list of regions covered by the pilot program, including Beijing, Tianjin, Inner Mongolia, Liaoning, Jilin, Heilongjiang, Jiangsu, Zhejiang, Fujian, Shandong, Hubei, Guangxi, Hainan, Chongqing, Sichuan, Yunnan, Tibet, and Xinjiang. Third, the pilot program was implemented in all cities in Guangdong in addition to the 4 original cities, and covered more goods exporters in Shanghai and Guangdong. Fourth, licensed importers and exporters in all regions covered by the pilot program were allowed to make RMB settlements for goods imports, cross-border services trade, and other current account items in accordance with the provisions of the Administrative Measures for the Pilot Program for RMB Settlement of Cross-border Trade (the Measures, Document No. 10 [2009], the PBC, the Ministry of Finance, the Ministry of Commerce, the General Administration of Customs, the State Administration of Taxation, and the CBRC). Fifth, a management system for companies under the pilot program was applied for RMB settlement of goods exports in 16 provinces(autonomous regions and municipalities), i.e., Beijing, Tianjin, Inner Mongolia, Liaoning, Shanghai, Jiangsu, Zhejiang, Fujian, Shandong, Hubei, Guangdong, Guangxi, Hainan, Chongqing, Sichuan, and Yunnan. Sixth, licensed importers and exporters in 8 border provinces (autonomous regions) (Inner Mongolia, Liaoning, Jilin, Heilongjiang, Guangxi, Yunnan, Tibet, and Xinjiang) were allowed to settle in RMB goods exports in general trade and small value border trade with neighboring countries at prescribed ports following the provisions of the Measures. Export tax rebates or exemptions in this process are conducted in line with the Notice on Export Rebates or Exemptions for RMB Settled Goods Exports in General Trade and Small-Value Border Trade in Border Regions (Document No. 26 [2010], the Ministry of Finance and the State Administration of Taxation).

The pilot program was expanded in response to calls from domestic and overseas markets.

It provides another source for overseas RMB supplies, satisfies the needs of companies to diversify overseas businesses, facilitates trade and investment, and greatly supports the "going-global" initiative. The move also will help strengthen economic and trade ties with neighboring countries and regions, especially the developing countries.

V. The RMB exchange rate regime was improved

The RMB exchange rate remained at a generally stable level from early 2010 to mid-June in order to deal with the impact of the global financial crisis. In view of the domestic and global economic and financial situations and China's BOP position, on June 19, 2010 the PBC decided to further reform the RMB exchange rate regime and improve its flexibility. Since then, the RMB has appreciated by a small margin as it has moved in both directions with markedly greater flexibility.

Box 3 China Further Reformed the RMB Exchange Rate Regime

Based on a review of the economic and financial conditions both at home and abroad as well as China's BOP position, on June 19, 2010 PBC announced it would further reform the RMB exchange rate regime to make it more flexible.

1. The RMB exchange rate regime reform in 2005 produced the desired results.

On July 21, 2005, China began the RMB exchange rate regime reform and moved to a managed floating exchange rate regime based on market supply and demand with reference to a basket of currencies. Since then, the reform has been promoted steadily. It supports the development of the real economy, creates favorable conditions for macroeconomic management, and plays an important role in China's efforts to respond to domestic and global developments. In general, it has produced the intended results.

In 2008, the floating range of the RMB exchange rate was narrowed to address the adverse impact of the global financial crisis. This served the economic interests of China and contributed to its rapid economic stabilization and recovery. Although many currencies depreciated sharply against the US dollar during the worst of the crisis, the RMB exchange rate remained basically stable. This policy commitment has been important in mitigating the shocks of the financial crisis and has contributed greatly to the Asian and global recovery.

2. Key aspects in further reforming the RMB exchange rate regime.

The managed floating exchange rate regime is China's established policy. It needs to be further reformed on the basis of the reform in 2005 to enhance exchange rate- flexibility against the backdrop of a recovering global economy and a strengthened recovery in China and driven by the urgent need to restructure the economy and shift the development pattern.

In doing so, the PBC will focus on reflecting the role of market supply and demand with reference to a basket of currencies. The RMB exchange rate will float within the floating bands previously announced in the inter-bank foreign exchange market to help keep the RMB exchange rate basically stable at an adaptive and equilibrium level, to promote a balanced BOP account, and to maintain economic and financial stability.

The basis for large fluctuations in the RMB exchange rate does not exist. China's external trade is becoming more balanced. In 2009, the current account surplus dropped 32 percent year on year, and its share in GDP shrank significantly from 9.6 percent in 2008 to 6 percent in 2009. This development continued in 2010. In the first 3 months of 2010, China's current account surplus was reduced year on year by 32 percent to 53.6 billion US dollars, making up 4.5 percent of GDP and indicating a more balanced BOP account.

3 Further reform of the RMB exchange rate serves China's fundamental interests.

The decision to further reform the managed floating exchange rate regime was made in light of China's specific circumstances and development strategy. It is consistent with the reform to improve the socialist market system and it is in China's long-term and fundamental interests. An improved managed floating exchange rate regime will support economic restructuring and promote comprehensive, balanced, and sustainable development. It will help fight inflation and asset bubbles and will make macroeconomic management more proactive and effective. Moreover, it will secure strategic opportunities and a trade environment that support China's economic development.

Further reforming the RMB exchange rate will have more positive impacts than the negative impacts on imports, exports, and employment. As the floating exchange rate regime is widely adopted under the current international monetary system, exchange rate fluctuations is a challenge that importers and exporters have to deal with. As the Chinese economy becomes more market-based, Chinese enterprises are increasingly resilient to adapt to market changes. This has been demonstrated in the rapid expansion of the export industries from the exchange rate regime reform in 2005 until 2008, when the global financial situation began to deteriorate. A floating exchange rate is also advantageous in that it cuts import costs and improves trade conditions, facilitating effort by enterprises to introduce technology and equipment and to purchase raw materials and parts. It also helps improve the employment structure and increase employment. More jobs will be created in the export sector as the sector is upgraded from simple processing to deep and intensive processing, extending the industrial chain and improving the division of labor; the service sector will be able to employ more as it benefits from an optimized allocation of resources between tradable and non-tradable sectors.

Going forward, it is necessary to create favorable conditions to guide enterprises to carry out structural adjustments and to encourage banks to help enterprises to manage exchange rate risks. Moreover, the PBC will closely monitor the flows of short-term speculative capital and enhance management in this area to mitigate the shocks of massive hot money inflows on the financial system.

4 The foreign exchange market was stable and RMB exchange-rate flexibility increased after the furthering of the reform.

The interbank foreign exchange market remained stable and the RMB exchange rate became more flexible after last month's announcement by the PBC to further reform the RMB exchange rate. First, the RMB appreciated slightly, reflecting the fundamental role of market supply and demand. As of July 21, the central parity of the RMB against the US dollar posted 6.7802 yuan per dollar, up 473 basis points or 0.70 percent from the level on June 18, one day before the reform began, and representing an appreciation of 0.71 percent from end-2009. Second, the role of the currency basket grew stronger, which was reflected in the RMB exchange rate movements. Measured against the US dollar, the central parity of the RMB exchange rate moved in unison with the dollar exchange rate against other major currencies on all trading days with the one exception of June 21, when the exchange rate closed at the same level as on the previous day. Third, the RMB exchange rate moved in both directions. Following the reform in June, the central parity of the RMB against the US dollar leveled on one trading day, strengthened on 14 days, and weakened on 8 days, while, compared with the central parity, the closing rate gained on 14 trading days and lost on 9 days. Fourth, the RMB exchange rate became noticeably more flexible. Intra-day exchange rate fluctuations in the interbank foreign exchange market varied from 34 to 329 basis points, averaging 101 basis points, which is 1.3 times the average of 77 basis points in the period from 2005, when the previous round of reform began, to July 2008. Fifth, the reform was well received by enterprises and individuals and did not cause any unusual changes in foreign exchange sales and purchases at the banks. Sixth, in response enterprises began to employ tools to hedge foreign exchange risks, which led to the growth of forward foreign exchange sales and purchases at banks.

VI. The reform of financial institutions continued

Reform of the large commercial banks saw further progress. The Agricultural Bank of China (ABC) went public in both Shanghai and Hong Kong on July 15 and 16, marking the completion of the reform of large commercial banks. The ABC's dual listing raised 68.5 billion yuan from its 25.6 billion A-shares and 93.5 billion HK dollars from 29.2 billion H-shares after it exercised an over-allotment option in both listings. The ABC also explored ways to combine its agro-linked businesses and commercial operations. It continued a multi-divisional structural overhaul program and built a division dedicated to rural finance, which was launched on a trial basis in 8 provinces(autonomous regions and municipalities), including Sichuan, Chongqing, Hubei, Guangxi, Gansu, Jilin, Fujian, and Shandong. At the Industrial and Commercial Bank of China (ICBC), the Bank of China (BOC), the China Construction Bank (CCB), and the Bank of Communications, the large four listed commercial banks, the governance structure was improved, contributing to stronger core competitiveness. As of end-March, the capital adequacy ratio at these four banks stood at 12.0 percent, 11.1 percent, 11.4 percent, and 11.7 percent respectively; the non-performing loan (NPL) ratio posted 1.35 percent, 1.30 percent, 1.35 percent, and 1.27 percent, whereas before-tax profits registered 54.1 billion yuan, 35.5 billion yuan, 45.7 billion yuan, and 13.5 billion yuan. The China Development Bank proceeded with its market-oriented reform to better support the major medium- and long-term economic development strategies.

Reforms tailored to policy financial institutions were advanced. The PBC continued to study and improve the reform plan for the Export and Import Bank of China and the draft amendment of the Articles of Association for the China Export and Credit Insurance Corporation, which will enhance their capacity as policy financial institutions to support foreign trade and investment. Moreover, the PBC stepped up work on studying the deepening of the internal reform at the China Agricultural Development Bank in preparation for an overall reform.

Meanwhile, major achievements were made in the reform of the rural credit cooperatives (RCCs). First, the financial position of the RCCs improved substantially. Based on the four-category loan classification, NPLs at the RCCs totaled 358.1 billion yuan at end-June, accounting for 6.6 percent of their total lending, down 0.8 percentage point from end-2009. In contrast, total profits in the first six months of 2010 grew 35.3 percent to 39.5 billion yuan, an acceleration of 10.3 billion yuan year on year. Second, the RCCs stepped up support for agricultural development significantly. At end-June, total the RCCs lending was recorded 5.5 trillion yuan, and its share of the total lending by financial institutions went up from end-2009 by 0.5 percentage points to 12.2 percent. Among this total, agro-linked loans amounted to 3.7 trillion yuan, up 569.1 billion yuan from end-2009, and lending to rural households increased by 305.6 billion yuan from end-2009 to 1.9 trillion yuan. Third, reform of the RCCs property rights system made progress. As of end-June, a total of 2,023 the RCCs, 55 rural commercial banks, and 205 rural cooperative banks had been established, all with legal person status at the county (city) level.

VII. Reform of the foreign exchange administration system was deepened

In the first half of 2010, the foreign exchange administration authority implemented the overall arrangements of the State Council and the policy package designed to address the global financial crisis. This prevented risks from cross-border capital flows and thus contributed to the sound and rapid economic development.

Trade and investment was greatly facilitated in support of the external sector. This included efforts to launch the pilot reform of the verification and write-off system for import payments in foreign exchange in 7 provinces (municipalities), moving from on-site case-by-case verification to off-site aggregate verification and shifting the focus of supervision from transactions to companies; delegation of approval authority for 10 capital and financial account items and simplification of the documents required for such approval; allowing individual customers to purchase and sell foreign exchange through e-banking at the Bank of China, the China Merchants Bank, and the Industrial and Commercial Bank of China on a pilot basis; and, while controlling the level of aggregate external debt, allowing Chinese companies to borrow short-term external debt within the regional short-term debt quota and authorizing the regional foreign exchange administration authorities to set such quotas in line with the short-term external debt limit for Chinese companies within their respective jurisdictions.

Monitoring and early warning for cross-border capital flows were strengthened, and efforts were stepped up, including special campaigns to deal with hot money inflows and actions against underground banking and other foreign-exchange-related irregularities, to crack down on hot money and other forms of illegal fund flows. The use of foreign exchange for direct overseas investments by mainland banks was put under better management, and statistics on direct overseas investments were improved. In addition, a set of indicators to monitor both surplus and deficit risks was established, improving the monitoring and early warning system for the BOP risks.

PART 3

Financial Market Analysis

In the first half of 2010, performance of China's financial market continued to be sound and in general market liquidity was adequate. The money market traded briskly and interest rates fluctuated upward. Indices on the bond market went up slightly and bond issuances grew significantly. Stock indices fluctuated downward whereas financing on the stock markets rose substantially.

In the first half of 2010, aggregate financing by the domestic non-financial sector (including the household, corporate, and public sectors) stood at 6.0 trillion yuan, down 32.3 percent year on year. Loans dominated the financing structure but their share of total financing declined compared with their share in the previous year. The share of financing through stocks rose notably, and enterprise bond financing continued to increase by a large amount. Therefore, direct financing played a more important role.

I. Financial market analysis

1. The money market traded briskly and interest rates fluctuated upward

In the first half of 2010, repo transactions on the money market increased steadily and inter-bank borrowing rose remarkably. The turnover of bond repos totaled 38.4 trillion yuan, with an average daily turnover of 314.6 billion yuan, up 7.7 percent year on year. The turnover of inter-bank borrowing reached 11.1 trillion yuan, with an average daily turnover of 91.4 billion yuan, an increase of 40.6 percent year on year. Overnight products dominated bond repo and inter-bank borrowing transactions, accounting for 79.3 percent and 87.7 percent in their respective turnovers. The total turnover

Table 4 Financing by Domestic Non-financial Sectors in the First Half of 2010

	Volume of financing (RMB100 million yuan)		As a percentage of total financing(%)	
	In the first half of 2010	In the first half of 2009	In the first half of 2010	In the first half of 2009
Financing by domestic non-financial sectors	60,156	88,915	100.0	100.0
Bank loans [1]	48,358	77,230	80.4	86.9
Equities [2]	2,548	919	4.2	1.0
Government securities [3]	3,275	4,902	5.4	5.5
Enterprise bonds [4]	5,975	5,864	9.9	6.6

Notes: 1. Bank loans include domestic currency loans and foreign currency loans.
2. Equity financing includes convertible bond financing and excludes financing by financial institutions on the stock markets.
3. The financing volume of government securities includes municipal bonds issued by Ministry of Finance on behalf of local governments.
4. Enterprise bonds include enterprise bonds, corporate bonds, bonds with detachable warrants, collective bills, short-term financing bills, and medium-term notes.
Source: The People's Bank of China.

of government securities repos on the stock exchanges soared 100.2 percent to 2.6 trillion yuan.

The financing structure on the money market showed the following characteristics. First, the structure of the funding supply changed. As the commercial banks strengthened their balance-sheet management in response to the changing economic and financial situations, the policies for macro-economic management, and regulatory requirements, net lending of state-owned commercial banks declined substantially whereas other commercial banks became net borrowers in the first half of 2010, after being net lenders in the same period of the last year. Net lending of the state-owned commercial banks registered 10 trillion yuan, down 6.4 trillion yuan year on year. Net borrowing of other commercial banks registered 4.1 trillion yuan, 4.3 trillion yuan more than during the same period of the last year. Second, non-banking financial institutions in general showed a lower demand for funds. Facing the many uncertainties with respect to domestic and international economic prospects and the heightened fluctuations on the domestic stock market, they traded more cautiously and their funding demand declined substantially from the previous year. Net borrowing by securities and fund management companies and insurance companies saw a year-on-year decline of 29.9 percent and 95.8 percent respectively in the first half of 2010. In addition, with their own funding sources and balance sheets improved, net borrowing of foreign financial institutions posted a year-on-year decline of 32.6 percent.

Table 5 Fund Flows among Financial Institutions in the First Half of 2010

Unit: RMB100 million yuan

	Repo		Inter-bank borrowing	
	In the first half of 2010	In the first half of 2009	In the first half of 2010	In the first half of 2009
State-owned commercial banks	-91,317	-151,343	-8,552	-12,349
Other commercial banks	39,996	-4,529	916	2,714
Other financial institutions	37,888	138,777	6,347	4,888
Of which: Securities companies and fund management companies	37,314	53,068	642	1,103
Insurance companies	908	21,500	—	—
Foreign-funded financial institutions	13,434	17,095	1,290	4,746

Note: "Other financial institutions" include policy banks, associations of rural credit cooperatives, finance companies, trust and investment companies, insurance companies, securities companies, fund management companies, and so forth. A negative sign indicates net lending; a positive sign indicates net borrowing.
Source: The People's Bank of China.

Interest on the money market fluctuated upward. In the first four months of 2010, due to the diminishing impacts of the Spring Festival, the weighted average interest rate of bond-pledged repo and inter-bank borrowing declined steadily after hitting a high of 1.55 percent and 1.52 percent respectively in February. Since mid-May, affected by various factors, such as the increased risk aversion caused by the European sovereign debt crisis, the impending review by the regulatory authority of the deposit-to-lending ratio and other indicators, and additional capital raising by large commercial banks, market liquidity fluctuated and interest rates on the money market moved upward. In June, the monthly weighted average interest rate of bond-pledged repo and inter-bank borrowing was 2.38 percent and 2.31 percent respectively, up 67 and 64 basis points from May, and up 112 and 106 basis points from the end of the last year. At end-June, the overnight and 7-day Shibor stood at 2.27 percent and 2.62 percent respectively, an increase of 112 and 105 basis points from the beginning of the year. The 3-month and 1-year Shibor registered 2.63 percent and 2.62 percent, up 80 and 37 basis points respectively from the beginning of the year.

bond forward transactions with a total turnover of 235.55 billion yuan, down 17.6 percent year on year. In particular, bond forward products with a maturity of less than 14 days accounted for 90 percent of the total turnover. Interest rate forward products traded sluggishly, and there was only one transaction conducted in May and June respectively, with a total nominal principal of 500 million yuan. The Shibor played a more important role in pricing interest rate derivatives and the turnover of the Shibor-based interest rate swaps posted 140.1 billion yuan in the first half of 2010, accounting for 29 percent of the total turnover of the interest rate swaps. All the interest rate forward agreements were based on the Shibor.

Table 6 Transactions of Interest Rate Derivatives

Year	Bond forwards		Interest rate swaps		Forward rate agreements	
	Transactions	Amount (RMB100 million yuan)	Transactions	Amount of nominal principal (RMB100 million)	Transactions	Amount of nominal principal (RMB100 million)
2006	398	664.5	103	355.7	—	—
2007	1 238	2 518.1	1 978	2 186.9	14	10.5
2008	1 327	5 005.5	4 040	4 121.5	137	113.6
2009	1 599	6 556.4	4 044	4 616.4	27	60.0
Q1 2010	552	1 951.4	1 872	2 098.1	0	0
Q2 2010	92	404.2	2 390	2 758.2	2	5.0

Source: China Foreign Exchange Trade System.

Trading in interest rate swaps grew rapidly whereas the forward interest rate market traded sluggishly. In the first half of 2010, a total of 4,262 transactions in RMB interest rate swaps was conducted, with an aggregate nominal principal of 485.63 billion yuan, up 160 percent year on year. In particular, trading of interest rate swaps with a maturity of less than 1 year was the most buoyant, with an aggregate nominal principal of 256.76 billion yuan, accounting for 52.9 percent of the total turnover. There were 644

2. Indices on the bond market went up slightly and bond issuances grew steadily

Spot trading on the inter-bank bond market was stable. In the first half of 2010, the turnover of spot bond trading on the inter-bank bond market totaled 24.5 trillion yuan, with a daily average turnover of 200.6 billion yuan, up 12.8 percent year on year. All categories of financial institutions were net bond buyers, except for other commercial banks whose net bond sales posted 689.8 billion yuan. In particular, bond purchases by state-owned commercial banks totaled 572.2 billion yuan. Bond purchases by other financial institutions and foreign-funded financial institutions stood at 67.6 billion yuan and 50 billion yuan respectively. The turnover of spot government securities trading on the exchanges posted 97 billion yuan, down 13.7 billion yuan year on year.

Bond indices on the inter-bank bond market rose slightly. In the first half of 2010, bond indices on both the inter-bank market and the stock exchanges went up noticeably. The index of total returns on the inter-bank bond market rose 3.5 percent from 130.2 points at the beginning of 2010 to 134.7 points at end-June. The index of government securities on the stock exchanges rose 2.8 percent, from 122.3 points at the beginning of 2010 to 125.7 points at end-June.

The yield curve of government securities flattened. As fund availability was gradually reduced and interest rates on the money market continued to rise in May and June the yields of short-term government securities increased rapidly, whereas the yields of medium- and long-term government securities generally declined due to the strong demand by financial institutions and the changed market expectations. The yield curve of government securities flattened. For example, in late June, the yield of 6-month and 1-year government securities increased 70 basis points and 64 basis points respectively from end-2009, whereas the yield of 3-year, 5-year, 7-year, and 10-year government securities declined 3 basis points, 37 basis points, 39 basis points, and 37 basis points respectively.

Figure 2 Yield Curve of Government Securities on the Inter-bank Market in the First Half of 2010

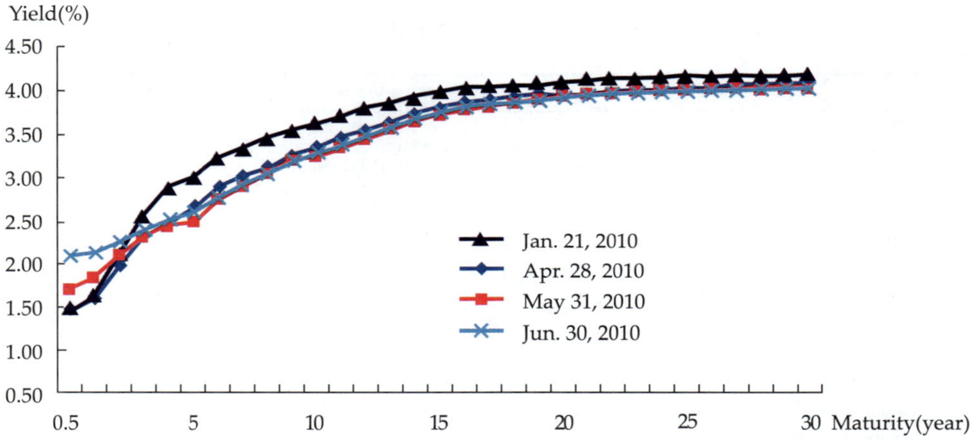

Source: China Government Securities Depository Trust and Clearing Co., Ltd..

Bond issuances grew steadily. In the first half of 2010, a total of 2.3 trillion yuan of bonds (excluding central bank bills) was issued on the primary bond market, up 9.9 percent year on year. In particular, bonds issued by policy banks and short-term financing bills grew significantly, by 68.1 percent and 136.0 percent respectively. At end-June, outstanding bonds deposited with the China Government Securities Depository Trust and Clearing Co., Ltd. totaled 17.9 trillion yuan, up 13 percent year on year.

Bond issuance rates showed some fluctuations. In Q1 2010, affected by the abundant market liquidity and the strong demand for bond investments, bond issuance rates declined gradually. Since April 2010, as bond supplies increased and fund availability was reduced to some extent, bond issuance rates have generally been on the rise. For example, the interest rate of 10-year book-entry government securities issued in June 2010 was 3.41 percent, 5 basis points and 16 basis points higher than in March 2010 and May 2010 respectively. The interest rate of 7-year bonds issued by policy banks fluctuated between 3.2 percent and 4.0 percent. The issuance rate of 1-year short-term financing bills fluctuated between 2.5 percent and 4.5 percent.

The Shibor played a greater role in bond pricing. In the first half of 2010, 10 floating-rate bonds were issued on the inter-bank bond market based on the Shibor, with a total issuance volume of 17.3 billion yuan. In addition, 71 enterprise bonds were issued based on the Shibor, with a total issuance volume of 140.4 billion yuan; 79 fixed-rate short-term financing bills were issued based on the Shibor, with a total issuance volume of 157.1 billion yuan, accounting for 45 percent of the total volume of fixed-rate short-term financing bills.

3. Bill financing gradually stabilized

The decline in outstanding bill financing moderated, and transactions on the bill market remained buoyant. In the first half of 2010, commercial drafts issued by enterprises totaled 5.5 trillion yuan, an increase of 1.6 percent year on year. Cumulative discounted bills declined 4.6 percent to 12.1 trillion yuan. Rediscounted bills totaled 62.74 billion yuan, 61.35 billion yuan more than during the same period of the last year. At end-June, the total value of outstanding commercial drafts declined 6.3 percent to 4.7 trillion yuan; outstanding discounted bills registered 1.7 trillion yuan, down 52.3 percent year on year; and outstanding rediscounted bills registered 47.31 billion yuan, 46.42 billion yuan more than during the same period of the last year. At end-June, outstanding bill acceptances

Table 7 Issuance of Bonds in the First Half of 2010

Type of bonds	Issuances (RMB100 million yuan)	Year-on-year growth (%)
Government securities[1]	8,296	-4.4
Of which: municipal bonds	438	-73.6
Financial bonds and policy financial bonds issued by the China Development Bank	5,390	68.1
Bank subordinated bonds and hybrid capital bonds	1,009	-4.5
Bank ordinary bonds	20	—
Enterprise bonds[2]	8,175	6.3
Of which: Short-term financing bills	3,536	136.0
Medium-term notes	2,890	-33.7
Corporate bonds	344	—
Asset-backed securities	0	—

Notes: 1. Including municipal bonds.
2. Including enterprise bonds, corporate bonds, SME collective bills, short-term financing bills, and medium-term notes.
Source: The People's Bank of China.

were 276.8 billion yuan more than at end-March. The decline in the outstanding value of bill financing moderated, 28.1 billion yuan lower than that at end-March, and accounted for 3.9 percent of the total outstanding loans, down 5.7 percentage points year on year.

Bill market interest rates declined slightly from the previous quarter, although the overall level was still higher than in the previous year. Since the bill business is highly liquid, its expansion and contraction have an increasingly important impact on money and credit aggregates and their structures. Since April, with the growth of money and credit aggregates slowing down, financial institutions have been more inclined to hold bills, and the scale of bill financing has been stabilized. As a result, bill market interest rates declined slightly from the first quarter, although they still remained at an elevated level.

4. Stock indices fluctuated downward whereas the volume of financing on the stock markets surged

The turnover on the stock markets increased slightly. In the first half of 2010, the turnover on the Shanghai and Shenzhen Stock Exchanges totaled 22.6 trillion yuan, 456.3 trillion yuan more than during the same period of the last year, and the daily turnover rose 2.1 percent year on year to 191.9 billion yuan. At end-June 2010, market capitalization declined 16.2 percent year on year to 12.7 trillion yuan.

The stock indices went down amid fluctuations. After the large volatilities in the first quarter, the Shanghai Stock Exchange Composite Index showed a rapid downward movement. At end-June, the Shanghai Stock Exchange Composite Index and the Shenzhen Stock Exchange Component Index had dropped 26.8 percent and 21.3 percent respectively from end-2009 to close at 2,398 points and 945 points. The average P/E ratios on the A-share markets in Shanghai and Shenzhen posted 18 times and 32 times, down from 29 times and 47 times at end-2009.

Funds raised on the stock market increased remarkably. In the first half of 2010, a total of 402.9 billion yuan was raised by non-financial enterprises and financial institutions on the domestic and overseas stock markets by way of IPOs, secondary offerings, rights issuances, stock vesting, and convertible bond issuances, a surge of 311 billion yuan or 338.4 percent year on year. Among this total, 350.7 billion yuan was raised through IPOs and rights issuances on the A-share market, up 262.8 billion yuan, or 299.0 percent, over that in the first half of 2009.

5. Total assets in the insurance industry continued fairly rapid growth

Premium income increased significantly. In the first half of 2010, aggregate insurance premiums grew 33.6 percent year on year to 799.9 billion yuan, an acceleration of 27.0 percentage points from the same period of the last year. In particular, premium income from life insurance grew 33.7 percent, an acceleration of 17.1 percentage points from the same period of the last year. Premium income from property insurance rose 33.5 percent, an acceleration of 17.1 percentage points. Total compensation and claim payments declined 13.5 billion yuan over the same period of the last year to 147.3 billion yuan.

The total assets of the insurance industry continued fairly rapid growth, and more money was allocated to investment-type assets. At end-June, the total assets of the insurance industry totaled 4.5 trillion yuan, an increase of 22 percent year on year. Among this total, investment-type assets grew 24.4 percent year on year, an acceleration of 8.5 percentage points. Bank deposits were up 21.6 percent, a deceleration of 28.1 percentage points.

Table 8 Use of Insurance Funds at End-June 2010

	Outstanding balance(RMB100 million yuan)		As a share of total assets (%)	
	End-June 2010	End-June 2009	End-June 2010	End-June 2009
Total assets	45 235	37 072	100.0	100.0
Of which: Bank deposits	12 700	10 445	28.1	28.2
Investment	28 954	23 280	64.0	62.8

Source: The China Insurance Regulatory Commission.

6. The foreign exchange market operated soundly

The foreign exchange spot market operated soundly. The volume of swap transactions continued to rise and the volume of forward transactions increased by a large margin. In the first half of 2010, the turnover of spot RMB foreign exchange swaps continued its stable growth and was concentrated in OTC transactions. The total turnover of RMB foreign exchange swaps registered 630.6 billion yuan and the daily turnover soared 118.4 percent year on year. Among this total, swaps accounted for 59.5 percent, 3.8 percentage points less than that during the same period of the last year. The turnover on the RMB foreign exchange forward market totaled USD5.49 billion, and the daily average turnover rose 72.0 percent from the same period of the last year. The turnover of 8 foreign currency pairs amounted to USD28.2 billion, and their daily average turnover increased 58.7 percent year on year. The USD/HKD and EUR/USD currency pairs accounted for 82.7 percent of the total.

The foreign exchange market continued to develop, and participants on the foreign exchange market increased further. 11 new members on the spot market, 2 market makers, and 6 non-banking financial institutions and non-financial enterprises began to trade on the foreign exchange market. In addition, adjustments to the comprehensive foreign exchange position for sales and surrenders of foreign exchange gave the commercial banks more flexibility and self-initiative to use their foreign exchange.

7. Trading on the gold market increased rapidly

In the first half of 2010, the turnover of precious metals totaled 891.51 billion yuan, up 111.3 percent year on year. In particular, a total of 317.45 tons of gold was traded, up 58.7 percent year on year, and the total turnover rose 100.0 percent year on year to 807.35 billion yuan. The trading volume of silver surged 418.5 percent over the same period of the last year to 18,000 tons and its turnover soared 612.7 percent year on year to 74.05 billion yuan. The trading volume of platinum declined 9.4 percent year on year to 27.9 tons and its turnover rose 27.5 percent year on year to 10.12 billion yuan.

In the first half of 2010, movement of the price of gold on the Shanghai Gold Exchange was consistent with that on international gold markets. In general, the domestic price of gold had been on the rise, and the price gap between the domestic and international markets widened. The price of gold reached a peak of 275.99 yuan per gram and a trough of 233.10 yuan per gram in the first half of 2010. At end-June, it closed at 271.33 yuan per gram, up 12.51 percent over the beginning of the year.

II. Financial market institutional building

1. Improvements in institutional arrangements for the securities market

Supervision over securities brokerage was strengthened. On April 1 2010, the China Securities Regulatory Commission (CSRC) issued the *Administrative Rules on Strengthening Management of Securities Brokerage*. The *Rules* require that securities companies put in place a sound and centralized management mechanism over the securities brokerage business, prevent conflicts of interest between securities companies and clients, earnestly honor their obligations against money laundering, and protect the legitimate rights and interests of their clients.

Participation by institutional investors in securities index futures trading was regulated. On April 21 2010, the CSRC issued the *Guidelines on the Participation in Stock Index Futures Trading by Securities Companies and the Guidelines on Participation of Securities Investment Funds in Stock Index Futures Trading*. These two Guidelines require that proprietary trading of securities companies and trading of securities investment funds should be for the sole purpose of hedging risks, and risk management and the internal control system should be strengthened.

2. Strengthening the basic institutional arrangements on the insurance market

Supervision over insurance companies was strengthened. In order to maintain the sound operation of insurance companies, protect the legitimate rights and interests of the investors and the insured, and strengthen supervision over the equity of insurance companies, in May 2010 the China Insurance Regulatory Commission (CIRC) issued the *Rules on Management over the Equity of Insurance Companies* to raise the threshold for equity investment in insurance companies, strengthen supervision over major shareholders, regulate investment and shareholding behavior, strengthen the responsibilities of shareholders, regulate the transfer of equity, and further relax the upper limits on shareholding by individual shareholders.

Efforts were made to enhance the transparency of insurance companies. In May 2010, the CIRC issued the *Administrative Measures on Information Disclosures by Insurance Companies*, urging insurance companies to disclose their operational information to the general public, including basic information, financial accounting, risk management, insurance product management, solvency, significant related-party transactions, and major events, further regulating the insurance companies' information disclosure behavior and protecting the legitimate rights and interests of the policyholders, the insured, and beneficiaries.

Supervision over the reinsurance business was strengthened. In order to implement the

PRC Insurance Law (Amended) and strengthen supervision over the reinsurance business, in May 2010 the CIRC released the amended *Provisions on the Administration of the Reinsurance Business* to further regulate control of risk concentration, reserve evaluation of the life insurance business, and information disclosure of the reinsurance business, and so forth.

PART 4 Macroeconomic Analysis

I. Global economic and financial developments

Since 2010, the global recovery has evolved moderately, but the sovereign debt crisis in some EU countries and the risks accumulating in the financial sector have added uncertainties to the outlook for the world economy. The unemployment rate of the major advanced economies remained high and global activity was recovering at varying speeds across the different economies and areas. The U.S. and Japanese economies picked up continuously whereas recovery in the euro area lost momentum somewhat. The emerging market economies experienced a generally rapid but divergent rebound, with Asia and Latin America growing faster than the EU emerging market economies. Due to the EU sovereign crisis, turmoil hit the global financial markets and the exchange rates between the major currencies fluctuated within an enlarged band.

1. Economic developments in the major economies

The U.S. economy continued its moderate recovery. In Q2 2010, the seasonally adjusted annualized GDP registered 2.4 percent, lower than the expected 2.5 percent. But the GDP for Q1 was revised up from 2.7 percent to 3.7 percent. The employment rate and work-week for April and May all edged up but the unemployment rate remained high, with the seasonally adjusted monthly figures for the three months of Q2 standing at 9.9 percent, 9.7 percent, and 9.5 percent respectively. The total trade volume increased gradually and the trade deficit gained month by month, reaching USD 40.3 billion and USD 42.3 billion respectively for April and May, up by USD 11.8 billion and USD 17.4 billion compared with the same period of the last year. The federal fiscal deficit continued to grow, reaching USD 82.69 billion, USD 135.9 billion, and USD 68.4 billion respectively for the three months in Q2, down by USD 17.85 billion compared with Q2 of the last year. Due to the plunge in oil prices, the CPI for the three months of Q2 grew by 2.2 percent, 2.0 percent, and 1.1 percent year on year, but were down by 0.1 percent, 0.2 percent, and 0.1 percent month on month.

The recovery momentum weakened in the euro area. In Q1 2010, the GDP edged up by 0.2 percent month on month, higher than the 0.1 percent in Q4 of 2009, showing a trend of a moderate increase. However, in June the Composite PMI for the euro area dropped to a four-month low of 55.6. Though several countries in the area were hit by the sovereign debt crisis, the economy was supported by the improvement in exports boosted by the global recovery, a proper monetary stance, and measures aimed at stabilizing the financial market. Trade continued to pick up, with imports and exports for the first five months increasing by 15 percent and 16 percent year on year respectively, leading to a deficit of EUR 6.8 billion, slightly lower than that during the same period of the last year. The growth in prices was moderate, with the year-on-year HICP for the three months in Q2 edging up by 1.5 percent,

1.6 percent, and 1.4 percent respectively. Employment conditions remained gloomy and the seasonally adjusted unemployment rates for the three months of Q2 all remained at 10 percent, unchanged from March.

The Japanese economy showed signs of turning around. Promoted by consumption and exports, the real GDP growth after the seasonal adjustment registered 5.0 percent in Q1. The employment situation continued to be serious. Unemployment rates were recorded at 5.1 percent, 5.2 percent, and 5.3 percent for the three months of Q2. Foreign trade continued to rebound, with imports and exports soaring by 23.3 percent and 37.9 percent year on year for the first half of the year and the trade surplus standing at 3.395 trillion yen. Private consumption maintained an upward momentum. Price levels slid further but at a slower pace. The CPI for the three months of Q2 declined by 1.2 percent, 0.9 percent, and 0.7 percent respectively.

The emerging market economies continued to recover but at varying speeds. Due to the improvements in consumption and exports, the emerging Asian market economies experienced a robust rebound. In Q1, GDP in India rose by 8.6 percent compared with the last year, a record high since Q4 of 2007. Boosted by the strengthening domestic demand and the steady pick-up in the commodity market, the recovery of the major economies in Latin America was proceeding more rapidly than the world average. Growth in Argentina was stronger than expected, with the month-on-month GDP for Q1 back to the pre-crisis level of 6.8 percent. Economic conditions in Russia also brightened, reflected in the rising household consumption and the 2.9 percent year-on-year GDP growth rate for Q1 of 2010. However the rebound has yet to be confirmed. Recovery of the European emerging market economies, especially those in east and south Europe, have been held back by fiscal austerity measures and deleveraging by financial institutions.

2. Global financial market developments

In the first half of the year, the exchange rates of the major currencies fluctuated within broad bands. Exchange rate developments can be divided into three stages: From the beginning of the year to mid-April, the euro tumbled all the way down due to concerns about the sustainability of the EU countries' sovereign debt, the yen headed down from a high level, and the currencies of the other major economies mostly gained against US dollar as their economic conditions picked up. From mid-April to early June, the European debt crisis deteriorated across the board, leading to rising market risk aversion. Although the other currencies fell sharply, the US dollar bucked the trend and it alone appreciated, which had also been observed during the global financial crisis. On June 7, the exchange rate of the euro to the US dollar touched the bottom of 1.1875 US dollar per euro, a record low for four years. Since June, against the backdrop that the spread of the European sovereign crisis had been gradually restrained, the retreat of the euro was moderated and later turned into a marginal gain. The Japanese yen and the British sterling appreciated dramatically against the US dollar. At end-June, the exchange rate of the euro against the US dollar closed at 1.2238 dollar per euro, down 9.4 percent compared with the last quarter and down 14.5 percent from the end of the last year; that of the Japanese yen against the US dollar closed at 88.43 yen per dollar, up 5.7 percent compared with the last quarter and up 5.2 percent from the end of the last year. The Trade Weighted US Dollar Index, which is published by the Federal Reserve, appreciated cumulatively by 2.6 percent throughout the first half of the year.

Driven by the demand for safe havens, the yields of government securities of the major countries fluctuated downward. Since Q2, market concerns about the worsening European sovereign crisis and the still-uncertain global outlook grew. As a result, demand for risk aversion increased and capital fled into the government securities market, which was relatively safe. On June 30, the yields of 10-year treasury bonds in the U.S., euro area, and Japan closed at 2.941 percent, 2.575 percent, and 1.090 percent respectively, down 0.89, 0.52, and 0.323 percentage points from the end of the last quarter, and down 0.852, 0.806, and 0.201 percentage points from the end of the last year. US treasury prices were pushed up whereas yields declined by investors' heavy buying of treasuries due to their risk aversion. On June 30, 10-year yields once plunged to 2.924 percent, a record low since April 2009; and 30-year treasuries traded as low as 3.892 percent, the lowest level since October 2009.

Influenced by factors such as the European sovereign crisis, the major market interest rates fluctuated upward. On June 30, the 1-year US dollar Libor traded at 1.17 percent, up 0.19 percentage points from the beginning of the year. Since Q2, the Euribor had been rising. On June 30, the 1-year Euribor reached 1.306 percent, 0.058 percentage points higher than at the beginning of the year.

The major stock indices moved downward amid fluctuations and they all registered a decrease of more than 10 percent. Expectations about the exit of the stimulus policies and the shadow of the European sovereign crisis added to market concerns about the uncertainties facing a global recovery. In Q2, the major stock markets experienced a large correction and there were several freefalls at the beginning of May and at the end of June. On May 6, the Dow Jones Industrial Average plummeted 997 points, or 9.1 percent, due to market panic and rumors about a trader's lapses. On June 30, the Dow Jones Industrial Average, the NASDAQ, the STOXX50, and the Nikkei 225 closed at 9,774, 2,109, 2,573, and 9,383 respectively, down 9.98 percent, 12.1 percent, 12.2 percent, and 15.4 percent from the end of the last quarter and down 6.3 percent, 7.0 percent, 13.2 percent, and 24.1 percent from the end of the last year, near the bottom since 2010.

3. Housing market developments in the major economies

Short-term data for the U.S. housing market showed a mixed picture. In April, the sale of existing homes rocketed to 5.79 million after the seasonal adjustments, the highest level since November 2009. In May, the sale of existing homes registered 5.66 million, a year-on-year increase of 19.2 percent. The vacancy rate of office buildings in Q2 was 17.4 percent, reflecting a 17-year low in the demand for office buildings. Since the preferential policy for first-time homebuyers was soon to terminate, the start of new home construction dropped by 5 percent month on month, a record low since 2010. The U.S. preferential policy for first-time homebuyers provided a strong stimulus for the sale of existing homes, but the development of the housing market in the latter half of the year mainly will depend on macroeconomic conditions, especially the performance of the labor market.

The European housing market was tepid. In Q2, housing prices in Britain declined marginally. The seasonally adjusted month-on-month Halifax Index for the three months of Q2 dropped by 0.13 percent, 0.55 percent, and 0.65 percent respectively. Housing prices in France showed signs of stabilization. Meanwhile, the residential housing market in Germany continued to be stable, with the vacancy rate of office buildings edging up slightly and rent being flat.

Japanese housing remained sluggish. Though the Japanese government began to implement a preferential tax for energy-saving houses, the start of new home construction fell to a historic low range. After squeezing up by 0.6 percent year on year in April, the start of new home construction declined by 4.6 percent compared with the same period of the last year, which was below market expectations. In May, construction orders received by the top 50 construction companies in Japan rose by 9.2 percent year on year, a contrast with that in April, which were down by 25 percent year on year.

4. The monetary policies of the major economies

The central banks of the major economies continued to implement accommodative monetary policies. In order to support economic growth, the central banks of the major economies kept the policy rates unchanged at a low level throughout Q2. The US Fed, ECB, Bank of England, and Bank of Japan kept the benchmark rates at 0-0.25 percent, 1 percent, 0.5 percent, and 0.1 percent respectively. On May 10, the ECB decided on several measures to address the serious tensions in the financial markets, including intervention in public and private debt securities in the euro area, adoption of a fixed-rate tender procedure with a full allotment in the regular 3-month and 6-month longer-term refinancing operations, and reactivation of the temporary liquidity swap lines with the Federal Reserve.

More and more central banks of the emerging market and advanced economies decided to raise their benchmark rates. To cool the overheated growth, ease inflationary pressures, and contain asset bubbles, emerging market economies such as Brazil, India, Malaysia, Peru, South Korea, and Thailand raised their interest rates. On June 1 and July 20, the Bank of Canada twice raised its target for the overnight rate by one quarter to 0.75 percent, becoming the first G7 country to raise its target rates since the outbreak of the crisis. Decisions by several economies to raise benchmark rates revealed confidence in the economic outlook and worries about future inflation.

However, several central banks announced that they would lower their benchmark rates. Since Q2, several economies have cut their interest rates. On April 30 and June 1, the Central Bank of the Russian Federation lowered its refinancing rate by 25 percentage points respectively to 7.75 percent, in order to support domestic demand. On May 5 and June 23, Sedlabanki Bank of Iceland cut its interest rates twice by 50 basis points respectively to 8.0 percent. The differences in these policy stances reflected the complexity and unsynchronized nature of the global recovery.

Table 9 Monetary Policies of Several Economies since 2010

Central bank	Target interest rate at end-July 2010	Policy measures since 2010
U.S. Federal Reserve	Federal funds rate 0-0.25%	On June 14, June 28, and July 12, the Fed conducted three auctions through its Term Deposit Facility, offering USD1.15 billion in 14-day term deposits, USD2.12 billion in 28-day term deposits, and USD2.12 billion in 84-day term deposits respectively. This was the first time the Fed tried to drain liquidity from the banking system using this kind of tool.
European Central Bank	Main refinancing operations rate 1%	On May 10, the ECB decided on several measures to ease tension in the markets, including interventions in the euro area public and private debt securities, adopting a fixed-rate tender procedure with a full allotment in the regular 3-month and 6-month longer-term refinancing operations, and to reactivate the temporary liquidity swap lines with the Federal Reserve.
Bank of Japan	Uncollateralized overnight call rate 0.1%	On May 21, the Bank of Japan introduced a fund-provisioning measure to support strengthening the foundation for economic growth. On June 15, the BOJ announced details for the fund provisioning, which would provide loans of up to 3 trillion yen to the banking sector.
Bank of England	Bank rate 0.5%	The Bank of England voted to keep the stock of asset purchases under the "quantitative easing" monetary policy unchanged at GBP200 billion.
Reserve Bank of Australia	Cash rate 4.5%	On March 2, April 6, and May 4, the Reserve Bank of Australia raised the cash rate three times by 25 basis points each time to 4.5 percent.
Bank Negara Malaysia	Overnight policy rate 2.75%	On March 5, May 13, and July 8, the Bank Negara Malaysia raised the overnight policy rate three times by 25 basis points each time to 2.75 percent.
Reserve Bank of India	Repo rate 5.75%	On March 19, April 20, July 2, and July 27, the RBI increased the repo rate four times by 25 basis points each time to 5.75 percent.
Banco Central do Brasil	TBC/SELIC rate targets 10.75%	On April 29 and June 10, the Banco Central do Brasil raised the target rate twice by 75 basis points each time and on July 21 it raised it again by 50 basis points to 10.75 percent.
Norges Bank	Key policy rate 2%	On May 5, the Norges Bank raised the key policy rate by 0.25 percentage point to 2 percent.
Banco Central de Reserva del Peru	Reference interest rate 2%	In May, June, and July, the Banco Central de Reserva del Peru raised the reference interest rate three times by 0.25 percentage point each time to 2 percent.
Bank of Canada	Overnight rate 0.75%	On June 1 and July 20, the Bank of Canada raised its target for the overnight rate by one quarter twice to 0.75 percent, becoming the first G7 country to exit from the accommodative policy measures.
Reserve Bank of New Zealand	Official cash rate 3%	On June 10 and July 29, the Reserve Bank raised the official cash rate twice by 25 basis points each time to 3 percent.

Central bank	Target interest rate at end-July 2010	Policy measures since 2010
Banco Central de Chile	Monetary policy interest rate 1.5%	On June 14 and July 15, the Banco Central de Chile raised the monetary policy interest rate twice by 50 basis points each time to 1.5 percent.
Sveriges Riks banks	Repo rate 0.5%	On July 1, the Riksbank decided to raise the repo rate by 0.25 percentage point to 0.5 percent.
Bank of Korea	Base Rate 2.25%	On July 9, the Bank of Korea decided to raise the Base Rate by 25 basis points to 2.25 percent, marking the first rate increase since the outbreak of the crisis.
Bank of Thailand	Overnight repo rate 1.5%	On July 14, the Bank of Thailand raised the policy interest rate by 25 basis points to 1.5 percent.
Central Bank of the Russian Federation	Refinancing rate to financial institutions 7.75%	On February 24, March 29, April 30, and June1, the Central Bank of the Russian Federation lowered its refinancing rate four times, by 25 basis points each time, to 7.75 percent.
Sedlabanki Bank of Iceland	7-day collateral lending rate 8.5%	On March 17, May 5, and June 23, the Bank cut the 7-day collateral lending rate twice by 50 basis points to 8.0 percent.

Source: Websites of the relevant central banks.

5. World economic outlook

The IMF forecasted in July 2010 that the global recovery would continue but renewed financial turbulence and problems in the euro area could cloud the outlook. The IMF forecasted that world growth would rise to 4.6 percent, an upward revision of 0.4 percentage point from April's forecast, with the U.S. expected to grow at 3.3 percent, the euro area at 1.0 percent, Japan at 2.4 percent, and the emerging and developing economies averaging about 6.8 percent, up by 5.7 percentage points, 5.1 percentage points, 7.6 percentage points, and 4.3 percentage points compared with the real growth in 2009. According to the IMF, the still-low levels of capacity utilization and moderate economic growth should generally contain global inflation pressures in 2010. Impacted by the sluggish demand and the fiscal consolidation measures, headline inflation in the advanced economies is expected to edge up from 0.1 percent in 2009 to 1.4 percent in 2010. In contrast, in the emerging and developing economies, inflation is expected to rise to 6.3 percent due to the strong economic growth.

Looking ahead, though the global recovery continues, downside risks should not be neglected given the unrestrained European sovereign crisis, the serious fiscal deficit in some economies, the high unemployment rate in the major economies, the return of trade protectionism, the price hike for commodities and the increased inflationary pressures, and the capital inflows witnessed in the emerging market economies.

II. Analysis of China's macroeconomic performance

In the first half of 2010, China's economy developed in the direction intended by macroeconomic management and generally performed well. Consumption grew rapidly, investment growth remained stable and high, external trade recovered quickly, the contribution of consumption, investment, and exports became more balanced in driving economic growth, industrial growth was generally rapid with corporate profits greatly enhanced, and the consumer price hike was modest. In the first half of the year, the Gross Domestic Product (GDP) registered 17.28 trillion yuan, up 11.1 percent year on year based on comparable prices, and a deceleration of 0.8 percentage point from the previous quarter; the CPI was 2.6 percent, up 0.4 percentage point from the previous quarter; the trade surplus posted USD55.3 billion, representing a decline of USD40.9 billion from the same period of the last year.

1. Consumption grew rapidly, investment growth remained stable and high, and foreign trade recovered rapidly

Supported by the income gains of the urban and rural residents, consumption grew rapidly. In the first half of the year, the per capita disposable income of urban households stood at 9,757 yuan, representing year-on-year growth of 10.2 percent and real growth of 7.5 percent on a price-adjusted basis. The per capita cash income of rural households posted 3,078 yuan, up 12.6 percent year on year, or 9.5 percent in real terms. In the first half of the year, retail sales totaled 7.27 trillion yuan, representing an increase of 18.2 percent year on year and an acceleration of 0.3 percentage point from the previous quarter. Price-adjusted real consumption growth was 15.3 percent, a deceleration of 0.1 percentage point from the previous quarter. Broken down by urban and rural areas, consumption in the urban areas grew faster than that in the rural areas, with the gap basically stable. In the first half of the year, retail sales in the urban areas registered 6.27 trillion yuan, up 18.6 percent, or 15.9 percent in real terms; whereas retail sales in the rural areas posted 1.00 trillion yuan, up 15.6 percent, or 12.2 percent in real terms. The survey of urban depositors in the second quarter showed that although the income sentiment indicator had dropped 5.5 percentage points to 49.5 percent, it was still 3.7 percentage points higher than that during the same period of the last year. The investment sentiment of depositors dropped, consumption sentiment was tepid, and preferences for saving deposits continued to rise.

Growth of fixed-asset investments stabilized at a high level, and growth of investment in the tertiary sector was high. In the first half of the year, fixed-asset investments totaled 11.42 trillion yuan, up 25.0 percent year on year, or 21.8 percent in real terms, representing a deceleration of 0.6 percentage point from the previous quarter. Broken down by urban and rural areas, completed fixed-asset investments in the urban areas stood at 9.80 trillion yuan, representing year-on-year growth of 25.5 percent and a deceleration of 0.9 percentage point from the previous quarter. Completed fixed-asset investments in the rural areas registered 1.61 trillion yuan, up 22.1 percent year on year and an acceleration of 1.1 percentage points from the previous quarter. Broken down by regions, urban fixed-asset investment growth in the eastern, central, and western regions registered 22.4 percent, 28.0 percent, and 27.3 percent respectively, with the central and western regions obviously outpacing the eastern region. Broken down by industries, urban fixed-asset investments in the primary, secondary, and tertiary industries grew 17.8 percent, 22.3 percent, and 28.4 percent respectively, and growth in the tertiary industry was much higher than that in the other two industries. In the first half of the year, the total planned investment in projects under construction in the urban areas registered 39.37 trillion yuan, up 27.0 percent year on year. A total of 299,311 projects were under construction, 24,052 more than during the same period of the last year.

External trade recovered rapidly, but the trade surplus declined. In the first half of the year, imports and exports totaled USD1,354.9 billion, up 43.1 percent year on year, representing an acceleration of 66.5 percentage points from the same period of the last year but a deceleration of 1.0 percentage point from the previous quarter. In particular, exports posted USD705.1 billion, representing year-on-year growth of 35.2 percent and an acceleration of 57.0 percentage points and 6.5 percentage points from the same period of the last year and the previous quarter respectively; imports posted USD649.8 billion, up 52.7 percent year on year, an acceleration of 77.9 percentage points from the same period of the last year and a deceleration of 12.0 percentage points from the previous quarter. The trade surplus stood at USD55.3 billion, representing a decrease of USD40.9 billion from the same period of the last year. The improved export product mix boosted the continued trade recovery. Exports of mechanical and electronic products and high- and new-tech products grew by a large margin of 35.9 percent and 40.9 percent respectively in the first half of the year, both faster than the total export growth during the same period. The U.S., Japan, and the EU remained the major destinations for Chinese exports, but their share of exports declined, which shows that China's trade is becoming increasingly diversified. In the first half of the year, actually utilized foreign investment reached USD51.4 billion, up 19.4 percent and an acceleration of 11.8 percentage points from the previous quarter.

2. Agricultural production remained stable and in general industrial production grew rapidly

In the first half of the year, the added value of primary, secondary, and tertiary industry reached 1,336.7 billion, 8,583 billion, and 7,364.3 billion yuan respectively, up 3.6 percent, 13.2 percent, and 9.6 percent respectively. The share of the three industries in GDP was 7.7 percent, 49.7 percent, and 42.6 percent respectively.

Agricultural production remained stable, with output of summer crops on a par with that during the last year. The total output of the summer crop posted 123.1 million tons, down 0.3 percent from the previous year, but still the third largest harvest since the founding of the People's Republic of China. In the first half of the year, production of pork, beef, mutton, and poultry was up 3.5 percent year on year to 37.13 million tons, including pork output of 24.55 million tons, up 3.6 percent.

Industrial growth was generally fast, with corporate profits greatly improved. In the first half of the year, the added value of statistically large enterprises grew 17.6 percent year on year, representing an acceleration of 10.6 percentage points from the same period of the last year but a deceleration of 2.0 percentage points from the previous quarter. Production and sales of industrial products were well connected, and 97.6 percent of manufactured goods were sold, up 0.4 percentage point from the same period of the last year. As the domestic economy performed well, corporate profits increased notably. In the first five months, profits of statistically large enterprises[1] reached 1,539.7 billion yuan, representing year-on-year growth of 81.6 percent and an acceleration of 104.5 percentage points from the same period of the last year. The rate of return on sales was 6.1 percent, an acceleration of 1.5 percentage points from the same period of the last year. The survey of 5,000 industrial enterprises in the second quarter conducted by the PBC showed that the corporate business index had registered growth for five successive quarters to reach 64.1 percent, close to the level at the beginning of 2008. Market demand continued to pick up, with the market demand index posting 59 percent, up 1.4 percentage points from the previous quarter, representing the fourth consecutive quarter in the positive zone. The profitability of the corporate sector continued to improve, with the profitability index at 57.5 percent, representing an acceleration of 1.1 and 6.7 percentage points from the previous quarter and the same period of the last year respectively.

3. CPI growth was modest

The CPI rose modestly year on year. In the first half of the year, the CPI gained 2.6 percent year on year, an acceleration of 3.7 percentage points compared to the previous year, and the quarterly CPI was up 2.2 percent and 2.9 percent respectively year on year. Broken down by food and non-food items, significant food price increases were the major driver for the CPI hike. In the first half of the year, food prices increased by 5.5 percent, pushing up the CPI by 1.8 percentage points. The prices of non-food items grew 1.2 percent, driving the CPI up by 0.8 percentage point. Broken down by consumer goods and services, the prices of consumer goods grew faster than the prices of services, with the prices of consumer goods up 2.9 percent in the first half of the year, which shored up the CPI by 2.2 percentage points, and the prices of services up 1.5 percent, contributing 0.4 percentage point to CPI growth. In terms of the base period factor and the new price-rising factor, the base period factor and the new price-rising factor averaged 1.4 percent and 1.2 percent respectively in the first half of the year.

Prices of manufactured goods increased by a large margin. In the first half of the year, ex-factory producer prices of industrial products grew 6.0 percent year on year, an acceleration of 11.9 percentage points from the same period of the last year. Growth in the first and second quarters registered 5.2 percent and 6.8 percent respectively. The purchasing prices of raw materials, fuel, and power registered an average year-on-year increase of 10.8 percent, 19.5 percentage points higher than the previous year, with the quarterly increase posting 9.9 percent and 11.7 percent respectively. Producer prices of agricultural products (prices at which the products are sold) registered year-on-year growth of 8.4 percent, representing an acceleration of 15.0 percentage points compared to the previous year; the prices of agricultural capital goods grew 1.1 percent year on year, at a par with the level during the same period of

1. Enterprises with main business annual revenue above 5 million yuan.

the last year. The Corporate Goods Price Index (CGPI) monitored by the PBC gained 6.0 percent in the first half of the year, an acceleration of 12.6 percentage points from the same period of the last year, and an acceleration of 5.3 percent and 6.8 percent in the two quarters respectively. Among this increase, investment product prices and consumer product prices were up 6.6 percent and 4.5 percent respectively. The main reason for the hike in the CGPI at the current stage is the significant increase in the price of primary products. Broken down by categories within the basket of the CGPI, agricultural produce, mineral products and coal, and oil and electricity grew 10.3 percent, 15.3 percent, and 16.9 percent respectively in the first half of the year compared to that during the same period of the last year.

The import price hike decelerated marginally. In the second quarter, import prices climbed 19.4 percent, 19.2 percent, and 17.4 percent respectively in the three months, averaging 18.7 percent, an acceleration of 37.3 percentage points from the same period of the last year. Export prices grew by -0.7 percent, 2.2 percent, and 3.4 percent year on year respectively in the three months, averaging 1.6 percent, an acceleration of 8.6 percentage points. The deceleration of the year-on-year import price hike was mainly due to the falling commodity prices in the international market. In the second quarter, the average price of crude oil futures traded on the New York Mercantile Exchange dropped 1.0 percent from the previous quarter, up 30.6 percent from the same period of the last year. The average spot prices of copper and aluminum traded on the London Metal Exchange fell by 2.9 percent and 3.4 percent respectively from the previous quarter, but up 50.5 percent and 40.7 percent respectively from the same period of the last year.

Labor compensation continued to grow rapidly. In the first half of the year, the monthly salary of urban employees grew 13 percent year on year, faster than the growth during the same period of the last year. In particular, the salary of urban employees in collective enterprises and other types of enterprises (excluding private enterprises) grew faster than that of employees in state-owned entities.

Box 4 An Analysis of Labor Costs

In general, labor costs usually refer to all the expenses that enterprises incur for employing the labor force, including wages and fringe benefits and vocational training costs, hiring-related expenses, taxes incurred during employment, and so forth. Labor costs have a significant impact on employment, total output, inflation, external trade, and other macroeconomic variables. Some countries and international organizations have compiled a Labor Cost Index (LCI) to monitor changes in labor costs. Since there is no such a system of indices that comprehensively cover the labor costs of enterprises in China, the labor costs are estimated mainly based on the employees' salary accounting system and the surveys on migrant workers.

Labor costs are a major component in production and service-provision costs; however, whether the changes in labor costs are reflected in the prices depends on the comparable relationship between labor costs and labor productivity movements.

Ceteris paribas, when labor costs grow slower than labor productivity, product prices will not rise noticeably. When labor costs grow faster than labor productivity, product prices will rise. When the latter case becomes prevalent in the economy, cost-driven inflation occurs. Subsequently, the continued rise of the general price levels will shore up the living costs of employees, encouraging them to seek more compensation and causing labor costs to rise. Employers will raise product prices in order to absorb the impact of the rising labor costs on their profits and a "wage-price" spiral will occur.

Since the adoption of the reform and opening-up policies, the surplus labor force has been migrating from the agricultural sector to the urban areas, keeping labor costs at a relatively low level. Meanwhile, the rapid economic growth, in particular the boom in the labor-intensive export sectors since 2005 in particular, gradually shored up labor costs. In the latter half of 2009, with the Chinese economy gradually recovering from the global financial crisis, investment and export growth rapidly pushed up demand for labor and upward pressures on labor costs began to build. Statistics of the National Statistics Bureau show that the monetary wages of urban employees (excluding private enterprises) grew at an annual rate of 15.2 percent between 2005 and 2009, and reached RMB32,736 yuan in 2009; at the end of the first quarter of 2010, the monthly income of migrant workers posted RMB1,560 yuan, up 11.1 percent year on year. In terms of the trend, labor costs will continue to rise in the medium- and long-term. First, the demographic structure will change gradually. At end-2009, people at the age of 60 and above accounted for 12.5 percent of the population. With economic growth still heavily depending on labor-intensive industries, the aging population will affect supply and demand in the labor market and pressures for wage increases will build up. The second driver is the policy factor. As the economy and society have developed further, the Chinese government pays more attention to improving the social security and welfare of workers, and has adopted more policies to provide them with a better living environment and development opportunities for them. In recent years, a series of measures have been taken to improve the coverage and quality of social security. Since early-2010, about 15 provinces and municipalities have raised the minimum wage by an average of 20.6 percent. Furthermore, development in the central and western regions and policies supporting agriculture, the rural areas, and farmers have increased the opportunity costs for farmers who want to work in the urban areas.

Rising labor costs have an impact on China's economy and financial system on three fronts. First, upward pressures on prices will build up. Generally, labor productivity cannot be improved in the short run, whereas rising labor costs will undoubtedly aggravate inflationary pressures. However, in the long run, weakening advantages in labor costs will prompt domestic enterprises to adjust the input of different factors to offset the adverse impacts of higher labor costs by greatly enhancing labor productivity. From 2004 to 2008, wages in the manufacturing sector grew by 14.13 percent per annum whereas the growth of labor productivity reached 10.69 percent per annum during the same period, largely offsetting the inflationary pressures brought about by the wage increases. Second, rising labor costs will give a boost to industrial restructuring. The continued increase in wage costs will change the proportion of production factors in inputs, thus increasing the relative importance of production factors such as capital and technology, promoting industrial upgrading, and raising the added value of products. Third, rising labor costs will help improve income distribution and boost average consumption. The increase in labor costs will play a positive role in increasing the income levels of employees and the share of labor compensation in the income distribution, and thus will be conducive to the balanced growth of consumption, investment, and exports.

Facing the rising labor costs, on the one hand we should fully recognize that there is a good reason for them and that this is a positive change. Further steps are necessary to improve social security and welfare, safeguard workers' rights and interests, and give workers full access to the benefits of economic development while enhancing resource allocation efficiency in the labor market. On the other hand, we should increase investment in human capital so as to improve labor skills and quality and offset the adverse impacts of the rising labor costs through improved labor productivity. At the same time, efforts are needed to promote technological advances and industrial upgrading in order to shift away fundamentally from an economic development pattern featuring low wages, low inputs, and low efficiency.

The GDP deflator rebounded rapidly. The GDP registered 17.3 trillion yuan in the first half of the year, representing real growth of 11.1 percent. Movement of the GDP deflator (as a ratio of the nominal GDP versus the real GDP) was 5.1 percent, up 6.9 and 0.5 percentage point respectively compared with that during the same period of the last year and the first quarter of this year.

The price reform of resource goods advanced steadily. First, the prices of refined oil products were adjusted. In the first half of the year, the National Development and Reform Commission (NDRC) adjusted the prices of refined oil products two times with reference to the existing pricing mechanism for refined oil products and the oil price movements in the international market. From April 14 onward, the prices of petrol and diesel per ton were each raised by 320 yuan; from June 1 onward, the prices of petrol and diesel were cut by 230 yuan and 220 yuan respectively. Second, the electricity tariff discount for high energy-consuming enterprises was abolished. On May 12, NDRC, jointly with the relevant ministries and commissions, issued the *Notice on Adjusting the Preferential Electricity Tariff Policies for High Energy-consuming Enterprises and Other Issues*, to terminate the electricity tariff discount for high energy-consuming enterprises, to stop local governments from announcing preferential electricity tariffs, to strengthen implementation of the policy of differentiated electricity tariffs, and to levy punitive tariffs on products consuming too much energy so as to put order into the electricity tariffs and to reinforce supervision. Third, a pilot resource-tax reform program was conducted. The pilot reform underway in Xinjiang Autonomous Region sought to switch the resources tax on natural gas from the specific tax system to an *ad valorem* system at a tentative rate of 5 percent. The program is expected to expand nationwide after the trial, and different tax rates will be applied to different resource products. Adjustment of resource prices will enable price levers to adjust the demand and supply of resource products and will promote energy conservation, emission reductions, economic restructuring, and a shift in the pattern of development. In full consideration of the affordability of the stakeholders, the reform of resource prices will be advanced in a prudent manner in order to better realize the fundamental role of the market in resource allocations.

4. Fiscal revenue grew by a large margin

With the economy recovering and growing and a low year-on-year base, fiscal revenue (excluding debt income) surged in the first half of 2010. Fiscal revenue increased 27.6 percent year on year to 4,335 billion yuan, representing an acceleration of 30.0 percentage points from the corresponding period in 2009 and a deceleration of 6.4 percentage points from Q1 2010, whereas fiscal expenditures grew 17.0 percent to 3381.1 billion yuan, representing a deceleration of 9.3 percentage points from the first half of 2009 and an acceleration of 5.1 percentage points from Q1. Revenue exceeded expenditures by 953.8 billion yuan, representing an expansion of 446.5 billion yuan from the first half of 2009.

In the first half of 2010, tax revenue was up 30.8 percent year on year, an acceleration of 36.8 percentage points from the corresponding period of the last year and a deceleration of 5.1 percentage points from Q1. In particular, domestic VAT revenue, the business tax, and consumption tax revenue were up 12.9 percent, 33.4 percent, and 42.4 percent respectively year on year. Within the expenditure basket, the three largest items were education (479.7 billion yuan, or 14.2 percent of total spending), social security and employment (409.9 billion yuan, or 12.1 percent of total spending), and general public services (369.8 billion yuan, or 10.9 percent of total spending). Among all items in the basket, expenditures on science and technology, transportation and communications, and social security and employment registered relatively rapid growth of 55.7 percent, 33.0 percent, and 23.3 percent respectively.

5. The balance of payments account

In the first half of 2010, net foreign exchange inflows declined after a period of expansion but still remained generally massive. From January through April, pressures from the net inflows were huge due to stronger expectations of a RMB appreciation. From May onward, with the sovereign debt crisis worsening in Europe, the subsequent flight to the US dollar by international capital, and the higher US dollar interest rate on the international market, RMB appreciation expectations and pressures of net inflows weakened. In the first half of 2010, the major sources of net inflows were trade in goods, foreign direct investment, overseas listings by Chinese enterprises, and personal fund transfers. At end June, official foreign exchange reserves registered growth of USD55.1 billion from end-2009 to USD2454.3 billion. Though the world economy was gradually recovering, there were still uncertainties. The recovery and growth momentum of the Chinese economy continued, but the tasks of managing inflation expectations, continuing the stable and fairly rapid growth, restructuring the economy, and transforming the growth pattern remain arduous. As such, we do not expect notable changes in the BOP twin surplus in the near future. The net inflow of foreign exchange is likely to continue and remain at a noticeable size, yet the risk of an influx of outflows cannot be ruled out.

The size of the external debt expanded by a small margin. At end-March 2010, the outstanding external debt totaled USD443.24 billion, an increase of 3.4 percent, or USD14.59 billion from end-2009. In particular, the outstanding registered external debt increased 3.6 percent, or USD9.49 billion, to USD276.44, accounting for 62.4 percent of the total outstanding external debt. With respect to the breakdown by maturities, outstanding medium- and long-term debt posted USD167.03 billion and accounted for 37.7 percent of the total debt; short-term external debt increased 6.5 percent, or USD16.94 billion, to USD276.20 billion, accounting for 62.3 percent of the total. In particular, outstanding trade credit amounted to USD166.8 billion, accounting for 60.4 percent of the total.

6. Sectoral analysis

Industrial output continued to grow rapidly and profits rose by a large margin. From January through May, the profits of statistically large enterprises were up 81.6 percent, representing a deceleration of 38.1 percentage points from the first two months of 2010 and a peak in the corresponding period of the recent ten years. Among all 39 sectors, 36 sectors (including the non-ferrous metal smelting and rolling industry, ferrous metal smelting and rolling industry, the production and supply of power and heat industry, chemical fiber manufacturing industry, and so forth) reported relatively large year-on-year growth in profits, and the petroleum processing, coking, and nuclear fuel processing industry saw a year-on-year decline of 8.9 percent in profits. From January through May, 38 out of the 39 sectors reported year-on-year growth in profits. The demand and supply situation for coal, power, and oil was generally relaxed. In the first half of 2010, the output of coal, power generation, and crude oil increased by 20.1 percent, 19.3 percent, 5.3 percent respectively year on year to 1.57 billion tons, 1,970.6 billion kilowatts per hour, and 98.48 million tons respectively; a total of 15.0 billion tons of freight volume was handled, up 15.5 percent year on year.

(1) Real Estate Sector

With release and implementation of the *State Council Notice on Promoting Stable and Healthy Development of the Real Estate Market* on January 7, 2010, and the *State Council Notice on Containing the Excessive Growth in Real Estate Prices in a Decisive Manner* on April 17, 2010, the real estate market witnessed some positive changes, as reflected in the notable decline in commercial housing transactions and the deceleration in the growth of prices and real estate lending.

The volume of commercial housing transactions declined. In the first half of 2010, the sold floor area of commercial real estate was up 15.4 percent year on year to 394 million square meters, representing a deceleration of 20.4 percentage points from the previous quarter and 26.7 percentage points from 2009. In particular, the sold floor area of commercial housing was up 12.7 percent year on year, representing a deceleration of 21.5 percentage points from Q1. In the first half of 2010, the sale of commercial real estate was up 25.4 percent year on year to 1.98 trillion yuan, representing a deceleration of 32.3 percentage points from Q1 and a deceleration of 50.1 percentage points from 2009. In particular, the sale of commercial housing was up 20.3 percent year on year, representing a deceleration of 34.9 percentage points from Q1.

The growth of housing prices moderated. In June 2010, the index of housing prices in 70 large and medium cities was up 11.4 percent year on year but down 0.1 percent month on month, the first negative growth since March 2009, and housing prices were down month on month in 28 cities. The price of newly built commercial housing was up 14.1 percent year on year and was flat month on month; the largest year-on-year hike was in the five cities of Haikou, Sanya, Beijing, Jinhua, and Wenzhou, though the month-on-month decline in Jinhua was nearly the largest. The price of pre-owned homes was up 7.7 percent year on year and down 0.3 percent month by month; the largest year-on-year hike was in the five cities of Sanya, Haikou, Wenzhou, Zhanjiang, and Hangzhou, though the month-on-month decline in Sanya and Haikou was nearly the largest. In Q2, land prices were up 22.1 percent year on year, representing an acceleration of 0.9 percentage point from Q1; home rental prices were up 6.4 percent year on year, representing an acceleration of 4.2 percentage points from Q1.

Growth of investment in commercial real estate development and the floor area of newly started projects remained rapid after some moderation, the first ever since the beginning of 2010; the growth of acquired land was fairly large. In the first half of 2010, a total of 1.97 trillion yuan was invested for real estate development, up 38.1 percent year on year, representing an acceleration of 3 percentage points from Q1 and a deceleration of 0.1 percentage points from the first five months of 2010, the first deceleration since the beginning of 2010. Investment in commercial housing was up 34.4 percent to 1.37 trillion yuan, representing acceleration of 1.4 percentage points from Q1 and a deceleration of 1.3 percentage points from the first five months and accounting for 69.3 percent of real estate development investment. The floor area of newly started housing projects was up 67.9 percent year on year to 805 million square meters, representing an acceleration of 7.1 percentage points from Q1 and a deceleration of 4.5 percentage points from the first five months of 2010. In the first half of 2010, land purchases by real estate development companies were up 35.6 percent year on year to 185 million square meters, representing an acceleration of 5.6 percentage points from Q1. The rapid expansion of real estate development investment and the floor area of new projects took place from a relatively small base in the same period of the last year and did not reflect new developments in the market due to the time lag.

The expansion of real estate loans decelerated. With the implementation of various austerity measures, the upward trend in real estate loan indicators moderated since May. At end-June, outstanding real estate loans of major financial institutions were up 40.2 percent year on year to 8.71 trillion yuan, representing an acceleration of 2.1 percentage points from end-2009 and a deceleration of 4.1 percentage points from the end of Q1. In particular, outstanding land development loans were up 45.5 percent year on year to 791.5 billion yuan, representing a deceleration of 58.6 percentage points from end-2009 and 34.6 percentage points from the end of Q1; outstanding real estate development loans were up 20.3 percent year on year to 2.18 trillion yuan, representing an acceleration of 4.5 percentage points from end-2009 and 0.7 percentage points from the end of Q1. Outstanding mortgage loans were up 48.8 percent year on year to 5.74 trillion yuan at end-June. The growth of mortgage loans declined in both May and June, with mortgage loans for pre-owned homes declining at a faster rate than mortgage loans for new homes. At end-June, the share of real estate loans in total outstanding loans was 20.4 percent. In the first half of 2010, new real estate loans posted 1.38 trillion yuan, a reduction of 494.7 billion yuan from the first half of 2009. In June, new real estate loans registered 127.3 billion yuan, the lowest since the beginning of 2010.

(2) Iron and Steel Industry

As a pillar industry in the national economy, the iron and steel industry is related to many other sectors and plays a large role in economic and social development, resource conservation, and environmental protection. Due to the spillover of the international financial crisis that started in the second half of 2008, the domestic iron and steel industry had to deal with the difficult situation of a sharp decline in demand and prices, thus incurring losses. In response, the State Council released the *Program of Restructuring and Rejuvenating the Iron and Steel Industry*. Since its implementation, the *Program* has gradually produced its intended policy effect. In the first half of 2010, with demand stable at home, the output of the iron and steel and iron sector surged and exports continued to grow, contributing to the recovery and growth of the national economy. However, deep-rooted problems remain unresolved in the sector, including serious duplication of similar projects, excess capacity, disorder in the distribution of iron ore, and improper behavior of enterprises in resource conservation and environmental protection.

Fixed-asset investments surged without contributing to the easing of the excess capacity and structural problems. In the first half of 2010, fixed-asset investments in the sector (including mining) totaled 195.3 billion yuan, up 10.4 percent year on year. Iron and steel enterprises faced upward inventory pressures and stronger market risks. According to a survey of the Iron and Steel Association on the inventory of the five major steel products in 22 large- and medium- cities, the steel inventory was up 34.2 percent from the beginning of 2010 to 10.80 million tons at end-June. The excess capacity in the iron and steel sector is structural, as reflected in the excess obsolete capacity and the output of low- and medium-grade products. In the first half of 2010, output of crude steel, pig iron, and rolled steel was 323 million tons, 304 million tons, and 399 million tons respectively, up 21.1 percent, 17.0 percent, and 26.1 percent year on year, continuing the upward momentum. According to a calculation based on calendar days, the average daily output of crude steel was up 21.2 percent year on year to 1.785 million tons, translating into annual output of 652 million tons. Given a nominal consumption (or available supply) of crude steel of 565 million tons in 2009, the total output of crude steel apparently is excessive as is the domestic supply. However, high value-added steel products with high technology content are in short supply and must be imported from overseas.

The profitability of enterprises is limited by rising production costs and declining prices. According to the Iron and Steel Association survey, the 77 large- and medium- sized iron and steel enterprises made a profit of 50.72 billion yuan in the first half of 2010. With a return on sales of 3.47 percent, the sector's profitability was relatively low compared with the industrial enterprise average. In the first half of 2010, the rising price of imported iron ore heightened the cost pressures on iron and steel enterprises. In June, the average price of iron ore recorded by the customs office had risen 61.5 percent from the beginning of 2009 to USD139.85 per ton. But due to the austerity measures targeting the real estate sector, domestic steel prices started to fall in the beginning of May. Both higher production costs and declining prices of steel products squeezed the profit margins of the iron and steel sector.

Pressures on resource supplies and environmental protection are growing. Statistics released by the Ministry of Industry and Information Technology show that in 2009 almost 70 percent of domestic iron ore demand in China was satisfied by imported iron ore. With a small number of countries such as Brazil and Australia holding power of iron ore pricing, resource manipulation is becoming greater and Chinese iron and steel companies have only a limited voice in the pricing of iron ore. Though the key large- and medium-sized enterprises have reached the objective of reducing comprehensive energy consumption per ton of steel to less than 620 kilograms of standard coal, ahead of the projection the *Steel and Iron Industry Development Policy*, which outlines an objective of 730 kilograms of standard coal to be reached of 2010. However, due to the limited concentration in the domestic iron and steel industry, the top ten enterprises represent just 44 percent of total iron and steel capacity, and a large number of enterprises operate with obsolete capacity. As a result, the steel and iron industry is a heavy polluter and massive energy consumer and must complete the difficult task of phasing out outdated capacity to reduce energy consumption and emissions. As approved by the State Council, export tax rebates for certain steel products were eliminated as of July 15, 2010 to contain the excessive expansion of steel exports and to promote the industry's restructuring.

To address the deep-rooted problems in the iron and steel industry's rapid development in line with the scientific development approach, to further implement the *Iron and Steel Industry Restructuring and Rejuvenation Program*, and to help realize the energy conservation and emission-reduction objectives outlined in the 11th Five-Year Program and to restructure the iron and steel industry, on June 4, 2010 the State Council released *Several Opinions on Further Promoting Energy Conservation and Emission Reductions and Speeding up Restructuring of the Iron and Steel Sector*, to take advantage of market changes and to employ economic, technical, legal, and necessary administrative measures to press for rapid progress in industry restructuring, energy conservation, and emission reductions and to promote comprehensive, balanced, and sustainable development of the industry. The *Opinions* also point out the need to contain excessive capacity expansion, strengthen standards in the examination of loan applications and approval procedures, enhance efforts to phase out obsolete capacity, conserve energy and reduce emissions, promote and speed up mergers and reorganization of iron and steel enterprises, encourage technology innovation and upgrading, regulate the distribution of iron ore in the domestic market, and promote development of domestic iron ore mining and facilitate implementation of the "going global" strategy of enterprises.

PART 5 Monetary Policy Stance to Be Adopted in the Next Period

I. Outlook for the Chinese economy

At the current stage, the Chinese economy is developing in the direction intended by the macroeconomic management policies and the national economy is expected to move toward stable and sustainable growth after the rapid rebound. In terms of external demand, despite uncertain factors such as the sovereign debt crisis in some European economies, the world economy has maintained a momentum of recovery. In terms of the domestic sector, in accordance with the new developments in economic performance, while maintaining consistency and stability, macroeconomic policies have become better targeted and more flexible since the beginning of 2010, with improvements in the intensity, pace, and priorities of policy measures. A number of measures have been launched to strengthen regulation over local government financing platforms and to guide the healthy development of the property market, playing a positive role to fend off potential fiscal and financial risks and to maintain the stable and healthy development of the economy. Furthermore, the central government has announced a series of new measures to support economic growth, focusing on revitalizing the emerging industries of strategic importance, speeding up the construction of government-subsidized housing and rebuilding shanty areas, encouraging and guiding private investment, accelerating development of the Xinjiang Autonomous Region, and promoting the develop-the-west strategy. All these measures will help accelerate economic restructuring and bring about the emergence of more sustainable economic growth points. Enthusiasm to speed up local development remains high and urbanization and upgrading of the consumption structure will continue to drive economic growth, all of which are conducive to achieving stable and relatively fast economic growth. The surveys conducted by the PBC on entrepreneurs, bankers, and urban depositors in the second quarter show that the major indicators continued to rise or stabilized to some extent and in general remained at high levels.

However, it should be noted that facing the complex and grave environment at home and abroad and a host of uncertain and destabilizing factors, macroeconomic policies still face a dilemma. The recovery of the world economy is not yet firmly based, and the international financial environment remains unstable. At home, the foundation for growth of domestic demand is not yet balanced; private investment and endogenous growth dynamics need to be strengthened; it is still an arduous task to improve income distribution and to promote economic restructuring; and energy conservation and emission reductions and fiscal and financial risks require attention. It is necessary to combine efforts to maintain the current stable and relatively rapid development momentum with initiatives to create sound conditions for long-term development, and to unswervingly speed up the shift in the economic growth pattern.

The price situation remains complex, and management of inflation expectations must be reinforced. The global economic recovery is relatively slow; prices of primary commodities in the international market have generally stabilized; domestic production capacity is relatively adequate; the growth of the economy is more stable; and growth of money and credit supply has decelerated. All of these will help stabilize price levels. But inflation expectations and risks of upward prices should not be neglected. Affected by uncertain factors such as the sovereign debt crisis, countries are more prudent in their policy exit strategies and global monetary conditions are expected to remain accommodative. With excess capital looking for a variety of possible investment opportunities, inflationary pressures will remain. Rising labor costs, increasing resources, environmental protection costs, and the ongoing resource products pricing reform are likely to influence inflation expectations. The survey by the PBC on urban depositors in the second quarter indicates that the price satisfaction index dropped 4.2 percentage points in the second quarter from the previous quarter, hitting a historical low. The future price expectation index jumped to 70.3 percent, a relatively high level compared with the same periods in previous years.

II. Monetary policy in the next stage

Going forward, the PBC will continue to follow the scientific outlook on development, implement a moderately loose monetary policy in accordance with the overall arrangements of the State Council, and properly manage the policy's intensity, pace, and priorities, maintain its consistency and stability, make it better targeted and more effective, properly handle the relationship between maintaining stable and relatively fast economic development, adjusting the economic structure, managing inflation expectations, improving the sustainability of using financial measures to support economic development, and safeguarding the healthy and stable development of the financial system. More efforts will be made to strengthen policy coordination and optimize the policy mix, with a focus on shifting to the institutional reform and economic restructuring so as to speed up the transformation of the economic growth pattern and to enhance endogenous dynamics for economic development.

First, the PBC will strengthen liquidity management and guide money and credit to grow at a proper pace. In view of the economic and financial developments and changes in foreign exchange flows, the PBC will deploy a wide range of monetary policy tools and carefully arrange the mix and terms of the policy tools and manage the intensity of monetary policy operations to enhance liquidity management, so that liquidity in the banking system will grow at a reasonable level and money and credit will grow properly, to satisfy credit demand for economic development and to create a sound monetary environment for keeping the general price level basically stable and for managing inflation expectations. It is necessary to guide financial institutions to properly pace the provision of loans around the year in line with the macroeconomic management policies and the needs of economic development.

Second, the PBC will step up financial support to promote transformation of the development pattern and economic restructuring. It will continue to implement differentiated credit policies and to improve the credit structure. Specifically, the PBC will enhance credit policies to support the weak links in the economy, employment, and education and emission reductions, phasing out the outdated capacity, emerging industries of strategic importance, and industrial relocation; continue to work hard in providing financial services to university graduates working as village leaders, earthquake and disaster relief efforts, poverty alleviation, and so forth; address the financing difficulties facing the agricultural sector and small enterprises; effectively solve the difficulties of SMEs in accessing loans; ensure that loans to key projects are granted; and rein in lending to high energy-consuming and polluting industries and industries with overcapacity. Efforts will be made to speed up innovation of rural financial products and services and actively explore new approaches for supporting agriculture with financial services so as to satisfy the demands of agriculture, rural areas, and farmers for multi-layered and diversified financial services. Measures will be adopted to implement differentiated mortgage policies to promote the healthy and stable development of the real estate market. Measures will be adopted to improve risk warnings to financial institutions and enhance management of risks of loans extended to local financing platforms. Moreover, establishment and improvements in the macro-prudential management framework will be explored and, taking advantage of a framework that works against the wind, raising capital restrictions and liquidity requirements for systemically important banks so as to maintain the soundness of the financial system, prevent systemic risks, and improve the sustainability of financial support to economic development.

Third, the PBC will steadily advance the market-based interest rate reform and improve the RMB exchange rate regime. It will press ahead with the establishment of a benchmark interest rate system on the money market to improve the pricing ability and strengthen the role of the price leverage. The PBC will, in accordance with the principles of reforming the RMB exchange rate regime, further improve the RMB exchange rate regime based on market supply and demand with reference to a basket of currencies. The exchange rate floating bands will remain the same as previously announced in the inter-bank foreign exchange market so as to keep the RMB exchange rate basically stable and at an adaptive and equilibrium level. The PBC will promote the development of the foreign exchange market and introduce more tools for managing exchange-rate risks. It will steadily advance the pilot program for RMB settlement of cross-border trade transactions to facilitate trade and investment and will support the "going-global" initiative. It will deepen the reform of the foreign exchange administration system to promote balanced capital flows. It will also regulate cross-border capital flows and step up monitoring and management of irregular and abnormal fund flows.

Fourth, the PBC will promote the healthy development of the financial market. The PBC will continue to deepen the reform of financial institutions, speed up the establishment of a modern financial enterprise system, and improve the system for organizations providing financial services. Efforts will be made to accelerate innovation of financial products and to strengthen the building of market infrastructure. It will broaden the channels for enterprises to access direct financing, accelerate the development of the bond market, and actively and prudently promote the opening-up of the inter-bank bond market.

In addition, it will be necessary to strengthen the coordination among fiscal, industrial, and monetary policies, with a focus on promoting reform and economic restructuring, so as to enhance the endogenous growth dynamics in the economy. Continued efforts should be made to reform the fiscal and tax systems, to relax further restrictions over investments and financing, to improve the income distribution structure, to strengthen the dynamism of the private sector, and to increase the disposable income of households. The market mechanism should be improved as well so that the market fully plays a fundamental role in resource allocations.

附录一 2010年上半年中国货币政策大事记

1月12日，中国人民银行决定从2010年1月18日起上调存款类金融机构人民币存款准备金率0.5个百分点，农村信用社等小型金融机构暂不上调。

2月1日至2日，召开2010年中国人民银行货币信贷与金融市场工作会议。

2月3日，中国人民银行向全国人大财经委员会汇报2009年货币政策执行情况。

2月11日，发布《2009年第四季度中国货币政策执行报告》。

2月12日，中国人民银行决定从2010年2月25日起上调存款类金融机构人民币存款准备金率0.5个百分点，农村信用社等小型金融机构暂不上调。

3月4日，中国人民银行召开信贷形势座谈会。按照宏观调控的总体部署和要求，引导金融机构贷款合理均衡增长，同时着力优化信贷结构，增强风险防范意识。

3月8日，中国人民银行发布《人民币跨境收付信息管理系统管理暂行办法》（银发[2010]79号），加强人民币跨境收付信息管理系统的管理，保障人民币跨境收付信息管理系统安全、稳定、有效运行，规范银行业金融机构的操作和使用。

3月19日，中国人民银行会同中共中央宣传部等八个部委出台《关于金融支持文化产业振兴和发展繁荣的指导意见》（银发[2010]94号），督促金融机构认真落实金融支持文化产业发展振兴的政策措施，进一步改进和提升对我国文化产业的金融服务，促进文化产业的振兴和发展繁荣。

3月24日，中国人民银行与白俄罗斯国家银行签署《中白双边本币结算协议》。该协议是我国与非接壤国家签订的第一个一般贸易本币结算协议，也是人民币跨境贸易结算试点实施后的区域金融合作的新进展，有利于进一步推动中白两国经济合作，便利双边贸易投资。

3月29日，中国人民银行印发《中国人民银行关于做好春季农业生产和西南地区抗旱救灾金融服务工作的紧急通知》（银发[2010]100号），要求加大政策支持力度，确保金融机构支持春季农业生产和抗旱救灾必需的流动性需求，切实加大对春季农业生产和抗旱救灾的有效信贷投入。

3月30日，中国人民银行货币政策委员会召开2010年第一季度例会。

4月14日，中国人民银行向全国人大财经委员会汇报2010年第一季度货币政策执行情况。

4月21日，中国人民银行会同中国银行业监督管理委员会、中国证券监督管理委员会、中国保险监督管理委员会出台《关于全力做好玉树地震灾区金融服务工作的紧急通知》（银发[2010]121号），及时出台支持灾区抗震救灾的特殊金融服务措施，要求加强灾区现金调拨和供应，确保支付清算、国库等系统通畅运营，引导金融机构切实加大对抗震救灾和灾区重建的信贷投入，满足灾区群众的基本生活需求。

5月2日，中国人民银行决定从2010年5月10日起，上调存款类金融机构人民币存款准备金率0.5个百分点，农村信用社、村镇银行暂不上调。

5月10日，发布《2010年第一季度中国货币政策执行报告》。

5月28日，中国人民银行会同中国银行业监督管理委员会出台《关于进一步做好支持节能减排和淘汰落后产能金融服务工作的意见》（银发[2010]170号），要求金融机构进一步加强和改进信贷管理，多方面改进和完善金融服务，密切跟踪监测并有效防范信贷风险，做好金融支持节能减排工作。

6月8日，发布《2009年中国区域金融运行报告》。

6月19日，根据国内外经济金融形势和我国国际收支状况，中国人民银行决定进一步推进人民币汇率形成机制改革，增强人民币汇率弹性。改革重在坚持以市场供求为基础，参考一篮子货币进行调节。中国人民银行将继续按照已公布的外汇市场汇率浮动区间，对人民币汇率浮动进行动态管理和调节。

6月21日，中国人民银行会同中国银行业监督管理委员会、中国证券监督管理委员会、中国保险监督管理委员会出台《关于进一步做好中小企业金融服务工作的若干意见》（银发[2010]193号），提出加强中小企业信贷管理制度的改革创新，完善中小企业金融服务的多层次金融组织体系，拓宽符合中小企业资金需求特点的多元化融资渠道，发展中小企业信用增强体系，多举措支持中小企业"走出去"开拓国际市场。

6月22日，中国人民银行、财政部、商务部、海关总署、国家税务总局、中国银行业监督管理委员会联合下发了《关于扩大跨境贸易人民币结算试点范围有关问题的通知》（银发[2010]186号），扩大跨境贸易人民币结算试点范围，增加国内试点地区，不再限制境外地域，试点业务范围扩展到货物贸易之外的其他经常项目结算，以进一步满足企业对跨境贸易人民币结算的实际需求，发挥跨境贸易人民币结算的积极作用。

Appendix 1 Highlights of China's Monetary Policy in the First Half of 2010

On January 12, the PBC announced it would raise the RMB reserve requirement ratio for deposit-taking financial institutions, with the exception of small financial institutions such as rural credit cooperatives, by 0.5 percentage point effective from 18 January, 2010.

On February 1 and 2, the 2010 Meeting of the PBC on Money and Credit Policy and the Financial Market was convened.

On February 3, the PBC reported to the finance and economy committee of the National People's Congress on implementation of the monetary policy in 2009.

On February 11, the *Monetary Policy Report for Q4 2009* was released.

On February 12, the PBC announced it would raise the RMB reserve requirement ratio for deposit-taking financial institutions, with the exception of small financial institutions such as rural credit cooperative, by 0.5 percentage point effective from 25 February, 2010.

On March 4, the PBC convened a workshop on credit. In line with the overall arrangements and requirements for macroeconomic management, efforts were made to guide reasonable and balanced growth in the loan extensions of financial institutions, to optimize the credit structure, and to enhance awareness of risk prevention.

On March 8, the PBC issued the *Provisional Administrative Measures on the Information Management System for Cross-border RMB Payments and Receipts* (PBC Document No. 79 [2010]) to reinforce management of information concerning cross-border RMB payments and receipts, to ensure secure, stable, and efficient operation of the information system, and to standardize the operation and use of the system by financial institutions.

On March 19, the PBC, in joint efforts with 8 ministries and commissions including the Propaganda Department of the CPC, released the *Guiding Opinion on Extending Financial Support to Revitalize and Develop the Cultural Industry* (PBC Document No. 94 [2010]), urging financial institutions to take concrete measures and improve financial services to revitalize and develop the cultural industry.

On March 24, the PBC and the National Bank of the Republic of Belarus signed the *Sino-Belarusian Agreement on Bilateral Settlement in Local Currencies*. This is the first time that China has signed an agreement on trade settlement in local currencies with a non-neighboring country and it represents a new step forward in promoting regional financial cooperation after implementation of the pilot for RMB settlement of cross-border trade transactions. This development will promote economic cooperation between the two countries and will facilitate bilateral trade and investment.

On March 29, the PBC issued the *Emergency Notice on Providing Financial Services for*

Agricultural Production in the Spring and for Disaster Relief in Drought-stricken Areas in Southwest China (PBC Document No.100 [2010]) to urge stronger policy support to make sure that financial institutions have adequate liquidity to support agricultural production in the spring and drought relief efforts with effective credit.

On March 30, the Monetary Policy Committee of the PBC convened its regular meeting for Q1 2010.

On April 14, the People's Bank of China reported to the Finance and Economy Committee of the National People's Congress on the conduct of monetary policy in the first quarter of 2010.

On April 21, the People's Bank of China, jointly with the China Banking Regulatory Commission, the China Securities Regulatory Commission and the China Insurance Regulatory Commission, issued the *Emergency Notice on Financial Services in the Areas Affected by the Yushu Earthquake* (PBC Document [2010] No. 121). The Notice specifies that greater efforts should be made to strengthen cash deployment and supply, to make sure the payment and clearing system and the treasury system perform properly, and to guide financial institutions to earnestly step up their credit support for disaster relief and post-quake reconstruction so as to meet the basic living requirements of the affected people in the quake areas.

On May 2, the People's Bank of China decided to raise the RMB reserve requirement ratio for depository financial institutions by 0.5 percentage point, effective from May 10, 2010. Rural credit cooperatives and village and township banks were temporarily exempted from the ratio hike.

On May 10, the *China Monetary Policy Report in the First Quarter of 2010* was released.

On May 28, the People's Bank of China, jointly with the China Banking Regulatory Commission, issued the *Opinions on Provision of Financial Services to Support Energy Conservation and Emission Reductions and to Eliminate Backward Production Capacity*. The *Opinions* urge financial institutions to improve credit management and financial services in a comprehensive manner and to closely monitor and prevent credit risks so as to support energy conservation and emission reductions.

On June 8, the *China Regional Financial Sector Operations Report (2009)* was issued.

On June 19, in view of the recent economic situation and financial market developments at home and abroad and the balance of payments situation in China, the People's Bank of China decided to proceed further with the reform of the RMB exchange rate regime and to enhance the RMB exchange-rate flexibility. In furthering the reform of the RMB exchange rate regime, continued emphasis will be placed to reflect market supply and demand with reference to a basket of currencies. The exchange rate floating band will remain the same as previously announced in the inter-bank foreign exchange market.

On June 21, the People's Bank of China, jointly with the China Banking Regulatory

Commission, the China Securities Regulatory Commission, and the China Insurance Regulatory Commission, released the *Opinions on Further Improving Financial Services to Small- and Medium-sized Enterprises* (PBC Document [2010] No. 193). The *Opinions* seek to enhance reform and innovation of the SME credit management system, improve the multi-layered financial organization system for SME financial services, expand the financing channels in line with the characteristics of the SMEs, develop a credit-enhancing system for SMEs, and support efforts by SMEs to go abroad by a variety of means.

On June 22, the People's Bank of China, jointly with the Ministry of Finance, the Ministry of Commerce, the General Administration of Customs, the State Administration of Taxation, and the China Banking Regulatory Commission, released the *Notice on Expansion in the Pilot Renminbi Settlement of the Cross-border Trade Program*. The *Notice* expands the pilot cross-border RMB trade settlement areas by increasing the domestic pilot cross-border RMB trade settlement areas and eliminating geographical limitations to trading partners. The pilot cross-border RMB settlement business was expanded from trade in goods to other BOP items. The expansion will further meet the practical demands of enterprises for cross-border trade settlement in RMB and will enhance the role of the program.

附录二　2010年上半年主要经济体中央银行货币政策

一、美联储

美联储公开市场委员会在1月27日、3月16日、4月28日、6月23日的例会上均宣布维持0～0.25%的联邦基金利率目标区间。

随着金融市场功能逐步改善，除定期招标工具（TAF）外，美联储逐步结束了金融危机期间为支持市场而创设的大多数特殊流动性支持工具。2月1日，美联储与欧洲中央银行、英格兰银行、日本银行、瑞士中央银行共同结束了金融危机期间推出的货币互换安排。2月18日，美联储将再贴现利率调高至0.75%，使得再贴现利率与联邦基金利率之差扩大至0.5个百分点，这是自2008年12月以来的首次利率调整。4月30日，美联储宣布设立定期存款工具（TDF），作为在合适时收回流动性的工具，但同时表示该工具只是一个审慎安排，不意味着短期内货币政策的改变。

随着欧洲主权债务危机加剧，5月9日，美联储宣布与加拿大中央银行、英格兰银行、欧洲中央银行、瑞士国家银行重建临时性货币互换，旨在改善美元融资市场流动性状况，并防止流动性紧张状况蔓延至其他市场和金融中心。5月10日，美联储宣布与日本银行重建货币互换。5月28日，美联储宣布在未来两个月将按照定期存款工具计划进行三期小额定期存款拍卖，并重申不意味着短期内货币政策的改变。7月21日，伯南克在众议院金融服务委员会做半年度货币政策报告时表示，相当长时期内仍将保持较低水平利率，考虑到美国经济前景存在较大的不确定性，美联储将继续审慎评估当前经济金融形势，随时准备进一步的政策行动。

二、欧洲中央银行

2010年上半年各次例会，欧洲中央银行理事会均决定维持基准利率不变，主要再融资利率、存款便利利率和边际贷款利率继续保持1.00%、0.25%和1.75%。在3月4日例会上，欧洲中央银行理事会还讨论了如何随着经济和金融市场变化逐步退出非常规的操作措施，在继续以优惠条件向欧元区银行体系提供流动性支持以促进信贷的同时，也要避免长时间实施非常规措施的负面影响。随着欧洲主权债务危机加剧，5月10日，为帮助缓解欧洲市场的压力，欧洲中央银行决定干预欧元区公共和私有债务证券市场，重启与美联储的临时货币互换，同时采用固定利率的3个月和6个月长期再融资操作，全额满足机构的资金需求。6月30日，欧洲中央银行宣布完成了自2009年7月开始的担保债券购买计划（CBPP），共计购买了600亿欧元的担保债券，欧元区各国中央银行将持有这些债券至到期。

三、日本银行

日本银行在2010年上半年各次例会上均决定维持0.1%的无担保隔夜拆借利率不变。日本银行多次声明，抗击通货紧缩、重返价格稳定下的可持续增长道路是日本经济面临的关键挑战，将通过货币政策操作继续保持极度宽松的金融环境。随着金融业融资状况改善，1月28日，日本银行宣布将于2月1日终止与美联储的货币互换。3月17日，日本银行决定强化2009年12月开始的旨在促进长期利率降低的措施，增加以固定利率提供的资金供给额，由10万亿日元扩大至20万亿日元。随着欧洲主权债务加剧，5月10日，日本银行宣布恢复与美联储之间的美元互换安排。5月21日，日本银行发布了一项新贷款计划纲要，旨在强化经济增长基础。6月15日，日本银行宣布，根据新的贷款计划，将向金融机构提供最多3万亿日元贷款。金融机构应利用这些资金扩大企业贷款和投资，以促进生产率的提高或创造新的需求。

四、英格兰银行

2010年上半年各次例会上，英格兰银行货币政策委员均宣布维持基准利率0.5%不变，并维持2 000亿英镑的资产购买计划。随着欧洲主权债务危机加剧，5月10日，英格兰银行宣布重启与美联储的货币互换。

Appendix 2 Monetary Policies of the Central Banks of the Major Economies in the First Half of 2010

I. The U.S. Federal Reserve

At its regular meetings held on January 27, March 16, April 28, and June 23, the Federal Open Market Committee (FOMC) announced that the federal funds target rate would remain unchanged within a band between 0 and 0.25 percent.

As the financial market gradually resumed its functions, the Federal Reserve phased out the extraordinary liquidity support instruments designed for crisis assistance, with the exception of the Term Auction Facility (TAF). On February 1, the Federal Reserve, the European Central Bank, the Bank of England, the Bank of Japan, and the Swiss National Bank jointly put an end to the currency swap arrangements that they had put in place during the financial crisis. On February 18, the Federal Reserve raised the discount rate to 0.75 percent, the first interest rate adjustment since December 2008. As a result, the spread between the discount rate and the federal funds target rate expanded to 0.5 percentage point. On April 30, the Federal Reserve announced the establishment of a Term Deposit Facility (TDF) as one of several tools that the Federal Reserve could employ to drain liquidity when policymakers judged that it was appropriate. However, the Federal Reserve emphasized that development of the TDF was a matter of prudent planning and had no implications for the near-term conduct of monetary policy.

With the deepening of the European sovereign debt crisis, the Federal Reserve, the Bank of Canada, the Bank of England, the European Central Bank, and the Swiss National Bank announced the re-establishment of temporary US dollar liquidity swap facilities. These facilities were designed to help improve liquidity conditions in US dollar funding markets and to prevent the spread of strains to other markets and financial centers. On May 10, the Federal Reserve reopened a dollar swap agreement with the Bank of Japan. On May 28, the Federal Reserve announced that it would have three small-value auctions of term deposits through its Term Deposit Facility scheduled over the next two months. In the meantime, the Federal Reserve emphasized that these auctions were a matter of prudent planning and had no implications for the near-term conduct of monetary policy. On July 21, Chairman Bernanke presented the Semiannual Monetary Policy Report to the Committee on Financial Services of the House of Representatives and pointed out that the Fed anticipated that economic conditions were likely to warrant exceptionally low levels in the federal funds rate for an extended period. In addition, since the U.S. economy was still facing significant uncertainties, the Federal Reserve would continue to prudentially evaluate current economic and financial conditions and was ready to take further policy measures.

II. The European Central Bank

In the first half of 2010, the Governing Council of the European Central Bank (ECB) decided at its various regular meetings to keep the benchmark interest rates unchanged, the interest rate on the main refinancing operations, the marginal interest rate on the deposit facility, and the marginal interest rate on the lending facility at 1.00 percent, 0.25 percent, and 1.75 percent respectively. At its regular meeting on March 4, the Governing Council of the ECB discussed how to gradually exit from the extraordinary operations and measures in view of the development of the economy and the financial market, and how to avoid distortions as a result of the prolonged use of the extraordinary measures while continuing liquidity support on favorable terms to banks in the euro area. On May 10, in order to address the serious tensions in certain market segments, the Governing Council of the ECB decided to intervene in the public and private debt securities market in the euro area, to reactivate the temporary liquidity swap lines with the Federal Reserve, and to adopt a fixed-rate tender procedure with full allotment in the regular 3-month and 6-month longer-term refinancing operations (LTROs), so as to meet the full liquidity demands of financial institutions. On June 30, the Governing Council of the ECB announced that it had fully completed the Covered Bond Purchase Programme (CBPP), which had started in July 2009, and the nominal value of purchases under the programme was EUR 60 billion. The euro system central banks intended to keep the purchased covered bonds until maturity.

III. The Bank of Japan

In the first half of 2010, the Bank of Japan decided at its various regular meetings to keep the uncollaterized overnight call rate unchanged at 0.1 percent. On several occasions the Bank of Japan noted that Japan faces the critical challenge of overcoming deflation and returning to a sustainable growth path with price stability. In the conduct of monetary policy, the Bank of Japan will aim to maintain an extremely accommodative financial environment. On January 28, with the improvements in the functioning of the financial market, the Bank of Japan confirmed the expiration of its temporary liquidity swap line with the Federal Reserve, effective February 1, 2010. On March 17, the Bank of Japan decided to expand the measures that were introduced in December 2009 to encourage a decline in longer-term interest rates by substantially increasing the amount of funds to be provided through fixed-rate operations, and increased the volume of money available to banks under the fixed-rate fund supply operations from 10 trillion yen to 20 trillion yen. On May 10, the Bank of Japan announced it would reopen the US dollar swap line with the Federal Reserve. On May 21, the Bank of Japan unveiled a new fund-provision framework to facilitate the strengthening of the foundation for economic growth. On June 15, the Bank of Japan announced that, in accordance with the fund-provision measure, it would provide up to 3 trillion yen to financial institutions. The Bank of Japan expects that financial institutions will utilize the fund-provision measure appropriately and effectively, taking it as an opportunity to expand lending and investment to businesses that will contribute to raising productivity or creating new demand.

IV. The Bank of England

At its regular meetings held in the first half of 2010, the Bank of England announced it would keep the official rate of 0.5 percent unchanged and would maintain the asset purchase program of GBP 200 billion. On May 10, in response to the deepening of the European sovereign debt crisis, the Bank of England reopened the currency swap line with the Federal Reserve.

附录三 中国主要经济和金融指标

Appendix 3 China's Major Economic and Financial Indicators

一、经济增长与经济发展水平

1. Economic Growth

1978年以来我国经济增长与宏观经济政策

China's economic growth and macroeconomic policies since 1978

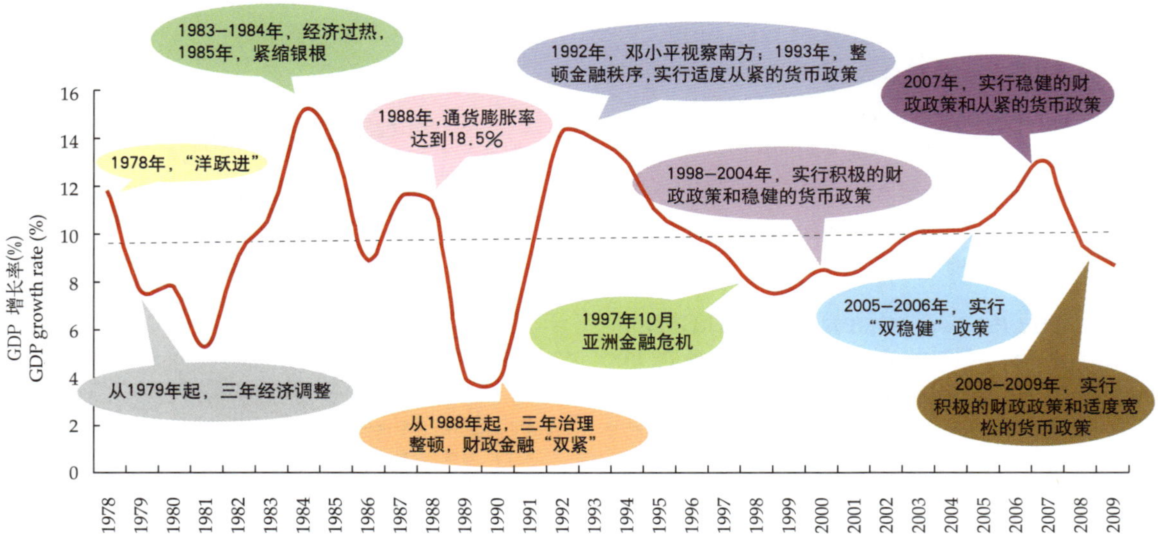

“Great leap forward” in 1978
3-year economic adjustment between 1979 and 1981
Over-heated economy between 1983 and 1984, tight monetary policy in 1985
Inflation of 18.5% in 1988
3-year rectification from 1988 to 1991, “double tightening” of fiscal and monetary policy
Deng Xiaoping's remarks on economic reform during his 1992 trip to South China, rectification of financial order and adoption of appropriately tight monetary policy in 1993
Asian financial crisis of October 1997
Proactive fiscal policy and sound monetary policy from 1998 to 2004
“Double sound” fiscal and monetary policy in 2005 and 2006
Sound fiscal policy and tight monetary policy in 2007
Proactive financial policy and moderately loose monetary policy in 2008

人均国内生产总值

Per capita GDP

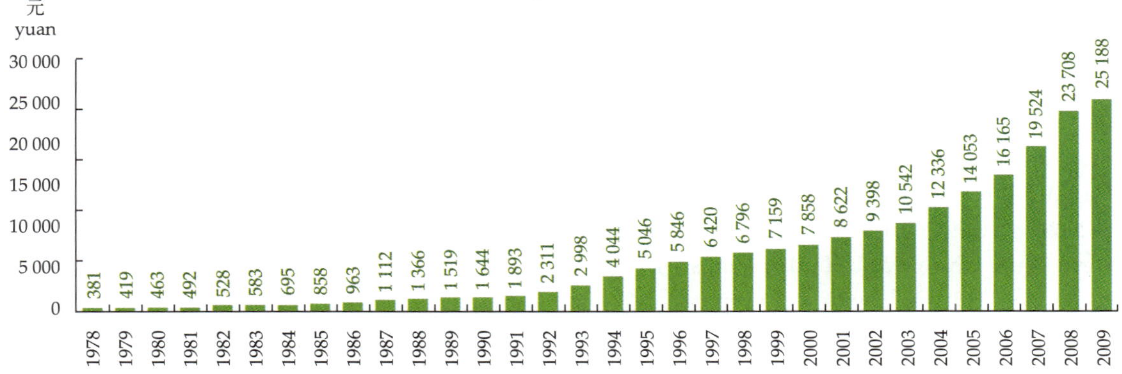

GDP总量：据世界银行测算，按汇率折算方法计算，2009年中国GDP总量为4.91万亿美元，占世界GDP总量58.13万亿美元的8.4%，位居第三，排在美国和日本之后。根据《2009年世界发展指标》，按购买力平价方法计算，2009年中国GDP总量为8.89万亿美元，占世界GDP总量72.3万亿美元的15.3%，位居第二，排在美国之后。

人均GDP：2009年，我国人均GDP达到25 188元，按年末汇率折算达3 689美元。

人均国民收入：据世界银行测算，按汇率折算方法计算，2009年世界人均国民收入为8 751美元，中国人均国民收入为3 620美元，位居世界213个经济体由高向低排列的第124位，属于中等收入国家中的较低收入组。按购买力平价方法计算，2009年中国人均国民收入为6 710美元，相当于世界人均国民收入10 614美元的63.2%，位居世界213个经济体由高向低排列的第120位，依然属于中等收入国家中的较低收入组。

Gross Domestic Product (GDP): The World Bank estimated that the world total GDP and China's GDP in 2009 were USD 58.13 trillion and USD4.91 trillion respectively based on the current exchange rate. Accounting for8.4 percent of the world total, China's GDP ranked 3th in the world after the U.S. and Japan. The World Bank estimated that the world total GDP and China's GDP in 2008 were USD 72.3 trillion and USD8.89 trillion respectively based on a PPP basis, according to the *World Development Indicators* 2009. Accounting for 15.3 percent of the world total, China's GDP ranked 2nd in the world, after the U.S..

GDP per capita: In 2009, China's GDP per capita reached RMB25,188 yuan, or USD3,689 based on the exchange rate at the end of 2009.

Gross National Income (GNI) per capita: The World Bank estimated that in 2009 the GNI per capita for the world as a whole was USD8,751 based on the current exchange rate. The GNI per capita in China was USD3 620, ranking 124st among 213 worldwide economies, meaning that China is a lower-middle-income country. In PPP terms, the GNI per capita in China in 2009 was USD6,710, equivalent to 63.2 percent of the world figure which was USD10,614, thus ranking 120th among the 213 worldwide economies, and a ranking that still indicates China's status as a lower-middle-income country.

世界银行估算的2009年人均国民收入

National income per capita in 2009
(estimated by the World Bank)

单位：美元 Unit: USD

	世界平均 Global average	低收入国家 Low-income countries	中等收入国家 Middle-income countries	较低收入组 Lower-middle-income countries	较高收入组 Upper-middle-income countries	高收入国家 High-income countries
汇率折算法 On the basis of the current exchange rate	8 751	503	3 400	2 310	7 523	38 134
购买力平价法 On a PPP basis	10 614	1 199	6 340	4 741	12 480	36 473

2009年世界银行按汇率折算方法估算的GDP总量前10名排序

Top ten economies in terms of GDP based on the current exchange rate in 2009 (World Bank estimation)

排名 Rank	国家 Country		GDP(万亿美元) GDP (USD trillion)	占世界GDP总量的比重(%) As a percent of the world total (%)
1	美国	U.S.	14.25	24.5
2	日本	Japan	5.07	8.7
3	**中国**	**China**	**4.91**	**8.4**
4	德国	Germany	3.35	5.8
5	法国	France	2.65	4.6
6	英国	U.K.	2.17	3.7
7	意大利	Italy	2.11	3.6
8	巴西	Brazil	1.57	2.7
9	西班牙	Spain	1.46	2.5
10	加拿大	Canada	1.34	2.3
	世界	World total	58.13	100

2009年世界银行按购买力平价方法估算的GDP总量前10名排序

Top ten economies in terms of GDP based on PPP in 2009 (World Bank estimation)

排名 Rank	国家 Country		GDP(万亿美元) GDP (USD trillion)	占世界GDP总量的比重(%) As a percent of the world total (%)
1	美国	U.S.	14.25	24.5
2	**中国**	**China**	**8.89**	**15.3**
3	日本	Japan	4.14	7.1
4	印度	India	3.75	6.5
5	德国	Germany	2.98	5.1
6	俄罗斯	Russia	2.69	4.6
7	英国	U.K.	2.26	3.9
8	法国	France	2.17	3.7
9	巴西	Brazil	2.02	3.5
10	意大利	Italy	1.92	3.3
	世界	World total	72.3	100

国内生产总值
Gross domestic product

年/季 Year /Quarter		国内生产总值 GDP		第一产业 Primary industry		第二产业 Secondary industry		第三产业 Tertiary industry	
		绝对值(亿元) Absolute value (RMB 100 million yuan)	增长(%) Growth(%)	绝对值(亿元) Absolute value (RMB 100 million yuan)	增长(%) Growth(%)	绝对值(亿元) Absolute value (RMB 100 million yuan)	增长(%) Growth(%)	绝对值(亿元) Absolute value (RMB 100 million yuan)	增长(%) Growth(%)
2006	I	44 420	11.4	3 093	4.5	22 076	12.6	19 251	11.3
	I–II	93 612	12.0	7 974	5.1	47 909	13.6	37 729	11.7
	I–III	144 570	11.8	15 059	4.9	72 008	13.3	57 503	11.8
	I–IV	211 923	11.6	24 040	5.0	103 162	13.0	84 721	12.1
2007	I	53 058	13.0	3 654	4.4	26 465	14.6	22 940	12.7
	I–II	112 458	13.4	9 283	4.0	57 615	15.0	45 561	13.5
	I–III	174 428	13.4	17 937	4.3	86 405	14.8	70 086	14.0
	I–IV	257 306	13.0	28 627	3.7	124 799	14.7	103 880	13.8
2008	I	63 475	10.6	4 720	2.8	31 658	11.5	27 097	10.9
	I–II	134 726	10.4	11 800	3.5	69 330	11.3	53 596	10.7
	I–III	208 025	9.9	22 062	4.5	103 975	10.6	81 989	10.5
	I–IV	314 045	9.6	33 702	5.4	149 003	9.9	131 340	10.4
2009	I	65 745	6.2	4 700	3.5	31 968	5.3	29 077	7.4
	I–II	139 862	7.1	12 025	3.8	70 071	6.6	57 767	8.3
	I–III	217 817	7.7	22 500	4.0	106 477	7.5	88 840	8.8
	I–IV	340 503	9.1	35 477	4.2	156 958	9.9	142 918	9.3
2010	I	80 577	11.9	5 139	3.8	39 072	14.5	36 367	10.2
	I–II	172 840	11.1	13 367	3.6	85 830	13.2	73 643	9.6

注：① 表中绝对数按当年价格计算，"比上年同期增长"按不变价格计算。
② 表中数据根据国家统计局最新数据修订。
Notes: 1. Absolute figures in this table are calculated at current prices, and the year-on-year growth rates are calculated at constant prices. at constant prices.
2. Data are revised by National Bureau of Statistics of China.

1978年以来GDP及其增长率
GDP and its annual growth rate since 1978

年 Year	GDP(万亿元) GDP(RMB trillion yuan)	GDP增长率(%) GDP growth rate(%)
1978	0.4	11.7
1979	0.4	7.6
1980	0.5	7.8
1981	0.5	5.3
1982	0.5	9.0
1983	0.6	10.9
1984	0.7	15.2
1985	0.9	13.5
1986	1.0	8.9
1987	1.2	11.6
1988	1.5	11.3
1989	1.7	4.1
1990	1.9	3.8
1991	2.2	9.2
1992	2.7	14.2
1993	3.5	14.0
1994	4.8	13.1
1995	6.1	10.9
1996	7.1	10.0
1997	7.9	9.3
1998	8.4	7.8
1999	9.0	7.6
2000	9.9	8.4
2001	11.0	8.3
2002	12.0	9.1
2003	13.6	10.0
2004	16.0	10.1
2005	18.3	10.4
2006	21.2	11.6
2007	25.7	13.0
2008	31.4	9.6
2009	34.1	9.1

注：表中数据根据国家统计局最新数据修订。
Note: Data are revised by National Bureau of Statistics of China.

1978年以来GDP及其增长率
GDP and its annual growth rate since 1978

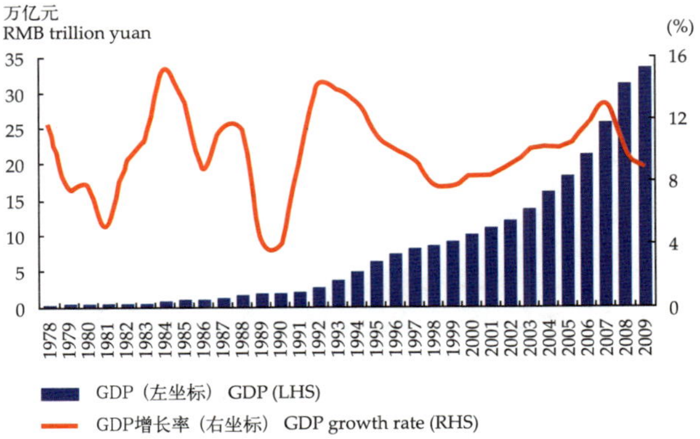

1999年以来年度GDP中三大产业比重
Shares of industries in GDP since 1999

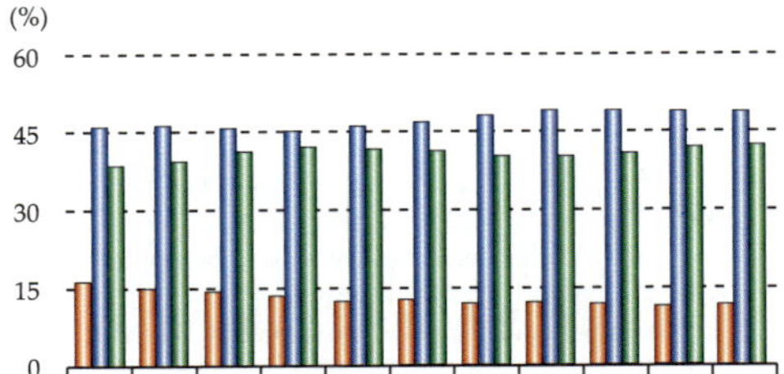

	1999	2000	2001	2002	2003	2004	2005	2006	2007	2008	2009
第一产业 Primary industry	16.2	14.8	14.1	13.5	12.6	13.1	12.2	11.3	11.1	10.7	10.6
第二产业 Secondary industry	45.8	45.9	45.2	44.8	46.0	46.2	47.7	48.7	48.5	47.4	46.8
第三产业 Tertiary industry	38.0	39.3	40.7	41.7	41.4	40.7	40.1	40.0	40.4	41.8	42.6

季度GDP三次产业所占的比重与增长率变化
Shares of industries in GDP and their growth rates on a quarterly basis

单位：%　Unit: %

年/季 Year/Quarter	第一产业所占的比重 Share of primary industry	第二产业所占的比重 Share of secondary industry	第三产业所占的比重 Share of tertiary industry	第一产业同比累计增长 YOY accumulated growth of primary industry	第二产业同比累计增长 YOY accumulated growth of secondary industry	第三产业同比累计增长 YOY accumulated growth of tertiary industry
2006Q1	7.0	49.7	43.3	4.5	12.6	11.3
2006Q2	8.5	51.2	40.3	5.1	13.6	11.7
2006Q3	10.4	49.8	39.8	4.9	13.3	11.8
2006Q4	11.3	48.7	40.0	5.0	13.0	12.1
2007Q1	6.9	49.9	43.2	4.4	14.6	12.7
2007Q2	8.3	51.2	40.5	4.0	15.0	13.5
2007Q3	10.3	49.5	40.2	4.3	14.8	14.0
2007Q4	11.1	48.5	40.4	3.7	14.7	13.8
2008Q1	7.4	49.9	42.7	2.8	11.5	10.9
2008Q2	8.8	51.5	39.8	3.5	11.3	10.7
2008Q3	10.6	50.0	39.4	4.5	10.6	10.5
2008Q4	10.7	47.4	41.8	5.5	9.3	9.5
2009Q1	7.1	48.6	44.2	3.5	5.3	7.4
2009Q2	8.6	50.1	41.3	3.8	6.6	8.3
2009Q3	10.3	48.9	40.8	4.0	7.5	8.8
2009Q4	10.6	46.8	42.6	4.2	9.9	9.3
2010Q1	6.4	48.5	45.1	3.8	14.5	10.2
2010Q2	7.7	49.7	42.6	3.6	13.2	9.6

注：① 从2006年第一季度开始，根据《国民经济行业分类》（2002），将“农林牧渔服务业”从第三产业调整到第一产业。
　　② 表中数据根据国家统计局最新数据修订。

Notes: 1. Beginning from the first quarter 2006,according to the *Classification of National Economic Sectors*(2002)，services for agriculture,forestry, animal husbandry and fishery have been readjusted from teriary industry to primary industry.
2. Data are revised by National Bureau of Statistics of China.

季度GDP三次产业所占的比重与增长率变化
Shares of industries in GDP and their growth rates on a quarterly basis

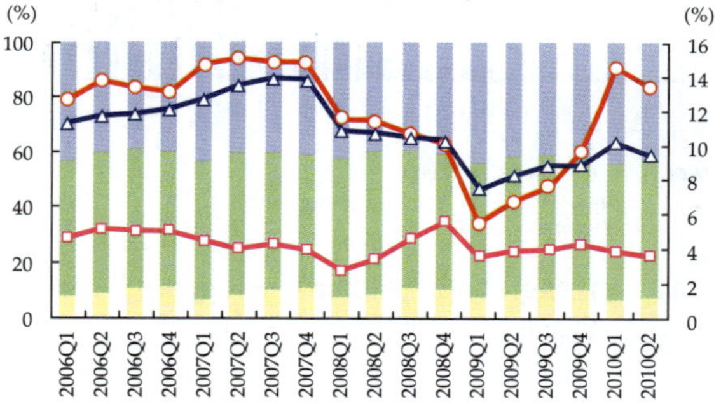

2002年以来GDP季度累计增长率
Quarterly accumulated GDP growth rates since 2002

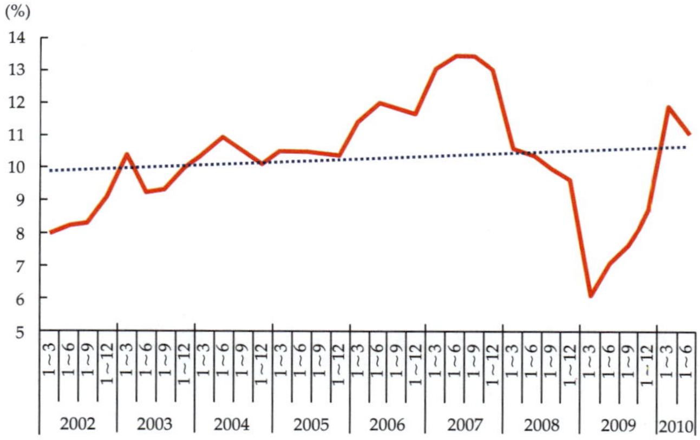

工业增加值增长速度
Growth rate of value added of industry

单位：% Unit: %

年/月 Year/Month		工业增加值 Value added	轻工业 Light industry	重工业 Heavy industry	国有及国有控股企业 State-owned and state-holding enterprises	集体企业 Collectively-owned enterprises	股份制企业 Joint-stock enterprises	外商及港澳台投资企业 Enterprises with foreign, Hongkong, Macau, and Taiwan investment
		比上年同期增长(%) Year-on-year growth rate(%)						
2005		16.4	15.2	17.0	10.7	12.4	17.8	16.6
2006		16.6	13.8	17.9	12.6	11.6	17.8	16.9
2007		18.5	16.3	19.6	13.8	11.5	20.6	17.5
2008		12.9	12.3	13.2	9.1	8.1	15.0	9.9
2009	10	12.3	9.8	13.2	8.6	10.9	11.6	8.0
	11	13.9	11.8	14.8	11.8	13.5	11.2	8.9
	12	16.1	11.3	18.1	13.7	15.4	11.9	10.8
2010	1	—	—	—	—	—	—	—
	2	12.8	7.5	15.2	13.3	7.1	7.1	12.1
	3	18.1	13.4	20.0	18.2	13.0	10.2	16.3
	4	17.8	14.1	19.4	17.6	12.0	19.1	16.8
	5	16.5	13.6	17.8	16.8	10.4	18.3	14.7
	6	13.7	12.0	14.5	13.3	5.3	14.5	13.0
2009	1～10	9.4	9.0	9.6	4.9	8.7	10.0	4.2
	1～11	10.3	9.3	10.7	5.9	9.5	10.0	5.3
	1～12	11.0	9.7	11.5	6.9	10.2	10.3	6.2
2010	1～2	20.7	14.5	23.7	20.7	13.4	16.9	20.3
	1～3	19.6	14.1	22.1	19.9	13.0	14.5	18.8
	1～4	19.1	14.1	21.4	19.3	12.8	20.2	18.6
	1～5	18.5	14.0	20.5	18.7	11.5	19.7	17.8
	1～6	17.6	13.6	19.4	17.7	10.2	18.8	17.0

注：① 自2007年1月起，工业统计范围调整为年主营收入500万元以上的工业企业。
② 本表中"比上年同期增长"是按可比价格计算的。

Notes: 1. Since 2007, the statistical coverage of industry has been adjusted to industrial enterprises with the annual sales income from main business over 5 million yuan.
2. The year-on-year changes in this table are calculated at comparable prices.

工业增加值增长速度及工业产品销售率
Growth rate of industrial value added and ratio of sales to output of industrial products

单位：% Unit: %

年/月 Year/Month		当月工业增加值同比增长 YOY growth of monthly industrial value added	工业增加值月度累计同比增长 YOY growth of monthly accumulated industrial value added	当月销售率 Monthly ratio of sales to output
2009	1	—	—	—
	2	11.0	3.8	97.3
	3	8.3	5.1	96.9
	4	7.3	5.5	97.8
	5	8.9	6.3	97.3
	6	10.7	7.0	97.3
	7	10.8	7.5	97.9
	8	12.3	8.1	97.7
	9	13.9	8.7	97.7
	10	16.1	9.4	98.0
	11	19.2	10.3	97.8
	12	18.5	11.0	99.3
2010	1	—	—	—
	2	12.8	20.7	96.9
	3	18.1	19.6	97.8
	4	17.8	19.1	98.4
	5	16.5	18.5	97.6
	6	13.7	17.6	97.5

工业增加值增长速度及工业产品销售率
Growth rate of industrial value added and ratio of sales to output of industrial products

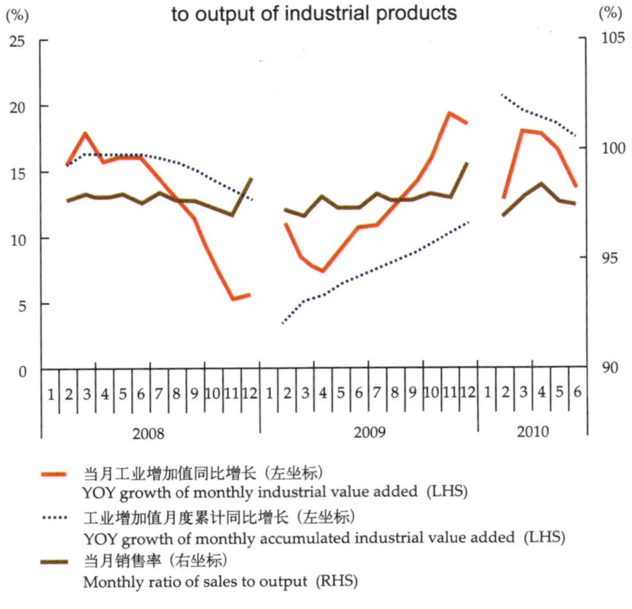

二、价格走势
2. Price Development

1.各种价格指数一览
(1) Overview of price indices

各种价格指数变动表
Changes in price indices

单位：% Unit: %

年/月 Year/Month	居民消费价格指数 CPI			农业生产资料价格指数 Agricultural production materials price index		原材料购进价格指数 Raw materials purchasing price index		工业品出厂价格指数 Industrial producer price index		房屋销售价格指数 Housing sales price index	房屋租赁价格指数 Housing rent price index	土地交易价格指数 Land transaction price index	固定资产投资价格指数 Fixed-asset investment price index		进出口同比价格指数 Import-export price index (YOY)		
	月环比 MOM	当月同比 YOY	累计同比 Accumulated YOY	当月同比 YOY	累计同比 Accumulated YOY	当月同比 YOY	累计同比 Accumulated YOY	当月同比 YOY	累计同比 Accumulated YOY	同比 YOY	当季同比 YOY	当季同比 YOY	当季同比 YOY	累计同比 Accumulated YOY	出口 Exports	进口 Imports	贸易条件 Terms of trade
2007 7	0.9	5.6	3.5	7.8	5.6	3.6	3.8	2.4	2.7	7.5	—	—	—	—	4.4	8.8	96.0
8	1.2	6.5	3.9	9.0	6.0	3.8	3.8	2.6	2.7	8.2	—	—	—	—	3.0	7.5	95.8
9	0.3	6.2	4.1	9.3	6.4	3.6	3.8	2.7	2.7	8.9	3.0	15.0	4.0	3.3	6.0	2.3	103.6
10	0.3	6.5	4.4	9.7	6.7	4.5	3.9	3.2	2.8	9.5	—	—	—	—	6.2	6.8	99.4
11	0.7	6.9	4.6	11.8	7.2	6.3	4.1	4.6	2.9	10.5	—	—	—	—	6.4	10.6	96.2
12	1.0	6.5	4.8	13.0	7.7	8.1	4.4	5.4	3.1	10.5	3.1	10.7	5.8	3.9	6.6	8.0	98.7
2008 1	1.2	7.1	7.1	14.3	14.3	8.9	8.9	6.1	6.1	11.3	—	—	—	—	6.5	14.8	92.8
2	2.6	8.7	7.9	16.5	15.4	9.7	9.3	6.6	6.4	10.9	—	—	—	—	11.9	18.1	94.8
3	-0.7	8.3	8.0	21.7	17.5	11.0	9.8	8.0	6.9	10.7	2.1	16.5	8.6	8.6	9.0	17.6	92.7
4	0.1	8.5	8.2	23.6	19.0	11.8	10.3	8.1	7.2	10.1	—	—	—	—	10.1	21.8	90.4
5	-0.4	7.7	8.1	23.3	19.9	11.9	10.6	8.2	7.4	9.2	—	—	—	—	10.4	20.9	91.3
6	-0.2	7.1	7.9	24.4	20.7	13.5	11.1	8.8	7.6	8.2	2.2	10.8	11.3	10.0	11.1	20.1	92.5
7	0.1	6.3	7.7	24.8	21.3	15.4	11.7	10.0	8.0	7.0	—	—	—	—	8.5	21.9	89.0
8	-0.1	4.9	7.3	23.8	21.6	15.3	12.2	10.1	8.2	5.3	—	—	—	—	10.6	22.7	90.1
9	0.0	4.6	7.0	22.9	21.7	14.0	12.4	9.1	8.3	3.5	1.1	6.9	11.1	10.3	6.9	17.5	91.0
10	-0.3	4.0	6.7	20.6	21.6	11.0	12.2	6.6	8.2	1.6	—	—	—	—	8.4	10.8	97.8
11	-0.8	2.4	6.3	15.7	21.1	4.7	11.6	2.0	7.6	0.2	—	—	—	—	5.5	1.9	103.5
12	-0.2	1.2	5.9	12.4	20.3	-1.3	10.5	-1.1	6.9	-0.4	0.0	3.6	4.8	8.9	5.1	-10.0	116.8
2009 1	0.9	1.0	1.0	9.7	9.7	-5.3	-5.3	-3.3	-3.3	-0.9	—	—	—	—	2.3	-10.6	114.4
2	0.0	-1.6	-0.3	6.8	8.2	-7.1	-6.2	-4.5	-3.9	-1.2	—	—	—	—	-2.5	-17.6	118.3
3	-0.3	-1.2	-0.6	1.3	5.8	-8.9	-7.1	-6.0	-4.6	-1.3	-0.5	1.5	-1.2	-1.2	-5.6	-18.5	115.8
4	-0.2	-1.5	-0.8	-1.7	3.8	-9.6	-7.7	-6.6	-5.1	-1.1	—	—	—	—	-5.9	-19.2	116.5
5	-0.3	-1.4	-0.9	-3.6	2.3	-10.4	-8.2	-7.2	-5.5	-0.6	—	—	—	—	-6.2	-20.4	117.8
6	-0.5	-1.7	-1.1	-5.8	0.9	-11.2	-8.7	-7.8	-5.9	0.2	-1.4	1.6	-3.9	-2.6	-8.8	-16.3	109.0
7	0.0	-1.8	-1.2	-7.2	-0.4	-11.7	-9.2	-8.2	-6.2	1.0	—	—	—	—	-7.1	-16.7	111.5
8	0.5	-1.2	-1.2	-7.5	-1.3	-11.4	-9.4	-7.9	-6.4	2.0	—	—	—	—	-9.3	-20.4	113.9
9	0.4	-0.8	-1.1	-7.3	-1.3	-10.1	-9.5	-7.0	-6.5	2.8	-0.5	4.7	-3.6	-2.9	-9.1	-15.3	107.3
10	-0.1	-0.5	-1.1	-6.1	-2.4	-8.4	-9.4	-5.8	-6.4	3.9	—	—	—	—	-8.7	-12.4	104.2
11	0.3	0.6	-0.9	-3.9	-2.6	-3.6	-8.9	-2.1	-6.0	5.7	—	—	—	—	-7.5	-1.3	93.7
12	1.0	1.9	-0.7	-1.9	-2.5	3.0	-7.9	1.7	-5.4	7.8	0.0	13.8	-1.0	-2.4	-3.5	8.6	88.9
2010 1	0.6	1.5	1.5	-0.4	-0.4	8.0	8.0	4.3	4.3	9.5	—	—	—	—	-5.3	13.5	83.4
2	1.2	2.7	2.1	0.3	-0.1	10.3	9.1	5.4	4.9	10.7	—	—	—	—	-5.5	15.6	81.7
3	-0.7	2.4	2.2	0.9	0.3	11.5	9.9	5.9	5.2	11.7	2.2	21.2	1.9	1.9	1.4	17.6	86.2
4	0.2	2.8	2.4	1.2	0.5	12.0	10.4	6.8	5.6	12.8	—	—	—	—	-0.7	19.4	83.2
5	-0.1	3.1	2.5	2.1	0.8	12.2	10.8	7.1	5.9	12.4	—	—	—	—	2.2	19.2	85.7
6	-0.6	2.9	2.6	2.5	1.1	10.8	10.8	6.4	6.0	11.4	6.4	22.1	3.6	2.7	3.4	17.4	88.1

注：① 从2005年7月起，国家发展和改革委员会开始按月发布房屋销售价格指数。
② 从2005年1月起，海关总署开始按月发布进出口价格指数。

Notes: 1. From July 2005, National Development and Reform Commission began to release the monthly housing sales price index.
2. From January 2005, General Administration of Customs began to release monthly price index of imports and exports.

居民消费价格月环比指数变动
Change in CPI (month-on-month)

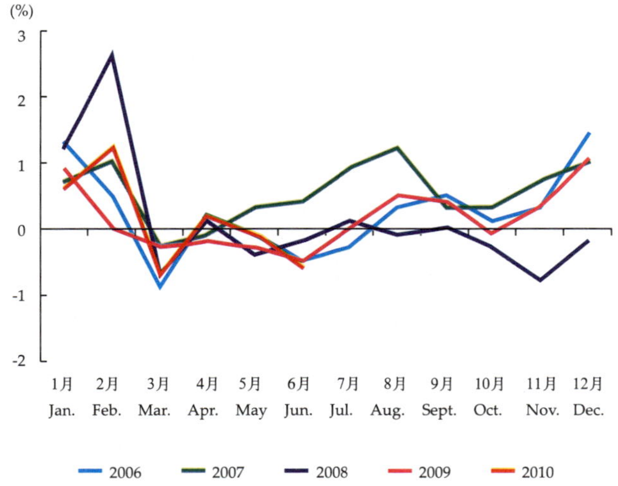

居民消费价格同比指数变动
Change in CPI (year-on-year)

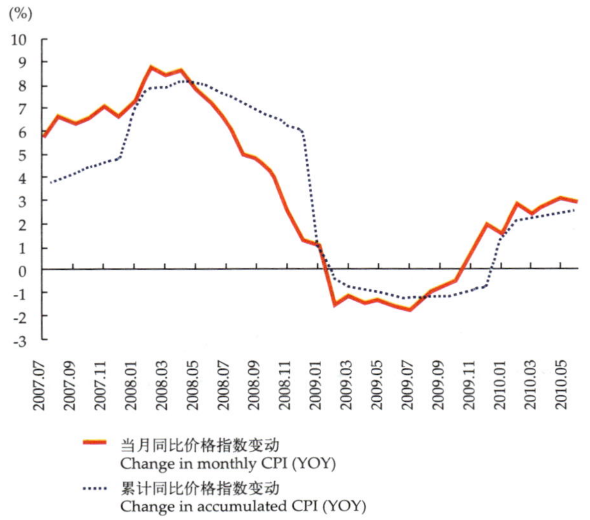

居民消费价格指数与生产价格指数的比较
Comparison between changes in CPI and PPI

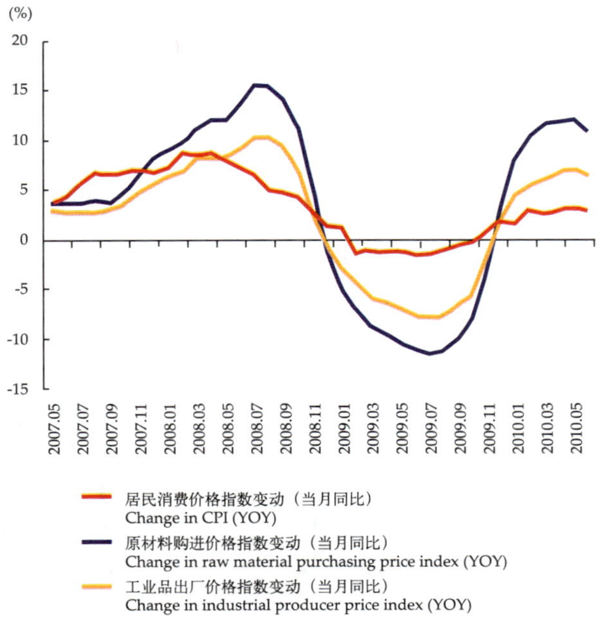

进出口价格指数和贸易条件
Import-export price index and trade terms

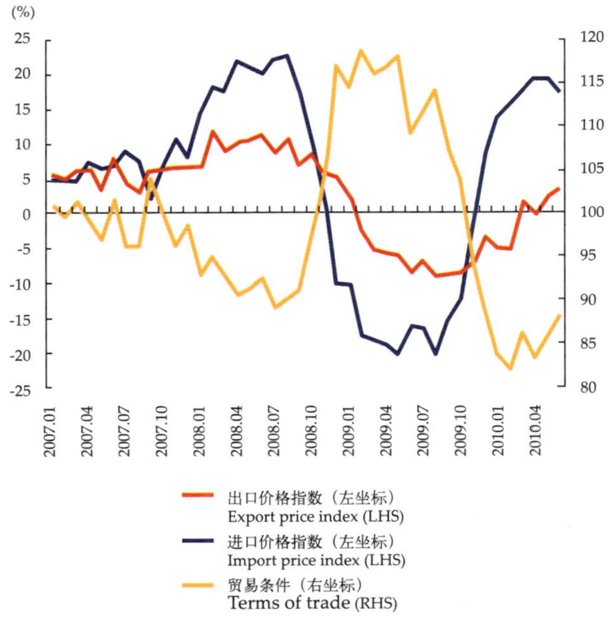

2. 分类指数

(2) Breakdown of indices

居民消费价格当月同比分类指数变动

Breakdown of changes in CPI (YOY)

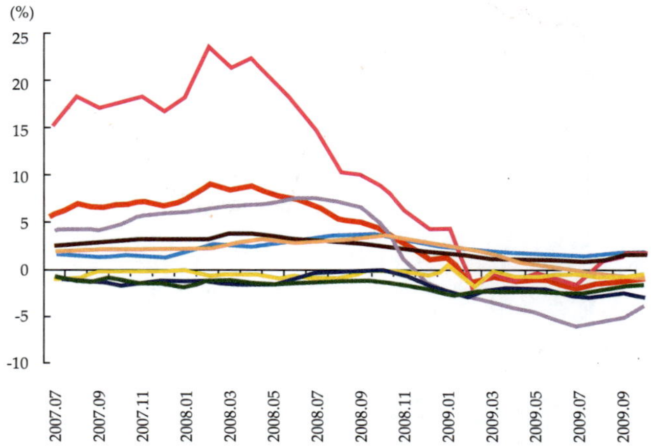

— 总指数　All items CPI
— 食品　Food
— 烟酒及用品　Cigarettes and liquor
— 衣着　Apparel
— 家庭设备用品及服务　Household facilities, articles and services
— 医疗保健及个人用品　Medical care and personal articles
— 交通和通信　Transportation and telecommunications
— 娱乐、教育、文化用品及服务
Entertainment, education, cultural articles and services
— 居住　Housing

工业品出厂价格同比指数变动
按生产资料和生活资料分类

Breakdown of changes in industrial producer price index by production materials and means of livelihood

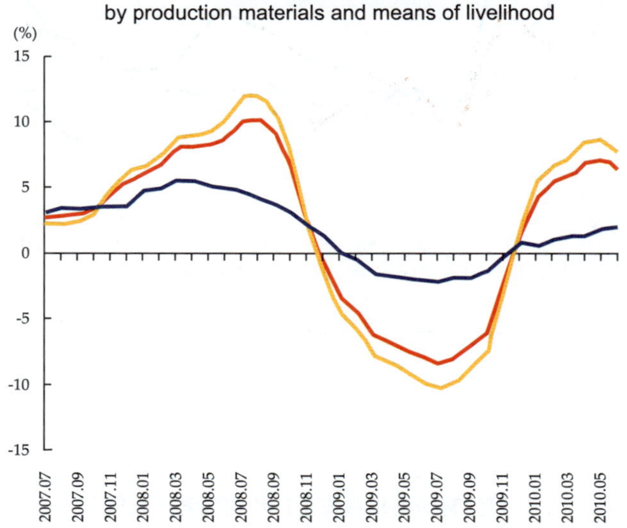

— 工业品出厂价格指数变动　Change in industrial producer price index
— 生产资料出厂价格指数变动　Change in industrial producer price index of production materials
— 生活资料出厂价格指数变动　Change in industrial producer price index of means of livelihood

生活资料出厂价格当月同比分类指数变动

Breakdown of changes in industrial producer price index of means of livelihood (YOY)

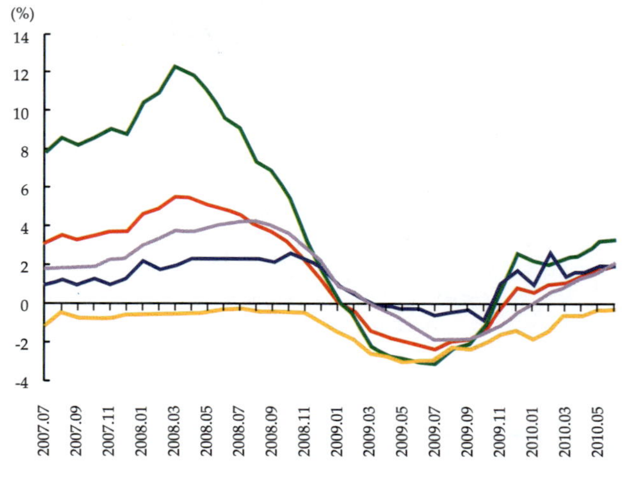

— 生活资料出厂价格指数变动
Change in industrial producer price index of means of livelihood
— 食品类　Food
— 衣着类　Apparel
— 一般日用品　Articles for daily use
— 耐用消费品　Durable consumer goods

生产资料出厂价格当月同比分类指数变动

Breakdown of changes in industrial producer price index of production materials (YOY)

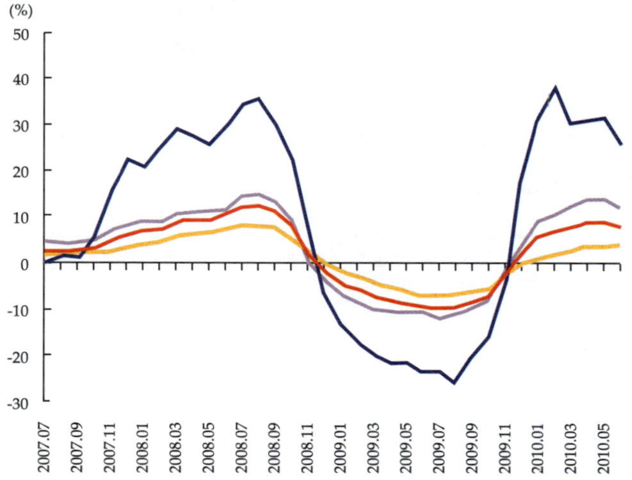

— 生产资料出厂价格指数变动
Change in industrial producer price index of production materials
— 采掘业　Excavation industry
— 原材料工业　Raw materials industry
— 加工工业　Processing industry

三、就业、失业与收入
3. Employment, Unemployment and Income

人口与就业基本情况
Population and employment

年 Year	年底总人口（亿人） Population at the end of the year (100 million people)	市镇 Urban	比重(%) Share (%)	乡村 Rural	比重(%) Share (%)	15～64岁人口数(亿人) Population between 15–64 years of age (100 million people)	就业人员(亿人) Employment (100 million people)
2002	12.8	5.0	39	7.8	61	9.0	7.4
2003	12.9	5.2	40	7.7	60	9.1	7.4
2004	13.0	5.4	42	7.6	58	9.2	7.5
2005	13.1	5.6	43	7.5	57	9.4	7.6
2006	13.1	5.7	44	7.4	56	9.5	7.6
2007	13.2	5.9	45	7.3	55	9.6	7.7
2008	13.3	6.1	46	7.2	54	9.7	7.7
2009	13.3	6.2	47	7.1	53	9.7	7.8

就业人员按城乡和产业分类
Employment in urban and rural areas and in industries

年 Year	就业人员(亿人) Employment (100 million people)	按城乡分 Urban and rural				按产业分 Industries					
		城镇 Urban	比重(%) Share (%)	乡村 Rural	比重(%) Share (%)	第一产业 Primary industry	比重(%) Share (%)	第二产业 Secondary industry	比重(%) Share (%)	第三产业 Tertiary industry	比重(%) Share (%)
2002	7.37	2.48	33.6	4.90	66.4	3.69	50.0	1.58	21.4	2.11	28.6
2003	7.44	2.56	34.4	4.88	65.6	3.65	49.1	1.61	21.6	2.18	29.3
2004	7.52	2.65	35.2	4.87	64.8	3.53	46.9	1.69	22.5	2.30	30.6
2005	7.58	2.73	36.0	4.85	64.0	3.39	44.8	1.81	23.8	2.38	31.4
2006	7.64	2.83	37.0	4.81	63.0	3.26	42.6	1.92	25.2	2.46	32.2
2007	7.70	2.94	38.1	4.76	61.9	3.14	40.8	2.06	26.8	2.49	32.4
2008	7.75	3.02	39.0	4.73	61.0	3.07	39.6	2.11	27.2	2.57	33.2
2009	7.80	3.11	39.9	4.69	60.1	2.97	38.1	2.17	27.8	2.66	34.1

城乡居民家庭人均收入
Urban and rural household income (per capita)

年/季 Year/Quarter	农村居民家庭人均现金收入 Rural household cash income (per capita)		城镇居民家庭人均可支配收入 Urban household disposable income (per capita)	
	绝对值(元) Absolute value (yuan)	同比实际增长(%) Growth in real terms (YOY) (%)	绝对值(元) Absolute value (yuan)	同比实际增长(%) Growth in real terms (YOY) (%)
2007 I	1 261	12.1	3 935	16.6
I–II	2 111	13.3	7 052	14.2
I–III	3 321	14.8	10 346	13.2
I–IV	4 958	—	13 786	12.2
2008 I	1 494	9.1	4 386	3.4
I–II	2 528	10.3	8 065	6.3
I–III	3 971	11.0	11 865	7.5
I–IV	4 761	8.0	15 781	8.4
2009 I	1 622	8.6	4 834	11.2
I–II	2 733	8.1	8 856	11.2
I–III	4 307	9.2	12 973	10.5
I–IV	6 270	—	17 175	9.8
2010 I	1 814	9.2	5 308	7.5
I–II	3 078	9.5	9 757	7.5

城镇失业人数和失业率
Unemployed urban population and unemployment rate

年/季度末 Year/End of quarter		城镇登记失业人数(万人) Registered unemployment (10 000 people)	城镇登记失业率(%) Registered unemployment rate (%)
2007	I	840	4.1
	II	838	4.1
	III	835	4.0
	IV	830	4.0
2008	I	825	4.0
	II	825	4.0
	III	830	4.0
	IV	886	4.2
2009	I	915	4.3
	II	906	4.3
	III	915	4.3
	IV	921	4.3
2010	I	919	4.2
	II	911	4.2

四、国内需求
4. Domestic Demand

1.按支出法计算的国内生产总值
(1) Expenditure-based GDP

按支出法计算的国内生产总值及其构成
Expenditure-based GDP and its composition

年 Year	按支出法计算的国内生产总值(亿元) Expenditure-based GDP (RMB100 million yuan)	最终消费 Final consumption	居民消费 Household consumption	农村居民 Rural	城镇居民 Urban	政府消费 Government consumption	资本形成总额 Total capital formation	固定资本形成 Fixed capital formation	存货增加 Increased inventory	货物和服务净出口 Net exports of goods and services
	绝对值(亿元) Absolute value (RMB100 million yuan)									
1999	90 964	55 637	41 920	14 584	27 336	13 717	32 952	30 527	2 424	2 376
2000	98 749	61 516	45 855	15 147	30 707	15 661	34 843	33 844	998	2 390
2001	109 028	66 934	49 436	15 791	33 422	17 498	39 769	37 755	2 015	2 325
2002	120 476	71 817	53 057	16 272	36 300	18 760	45 565	43 632	1 933	3 094
2003	136 635	77 686	57 650	16 306	40 529	20 036	55 963	53 491	2 472	2 986
2004	160 800	87 553	65 219	17 551	46 283	22 334	69 168	65 118	4 051	4 079
2005	187 131	99 051	72 653	19 014	51 892	26 399	77 857	74 233	3 624	10 223
2006	222 240	112 632	82 104	21 107	59 370	30 528	92 954	87 954	5 000	16 654
2007	265 834	131 510	95 610	—	—	35 900	110 943	103 949	6 995	23 381
2008	314 901	152 347	110 595	—	—	41 752	138 325	128 084	10 241	24 229
2009	341 515	166 126	121 713	—	—	44 413	162 297	155 333	6 964	13 092
	构成(%) Composition (%)									
1999	100	61.2	46.1	16.0	30.1	15.1	36.2	33.6	2.7	2.6
2000	100	62.3	46.4	15.3	31.1	15.9	35.3	34.3	1.0	2.4
2001	100	61.4	45.3	14.5	30.7	16.0	36.5	34.6	1.8	2.1
2002	100	59.6	44.0	13.5	30.1	15.6	37.8	36.2	1.6	2.6
2003	100	56.9	42.2	11.9	29.7	14.7	41.0	39.1	1.8	2.2
2004	100	54.4	40.6	10.9	28.8	13.9	43.0	40.5	2.5	2.5
2005	100	52.9	38.8	10.2	27.7	14.1	41.6	39.7	1.9	5.5
2006	100	50.7	36.9	9.5	26.7	13.7	41.8	39.6	2.2	7.5
2007	100	49.5	36.0	—	—	13.5	41.7	39.1	2.6	8.8
2008	100	48.4	35.1	—	—	13.3	43.9	40.7	3.3	7.7
2009	100	48.6	35.6	—	—	13.0	47.5	45.5	2.0	3.9

注：根据国家统计局《2010年统计摘要》修订。
Note: Data revised according to *2010 China Statistical Abstract*.

按支出法计算的国内生产总值构成变化
Changes in the composition of GDP (based on expenditures)

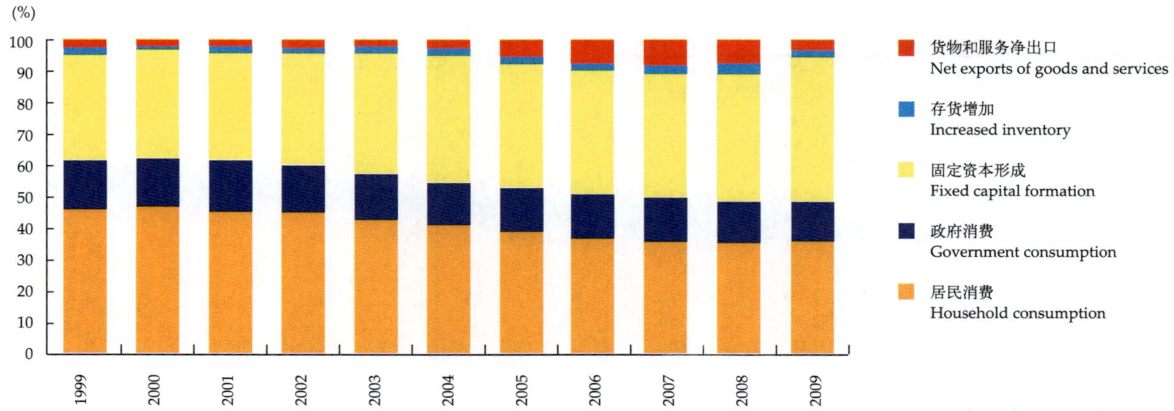

投资率和消费率
Investment ratio and consumption ratio

单位：%　Unit: %

年 Year	资本形成率(投资率) Capital formation ratio (investment ratio)	最终消费率(消费率) Final consumption ratio (consumption ratio)
1978	38.2	62.1
1979	36.1	64.4
1980	34.8	65.5
1981	32.5	67.1
1982	31.9	66.5
1983	32.8	66.4
1984	34.2	65.8
1985	38.1	66.0
1986	37.5	64.9
1987	36.3	63.6
1988	37.0	63.9
1989	36.6	64.5
1990	34.9	62.5
1991	34.8	62.4
1992	36.6	62.4
1993	42.6	59.3
1994	40.5	58.2
1995	40.3	58.1
1996	38.8	59.2
1997	36.7	59.0
1998	36.2	59.6
1999	36.2	61.2
2000	35.3	62.3
2001	36.5	61.4
2002	37.9	59.6
2003	41.0	56.8
2004	43.2	54.3
2005	42.7	51.8
2006	42.6	49.9
2007	41.7	49.5
2008	43.9	48.4
2009	47.5	48.6

注：根据国家统计局《2010年统计摘要》修订。
Note: Data revised according to *2010 China Statistical Abstract*.

生产法现价GDP与支出法现价GDP及其增长率比较
Comparison between production-based GDP and expenditure-based GDP at current price

年 Year	(1)生产法GDP Production-based GDP		(2)支出法GDP Expenditure-based GDP		(1)−(2)	
	绝对量(亿元) Absolute value (RMB100 million yuan)	现价增速(%) Growth rate at current price(%)	绝对量(亿元) Absolute value (RMB100 million yuan)	现价增速(%) Growth rate at current price(%)	绝对量(亿元) Absolute value (RMB100 million yuan)	现价增速(%) Growth rate at current price(%)
1978	3 645	13.8	3 606	13.9	40	-0.04
1979	4 063	11.5	4 093	13.5	-30	-2.1
1980	4 546	11.9	4 593	12.2	-47	-0.3
1981	4 892	7.6	5 009	9.1	-117	-1.5
1982	5 323	8.8	5 590	11.6	-267	-2.8
1983	5 963	12.0	6 216	11.2	-254	0.8
1984	7 208	20.9	7 363	18.4	-155	2.5
1985	9 016	25.1	9 077	23.3	-61	1.8
1986	10 275	14.0	10 509	15.8	-233	-1.8
1987	12 059	17.4	12 277	16.8	-219	0.5
1988	15 043	24.8	15 389	25.3	-346	-0.6
1989	16 992	13.0	17 311	12.5	-319	0.5
1990	18 668	9.9	19 348	11.8	-680	-1.9
1991	21 781	16.7	22 577	16.7	-796	0.0
1992	26 923	23.6	27 565	22.1	-642	1.5
1993	35 334	31.2	36 938	34.0	-1 604	-2.8
1994	48 198	36.4	50 217	36.0	-2 020	0.5
1995	60 794	26.1	63 217	25.9	-2 423	0.2
1996	71 177	17.1	74 164	17.3	-2 987	-0.2
1997	78 973	11.0	81 659	10.1	-2 685	0.8
1998	84 402	6.9	86 532	6.0	-2 129	0.9
1999	89 677	6.3	91 125	5.3	-1 448	0.9
2000	99 215	10.6	98 749	8.4	466	2.3
2001	109 655	10.5	108 972	10.4	683	0.2
2002	120 333	9.7	120 350	10.4	-18	-0.7
2003	135 823	12.9	136 399	13.3	-576	-0.5
2004	159 878	17.7	160 280	17.5	-402	0.2
2005	183 218	14.6	188 692	17.7	-5 475	-3.1
2006	211 924	15.7	221 651	17.5	-9 728	-1.8
2007	257 306	21.4	263 094	18.7	-5 788	2.7
2008	314 045	22.1	314 901	18.5	-856	3.6
2009	340 507	8.4	341 515	8.5	-6 162	-1.7

注：表中数据根据国家统计局最新数据修订。
Note: Data are revised by National Bureau of Statistics of China.

投资率和消费率
Investment ratio and consumption ratio

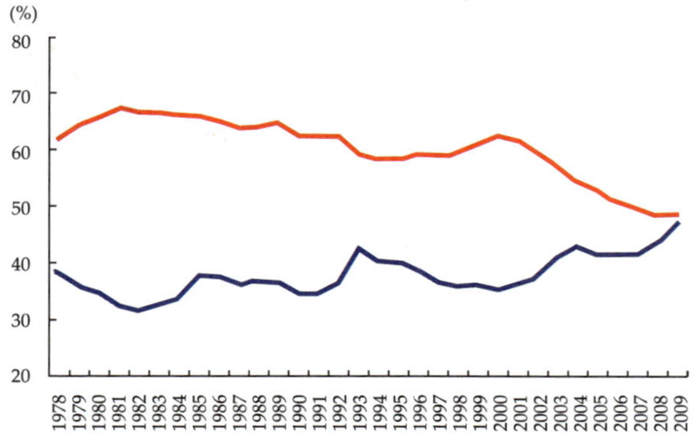

资本形成率（投资率） Capital formation ratio (investment ratio)
最终消费率（消费率） Final consumption ratio (consumption ratio)

生产法现价GDP与支出法现价GDP增速比较
Comparison of growth rate at current prices between production-based GDP and expenditure-based GDP

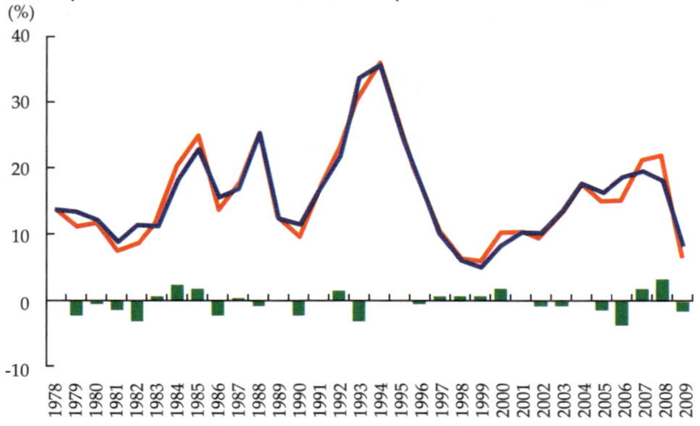

生产法现价GDP增速－支出法现价GDP增速 Gap between the two growth rates
生产法现价GDP增速 Growth rate of production-based GDP at current prices
支出法现价GDP增速 Growth rate of expenditure-based GDP at current prices

2.社会消费品零售额
(2) Retail sales of consumer goods

月度社会消费品零售额
Monthly retail sales of consumer goods

单位：亿元
Unit: RMB 100 million yuan

年/月 Year/Month	社会消费品零售总额 Retail sales of consumer goods	当月同比增长率(%) Monthly growth rate(YOY)(%)	累计同比增长率(%) Accumulated growth rate(YOY)(%)
2009.01	10 757	18.5	18.5
2009.02	9 324	11.6	15.2
2009.03	9 318	14.7	15.0
2009.04	9 343	14.8	15.0
2009.05	10 028	15.2	15.0
2009.06	9 942	15.0	15.0
2009.07	9 937	15.2	15.0
2009.08	10 116	15.4	15.1
2009.09	10 913	15.5	15.1
2009.10	11 718	16.2	15.3
2009.11	11 339	15.8	15.3
2009.12	12 610	17.5	15.5
2010.01	12 718	14.0	14.0
2010.02	12 334	22.1	17.9
2010.03	11 322	18.0	17.9
2010.04	11 510	18.5	18.1
2010.05	12 455	18.7	18.2
2010.06	12 330	18.3	18.2

社会消费品零售总额与最终消费增长率的比较
Comparison of growth rate at current prices between retail sales of consumer goods and final consumption expenditure

单位：万亿元
Unit: RMB trillion yuan

年 Year	社会消费品零售总额 Retail sales of consumer goods	最终消费 Final consumption	社会消费品零售总额现价增长率(%) Growth rate at current prices of retail sales of consumer goods(%)	最终消费现价增长率(%) Growth rate at current prices of final consumption expenditure(%)
1991	0.94	1.41	13.4	16.6
1992	1.10	1.72	16.8	22.1
1993	1.43	2.19	29.8	27.3
1994	1.86	2.92	30.5	33.5
1995	2.36	3.67	26.8	25.7
1996	2.84	4.39	20.1	19.5
1997	3.13	4.81	10.2	9.6
1998	3.34	5.16	6.8	7.2
1999	3.56	5.56	6.8	7.8
2000	3.91	6.15	9.7	10.6
2001	4.31	6.69	10.1	8.7
2002	4.81	7.17	11.8	7.2
2003	5.25	7.74	9.1	8.0
2004	5.95	8.70	13.3	12.4
2005	6.72	9.78	12.9	12.4
2006	7.60	11.06	13.1	12.8
2007	8.90	12.88	16.8	16.6
2008	10.85	14.91	21.6	15.8
2009	12.53	16.61	15.5	9.0

月度社会消费品零售额及其增长率
Monthly retail sales and growth rates of consumer goods

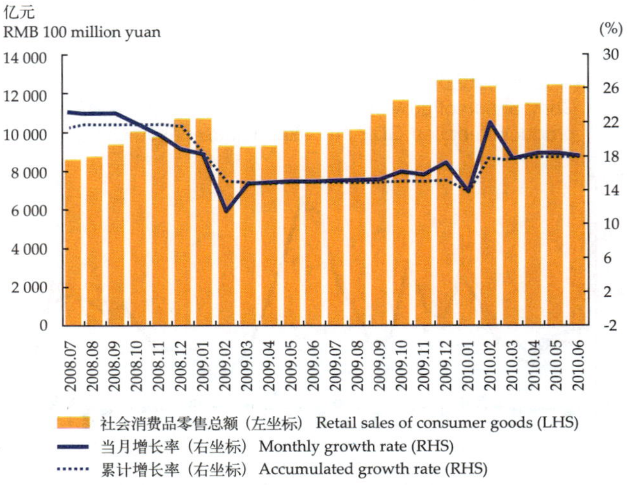

社会消费品零售总额及最终消费增长趋势
Growth trend of retail sales of consumer goods and final consumption expenditure

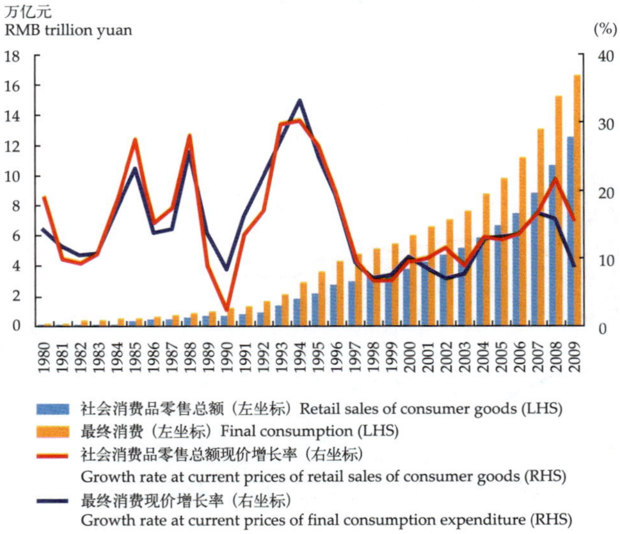

3.固定资产投资完成额
(3) Completed fixed-asset investment

城镇固定资产投资月度累计完成额
Monthly accumulated completed urban fixed-asset investment

单位：亿元
Unit: RMB 100 million yuan

年/月 Year/Month	城镇固定资产投资月度累计完成额 Monthly accumulated completed urban fixed-asset investment	增长率(%) Growth rate (%)
2009.01	—	—
2009.02	10 276	26.5
2009.03	23 562	28.6
2009.04	37 082	30.5
2009.05	53 520	32.9
2009.06	78 098	33.6
2009.07	95 932	32.9
2009.08	112 985	33.0
2009.09	133 177	33.3
2009.10	150 710	33.1
2009.11	168 634	32.1
2009.12	194 139	30.5
2010.01	—	—
2010.02	13 014	26.6
2010.03	29 793	26.4
2010.04	46 743	26.1
2010.05	67 358	25.9
2010.06	98 047	25.5

固定资产投资完成额和固定资本形成总额的比较
Comparison of completed fixed-asset investment and gross capital formation

单位：万亿元
Unit: RMB trillion yuan

年 Year	全社会固定资产投资完成额 Total completed fixed-asset investment	固定资本形成总额 Gross capital formation	全社会固定资产投资现价增长率(%) Growth rate of total fixed-asset investment at current prices(%)	固定资本形成总额现价增长率(%) Growth rate of gross capital formation at current prices(%)
1991	0.56	0.61	23.9	25.7
1992	0.81	0.85	44.4	40.3
1993	1.31	1.33	61.8	56.3
1994	1.70	1.73	30.4	30.1
1995	2.00	2.09	17.5	20.6
1996	2.29	2.40	14.5	15.1
1997	2.49	2.60	8.8	8.0
1998	2.84	2.86	13.9	10.0
1999	2.99	3.05	5.1	6.9
2000	3.29	3.38	10.3	10.9
2001	3.72	3.78	13.1	11.6
2002	4.35	4.36	16.9	15.6
2003	5.56	5.35	27.7	22.6
2004	7.05	6.51	26.8	21.7
2005	8.88	7.73	26.0	18.7
2006	10.99	9.02	24.0	16.6
2007	13.72	10.54	24.8	17.0
2008	17.28	13.83	25.9	24.7
2009	22.48	16.23	30.1	17.3

注：根据国家统计局《2010年统计摘要》修订。
Note:Data revised according to *2010 China Statistical Abstract*.

城镇固定资产投资月度累计完成额
Monthly accumulated completed urban fixed-asset investment

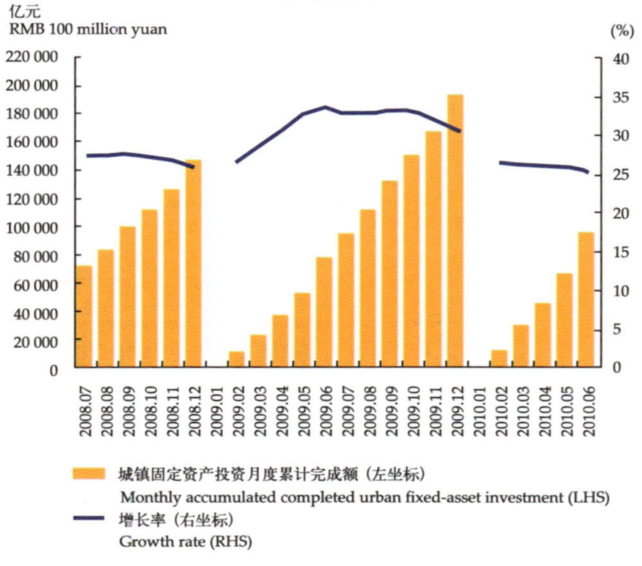

固定资产投资完成额和固定资本形成总额
Completed fixed-asset investment and gross capital formation

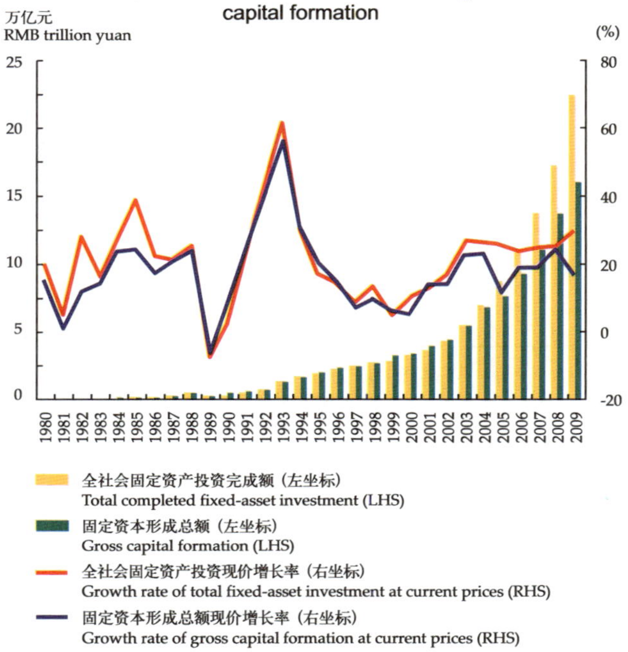

城镇固定资产投资按建设性质分月度累计完成额及增长率

Composition of monthly accumulated completed urban fixed-asset investment and growth rate by nature of construction

年/月 Year/Month	绝对值(亿元) Absolute value (RMB 100 million yuan)			增长率(%) Growth rate (%)		
	新建 New projects	扩建 Expansion projects	改建 Reconstruction projects	新建 New projects	扩建 Expansion projects	改建 Reconstruction projects
2009.01	—	—	—	—	—	—
2009.02	4 786	1 578	1 063	36.0	37.0	46.8
2009.03	11 054	3 787	2 706	38.3	25.9	50.4
2009.04	17 559	6 044	4 368	40.6	28.1	50.8
2009.05	25 331	8 810	6 599	42.8	31.6	52.8
2009.06	36 556	12 865	10 140	41.2	31.2	52.5
2009.07	44 747	16 018	12 540	39.6	31.4	48.8
2009.08	52 543	18 670	14 824	39.1	30.4	47.8
2009.09	62 083	21 718	17 605	39.1	29.7	47.5
2009.10	70 306	24 155	20 086	38.6	28.4	46.5
2009.11	78 943	26 896	22 803	37.5	27.6	45.3
2009.12	90 314	30 488	26 504	37.4	25.1	38.5
2010.01	—	—	—	—	—	—
2010.02	6 145	1 737	1 374	28.4	10.0	29.2
2010.03	13 977	4 265	3 590	26.4	12.6	32.7
2010.04	22 304	6 714	5 576	27.0	11.1	27.7
2010.05	32 399	9 722	8 160	27.9	10.4	23.6
2010.06	47 067	14 362	12 283	28.8	11.6	21.1

城镇固定资产投资月度累计完成额按建设性质分的构成变化

Change in composition of monthly accumulated completed urban fixed-asset investment by nature of construction

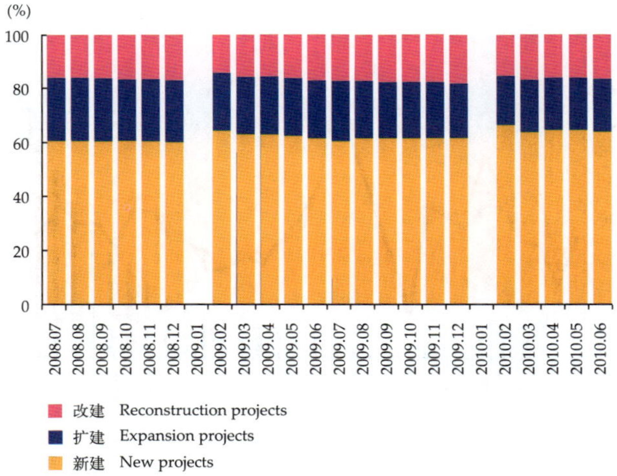

城镇固定资产投资月度累计完成额按建设性质分的增长趋势

Growth of monthly accumulated completed urban fixed-asset investment and its composition by nature of construction

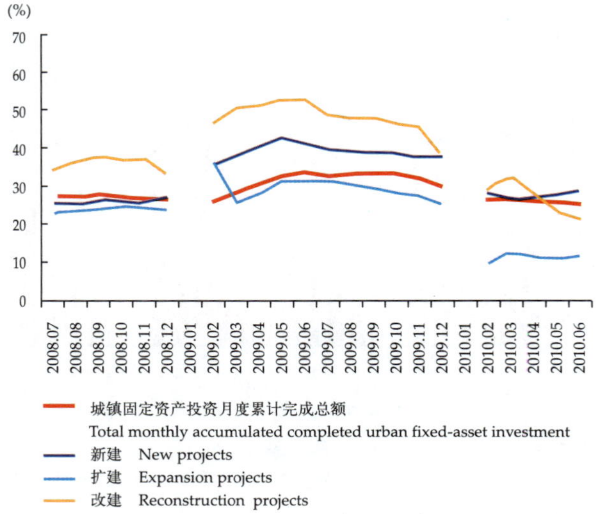

城镇固定资产投资按隶属关系分月度累计完成额及增长率
Composition of monthly accumulated completed urban fixed-asset investment and growth rate by sponsor

年/月 Year/Month	绝对值(亿元) Absolute value (RMB 100 million yuan)		增长率(%) Growth rate (%)	
	中央项目 Central government projects	地方项目 Local government projects	中央项目 Central government projects	地方项目 Local government projects
2009.01	—	—	—	—
2009.02	1 070	9 206	40.3	25.1
2009.03	2 107	21 455	30.4	28.5
2009.04	3 466	33 617	29.3	30.6
2009.05	4 734	48 786	28.0	33.4
2009.06	6 586	71 512	28.6	34.1
2009.07	8 370	87 562	25.3	33.7
2009.08	10 053	102 932	22.3	34.2
2009.09	11 722	121 455	18.9	34.9
2009.10	13 502	137 208	18.8	34.8
2009.11	15 277	153 357	16.4	33.9
2009.12	19 651	174 488	18.4	32.0
2010.01	—	—	—	—
2010.02	1 219	11 795	14.0	28.1
2010.03	2 298	27 495	9.1	28.2
2010.04	3 833	42 910	10.6	27.6
2010.05	5 400	61 958	14.1	27.0
2010.06	7 443	90 604	13.0	26.7

城镇固定资产投资月度累计完成额按隶属关系分的构成变化
Change in composition of monthly accumulated completed urban fixed-asset investment by sponsor

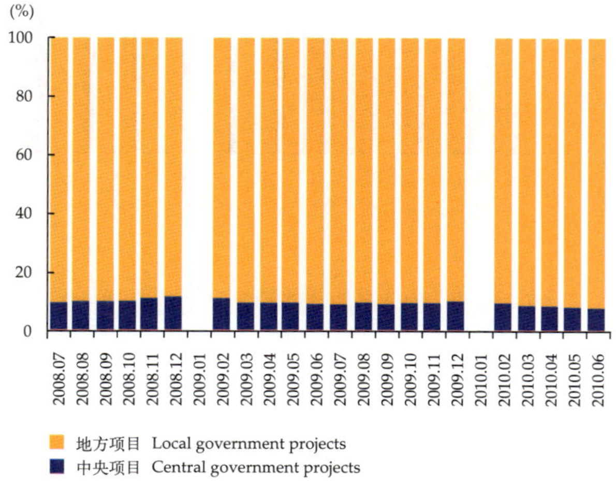

城镇固定资产投资月度累计完成额按隶属关系分的增长趋势
Growth of monthly accumulated completed urban fixed-asset investment and its composition by sponsor

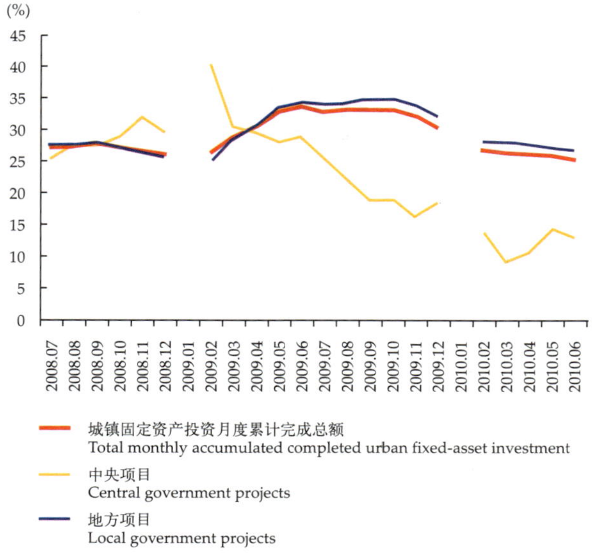

城镇固定资产投资月度累计新开工项目数
Number of monthly accumulated urban newly started projects of fixed-asset investment

单位：万个 Unit: 10 000

	2006	2007	2008	2009	2010
1月 Jan.	—	—	—	—	—
2月 Feb.	1.17	1.01	1.45	1.85	1.85
3月 Mar.	3.34	3.11	3.85	5.29	5.88
4月 Apr.	4.96	5.17	5.97	8.64	8.52
5月 May	6.74	7.47	8.44	12.39	11.81
6月 Jun.	9.89	11.04	12.30	17.61	17.52
7月 Jul.	11.49	13.21	14.45	20.57	
8月 Aug.	13.11	14.98	16.57	23.49	
9月 Sept.	15.20	17.01	19.07	26.93	
10月 Oct.	16.86	19.11	20.81	29.34	
11月 Nov.	18.71	21.11	22.88	31.70	
12月 Dec.	21.36	23.19	25.26	34.48	

城镇固定资产投资月度累计施工项目数
Number of monthly accumulated urban under-construction projects of fixed-asset investment

单位：万个 Unit: 10 000

	2006	2007	2008	2009	2010
1月 Jan.	—	—	—	—	—
2月 Feb.	4.86	5.55	6.74	7.87	9.28
3月 Mar.	8.71	9.29	10.84	12.91	15.37
4月 Apr.	10.99	12.27	13.79	17.25	18.99
5月 May	13.27	15.11	16.85	21.64	23.48
6月 Jun.	17.08	19.32	21.40	27.53	29.93
7月 Jul.	18.87	21.78	23.85	30.89	
8月 Aug.	20.77	23.70	26.10	33.98	
9月 Sept.	23.12	25.91	28.83	37.65	
10月 Oct.	24.89	28.25	30.68	40.22	
11月 Nov.	26.87	30.28	32.90	42.95	
12月 Dec.	29.87	32.77	35.72	46.15	

城镇固定资产投资月度累计新开工项目数
Number of monthly accumulated urban newly started projects of fixed-asset investment

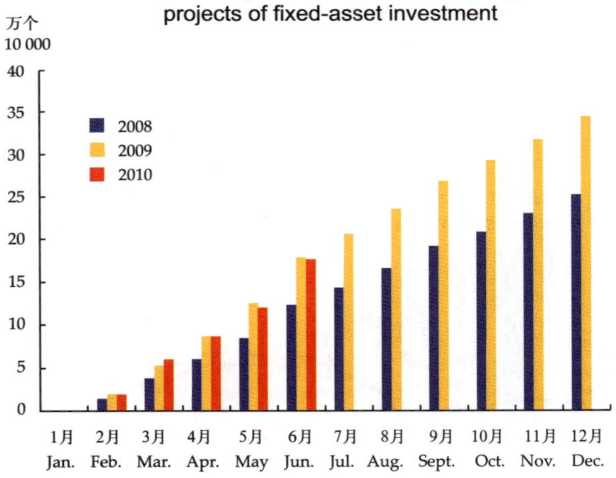

城镇固定资产投资月度累计施工项目数
Number of monthly accumulated urban under-construction projects of fixed-asset investment

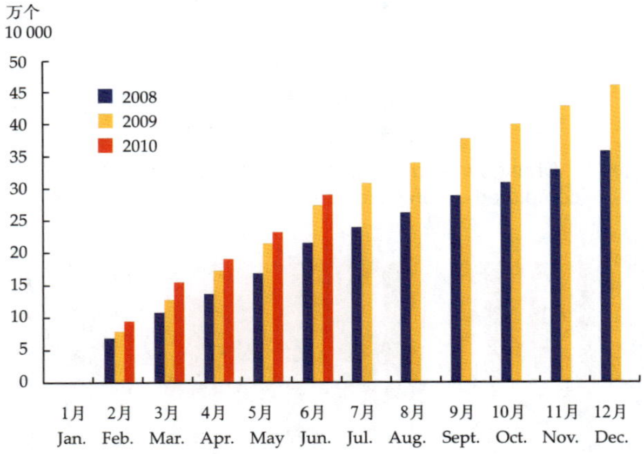

城镇新开工项目、施工项目与固定资产投资完成额
Urban newly started, under-construction projects, and completed fixed-asset investment

年/月 Year/Month	城镇累计新开工项目计划总投资同比增长率(%) Growth rate of accumulated planned investment of urban newly started projects (YOY)(%)	城镇施工项目计划总投资同比增长率(%) Growth rate of planned investment of urban under-construction projects (YOY)(%)	城镇固定资产投资完成额同比增长率(%) Growth rate of completed urban fixed-asset investment (YOY)(%)
2009.01	—	—	—
2009.02	87.5	25.4	26.5
2009.03	87.7	26.7	28.6
2009.04	90.7	29.8	30.5
2009.05	95.9	33.8	32.9
2009.06	87.3	36.1	33.6
2009.07	83.1	36.4	32.9
2009.08	81.7	36.2	33.0
2009.09	83.0	37.1	33.3
2009.10	81.1	36.6	33.1
2009.11	76.6	36.3	32.1
2009.12	67.2	32.3	30.5
2010.01	—	—	—
2010.02	42.7	29.9	26.6
2010.03	34.5	30.4	26.4
2010.04	31.3	27.5	26.1
2010.05	26.5	28.7	25.9
2010.06	26.5	27.0	25.5

2010年第二季度分省城镇固定资产投资完成额及增长率
Accumulated completed urban fixed-asset investment and growth rate by province in the second quarter of 2010

单位：亿元　Unit: RMB 100 million yuan

	城镇固定资产投资累计完成额 Monthly accumulated completed urban fixed- asset investment	增长率(%) Growth rate (%)
Hainan 海　南	527.1	41.2
Gansu 甘　肃	1 196.5	38.4
Guangxi 广　西	3 024.4	37.1
Ningxia 宁　夏	496.9	37.0
Hubei 湖　北	4 280.9	36.0
Tianjin 天　津	2 728.1	34.0
Heilongjiang 黑龙江	1 456.6	33.4
Shanxi 山　西	3 486.7	31.8
Jiangxi 江　西	2 861.5	31.1
Anhui 安　徽	4 429.8	29.6
Chongqing 重　庆	2 302.2	28.5
Liaoning 辽　宁	5 636.2	28.2
Fujian 福　建	3 007.1	28.0
Tibet 西　藏	120.8	27.2
Hebei 河　北	6 279.9	27.2
Sichuan 四　川	5 246.7	26.7
Jilin 吉　林	2 711.7	25.9
Hunan 湖　南	3 355.1	25.7
Guizhou 贵　州	972.8	23.9
Shaanxi 陕　西	1 746.5	23.7
Qinghai 青　海	341.9	23.5
Jiangsu 江　苏	7 290.6	23.0
Yunnan 云　南	1 947.4	22.7
Guangdong 广　东	4 922.8	22.5
Henan 河　南	5 740.0	22.3
Xinjiang 新　疆	986.1	20.9
Shandong 山　东	8 548.8	20.8
Inner Mongolia 内蒙古	3 347.1	16.6
Beijing 北　京	1 949.9	15.1
Zhejiang 浙　江	3 520.2	14.1
Shanghai 上　海	1 904.8	-2.0

城镇新开工项目、施工项目与固定资产投资完成额
Urban newly started, under-construction projects, and completed fixed-asset investment

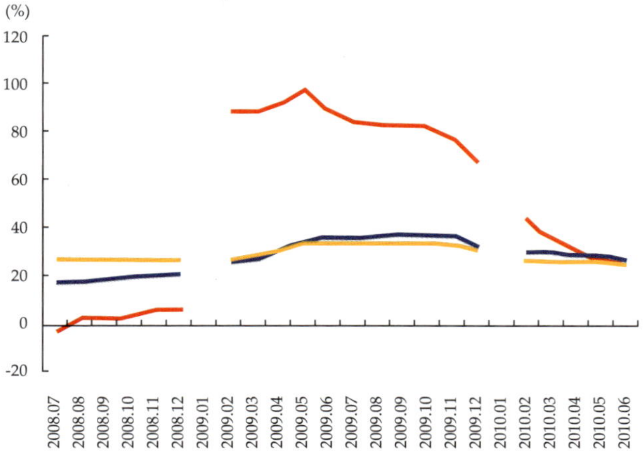

城镇累计新开工项目计划总投资同比增长率
Growth rate of accumulated planned investment of urban newly started projects (YOY)

城镇施工项目计划总投资同比增长率
Growth rate of planned investment of urban underconstruction projects (YOY)

城镇固定资产投资完成额同比增长率
Growth rate of completed urban fixed-asset investment (YOY)

2010年第二季度分省城镇固定资产投资完成额及增长率
Accumulated completed urban fixed-asset investment and growth rate by province in the second quarter of 2010

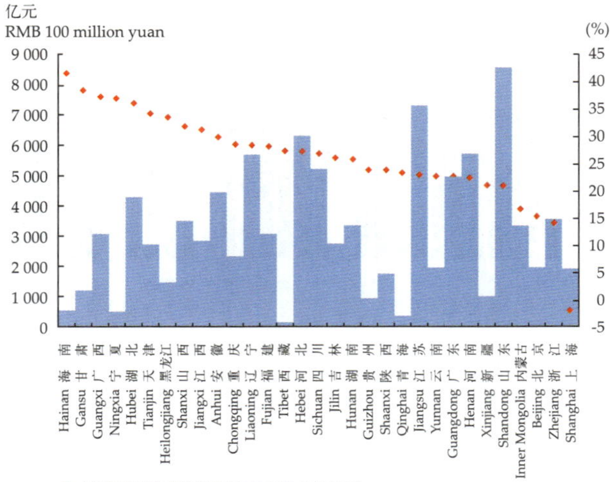

城镇固定资产投资累计完成额（左坐标）
Accumulated completed urban fixed-asset investment (LHS)

增长率（右坐标）
Growth rate (RHS)

4.房地产
(4) Real estate development

房地产开发投资按工程用途分的完成额及增长率
Real estate development investment completed and growth rate by purpose of engineering

单位：亿元　Unit: RMB 100 million yuan

年/月 Year/Month	房地产开发投资完成额 Real estate development investment completed		按工程用途分 By purpose of engineering: 住宅投资 Residential building investment		办公楼投资 Office building investment		商业用房投资 Commercial and business building investment		其他投资 Other investment	
	绝对值 Absolute value	增长率(%) Growth rate (%)	绝对值 Absolute value	增长率(%) Growth rate (%)	绝对值 Absolute value	增长率(%) Growth rate (%)	绝对值 Absolute value	增长率(%) Growth rate (%)	绝对值 Absolute value	增长率(%) Growth rate (%)
2009.01	—	—	—	—	—	—	—	—	—	—
2009.02	2 398	1.0	1 682	0.8	113	17.9	284	13.4	319	-11.0
2009.03	4 880	4.1	3 422	3.2	211	27.9	578	19.0	669	-7.1
2009.04	7 290	4.9	5 114	3.4	290	20.9	869	23.2	1 017	-4.3
2009.05	10 067	5.8	7 105	4.4	387	16.6	1 194	24.0	1 382	-2.6
2009.06	14 295	8.3	10 188	7.3	530	20.4	1 689	27.4	1 889	-2.3
2009.07	17 392	9.5	12 426	8.2	662	24.0	2 054	28.2	2 250	-0.5
2009.08	20 741	12.5	14 845	10.9	805	28.9	2 451	31.8	2 640	3.1
2009.09	24 560	15.4	17 578	13.3	956	33.3	2 900	34.5	3 125	7.9
2009.10	27 887	16.6	19 949	14.1	1 085	33.0	3 269	35.2	3 585	12.0
2009.11	31 271	17.8	22 369	15.7	1 205	30.5	3 647	35.3	4 050	12.7
2009.12	36 232	16.1	25 619	14.2	1 378	18.1	4 172	24.4	5 063	19.4
2010.01	—	—	—	—	—	—	—	—	—	—
2010.02	3 144	31.1	2 233	32.8	149	32.2	371	30.4	391	22.5
2010.03	6 594	35.1	4 552	33.0	303	43.6	755	30.6	985	47.1
2010.04	9 932	36.2	6 854	34.0	447	54.2	1 148	32.1	1 483	45.8
2010.05	13 917	38.2	9 643	35.7	591	53.0	1 612	35.0	2 071	49.8
2010.06	19 747	38.1	13 692	34.4	846	59.7	2 271	34.5	2 938	55.5

房地产开发投资按工程用途分的构成变化
Change in composition of real estate development investment by purpose of engineering

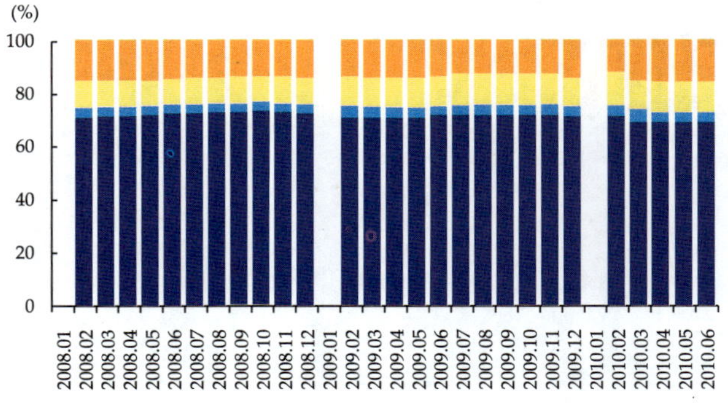

房地产开发投资按工程用途分的增长趋势
Growth of composition of real estate development investment by purpose of engineering

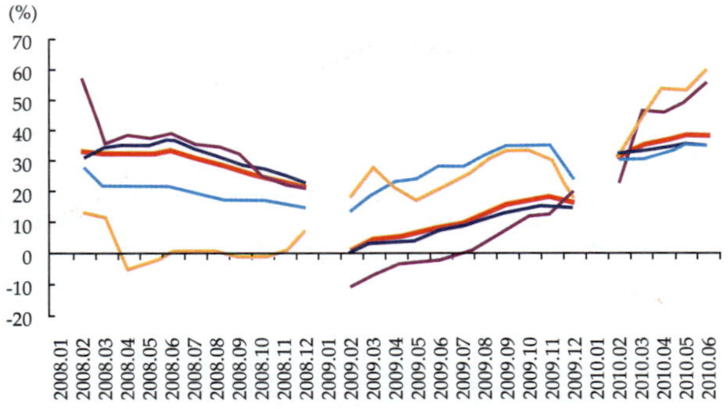

房地产开发投资按地区分的完成额及增长率
Real estate development investment completed and growth rate by region

单位：亿元　Unit: RMB 100 million yuan

年/月 Year/Month	东部地区投资 Investment in eastern area		中部地区投资 Investment in central area		西部地区投资 Investment in western area	
	绝对值 Absolute value	增长率(%) Growth rate (%)	绝对值 Absolute value	增长率(%) Growth rate (%)	绝对值 Absolute value	增长率(%) Growth rate (%)
2009.01	—	—	—	—	—	—
2009.02	1 561	-4.6	418	19.3	420	8.1
2009.03	3 067	-0.1	923	13.0	890	11.3
2009.04	4 455	1.5	1 433	12.6	1 401	8.6
2009.05	6 070	3.2	2 025	11.1	1 972	8.6
2009.06	8 457	5.9	2 993	14.1	2 845	9.9
2009.07	10 222	7.1	3 693	15.1	3 477	11.0
2009.08	12 125	10.3	4 462	18.2	4 154	13.4
2009.09	14 253	12.9	5 357	21.1	4 950	17.1
2009.10	16 123	13.5	6 118	23.3	5 645	18.9
2009.11	18 074	14.0	6 832	26.3	6 365	20.4
2009.12	21 101	15.1	7 938	26.3	7 192	20.5
2010.01	—	—	—	—	—	—
2010.02	2 020	29.4	551	31.9	572	36.4
2010.03	4 164	35.8	1 183	28.2	1 248	40.1
2010.04	6 117	37.3	1 866	30.2	1 949	39.1
2010.05	8 564	41.1	2 678	32.3	2 675	35.7
2010.06	11 860	40.3	3 989	33.2	3 898	37.0

房地产开发投资按地区分的构成变化
Change in composition of real estate development investment by region

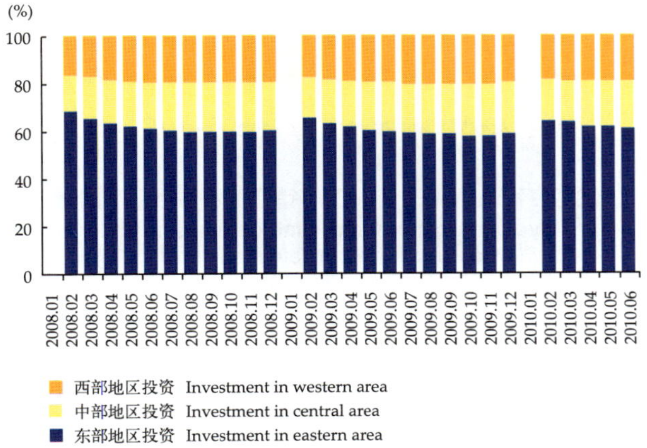

房地产开发投资按地区分的增长趋势
Growth of composition of real estate development investment by region

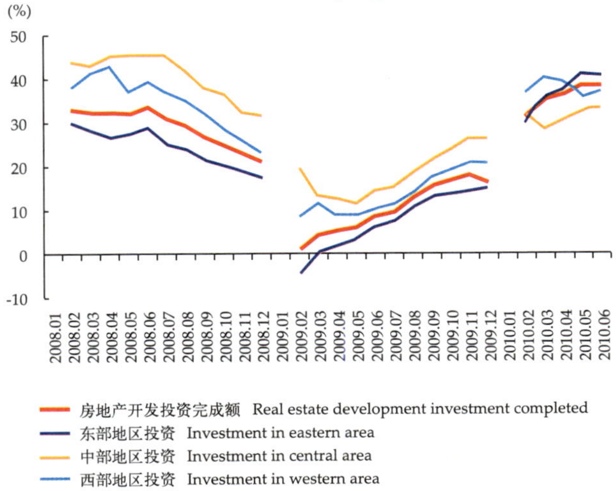

商品房建筑与销售
Construction and sales of commercial buildings

单位：亿平方米，亿元
Unit: 100 million square meters, RMB 100 million yuan

年/月 Year/Month	施工面积 Area under construction	同比增长(%) YOY growth(%)	竣工面积 Area completed	同比增长(%) YOY growth(%)	销售面积 Area sold	同比增长(%) YOY growth(%)	销售与竣工之比 Ratio of sold to completed areas	月度累计销售额 Monthly accumulated sales volume	增长率(%) Growth rate (%)
2009.04	20.1	12.4	1.3	27.1	1.8	17.5	133	7 996	35.4
2009.05	21.9	11.7	1.6	22.6	2.5	25.5	152	11 389	45.3
2009.06	24.0	12.7	2.1	22.2	3.4	31.7	165	15 800	53.0
2009.07	25.1	12.5	2.5	24.6	4.2	37.1	164	19 600	60.4
2009.08	26.3	13.5	2.9	25.0	4.9	42.9	169	23 464	69.9
2009.09	27.7	15.4	3.3	24.6	5.8	44.8	175	27 532	73.4
2009.10	28.8	16.4	3.8	22.7	6.6	48.4	176	31 529	79.2
2009.11	29.9	17.2	4.4	26.1	7.5	53.0	170	35 987	86.8
2009.12	32.0	12.8	7.0	5.5	9.4	42.1	133	43 995	75.5
2010.01	—	—	—	—	—	—	—	—	—
2010.02	21.0	29.3	0.6	8.2	0.7	38.2	117	4 116	70.2
2010.03	24.2	35.5	1.1	12.0	1.5	35.8	138	7 977	57.7
2010.04	26.5	31.7	1.5	13.5	2.3	32.8	156	12 425	55.4
2010.05	28.5	30.5	1.9	18.1	3.0	22.5	158	15 760	38.4
2010.06	30.8	28.7	2.4	18.2	3.9	15.4	161	19 820	25.4

商品房施工、竣工与销售面积
Area of commercial housing under construction, completed, and sold

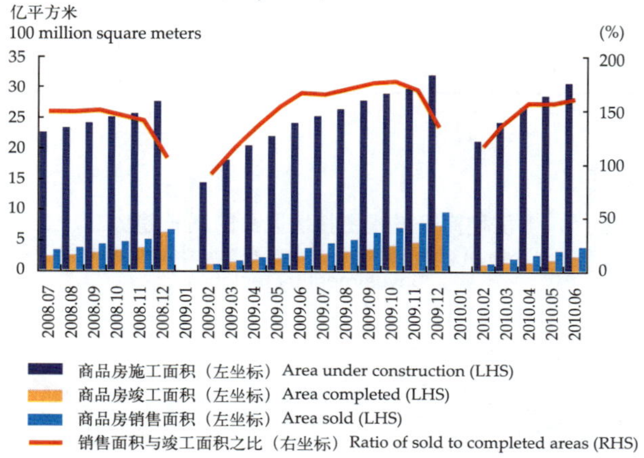

商品房施工、竣工与销售面积增长趋势
Growth of area of commercial housing under construction, completed, and sold

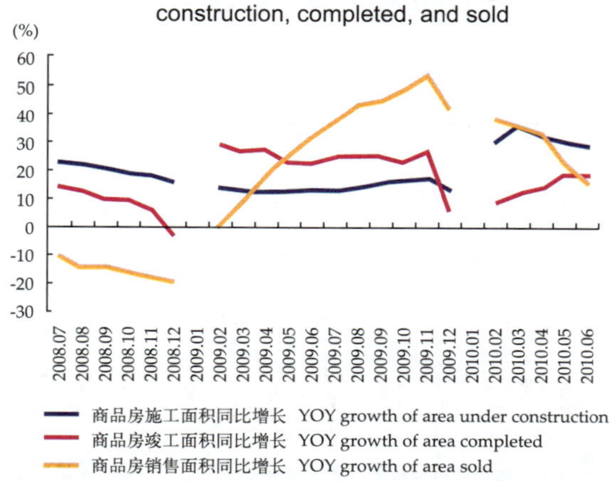

商品房销售额及其增长率
Sales volume of commercial housing and its growth rate

住宅在商品房施工、竣工与销售面积中所占的比重
Share of residences in commercial housing under construction, completed, and sold

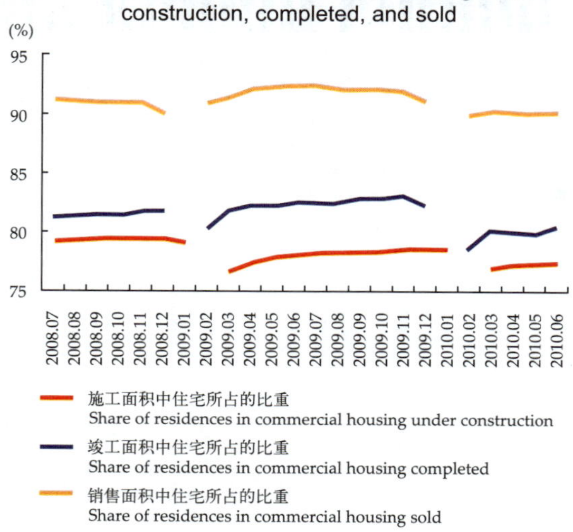

五、对外部门
5. External Sector

1.外贸
(1)Foreign trade

据世界贸易组织统计，2009年，我国货物贸易出口总值为12 020亿美元，占世界货物贸易出口总值12.46万亿美元的9.6%，比2008年上升了0.5个百分点，在全球货物贸易出口排名中位居第一位。2009年，我国货物贸易进口总值为10 060亿美元，占世界货物贸易进口总值12.65万亿美元的8.0%，比2008年提高了1个百分点，在全球货物贸易进口排名中位居第二位，位于美国之后。

According to WTO statistics, in 2009 China's export volume of goods totaled USD1,202 billion, and its share in the world total of USD12.46 trillion rose by 0.5 percentage points to 9.6 percent than that in 2008, ranking 1st in the world. China's import volume of goods reached USD1,006 billion, accounting for 8.0 percent of the world total of USD12.65 trillion, 1 percentage point higher than that in 2008. China ranks 2nd in the world after the U.S. in terms of goods imports.

2009年世界货物贸易出口前十位排名
Top ten economies in the world in terms of goods exported in 2009

			出口(10亿美元) Exports (USD billion)	比重(%) Share (%)
	世界	World total	12 461	100
1	中国	China	1 202	9.6
2	德国	Germany	1 121	9.0
3	美国	U.S.	1 057	8.5
4	日本	Japan	581	4.7
5	荷兰	Netherlands	499	4.0
6	法国	France	475	3.8
7	意大利	Italy	405	3.3
8	比利时	Belgium	370	3.0
9	韩国	Korea	364	2.9
10	英国	U.K.	351	2.8

2009年世界货物贸易进口前十位排名
Top ten economies in the world in terms of goods imported in 2009

			进口(10亿美元) Imports (USD billion)	比重(%) Share (%)
	世界	World total	12 647	100.0
1	美国	U.S.	1 604	12.7
2	中国	China	1 006	8.0
3	德国	Germany	931	7.4
4	法国	France	551	4.4
5	日本	Japan	551	4.4
6	英国	U.K.	480	3.8
7	荷兰	Netherlands	446	3.5
8	意大利	Italy	410	3.2
9	中国香港	Hongkong, China	353	2.8
10	比利时	Belgium	351	2.8

年度进出口额及其增长率
Annual imports & exports and their growth rates

单位：亿美元
Unit: USD 100 million

年 Year	进出口 Imports & Exports 总额 Total value	进出口 Imports & Exports 增长率(%) Growth rate (%)	出口 Exports 总额 Total value	出口 Exports 增长率(%) Growth rate (%)	进口 Imports 总额 Total value	进口 Imports 增长率(%) Growth rate (%)	进出口差额 Trade balance
1978	206	—	98	—	109	—	-11
1979	293	42.1	137	40.1	157	43.9	-20
1980	381	30.0	181	32.7	200	27.8	-19
1981	440	15.4	220	21.5	220	10.0	0
1982	416	-5.5	223	1.4	193	-12.4	30
1983	436	4.8	222	-0.4	214	10.9	8
1984	535	22.8	261	17.6	274	28.1	-13
1985	696	30.0	274	4.6	423	54.1	-149
1986	738	6.1	309	13.1	429	1.6	-120
1987	827	11.9	394	27.5	432	0.7	-38
1988	1 028	24.4	475	20.5	553	27.9	-78
1989	1 117	8.7	525	10.6	591	7.0	-66
1990	1 154	3.4	621	18.2	533	-9.8	87
1991	1 357	17.6	719	15.8	638	19.6	81
1992	1 655	22.0	849	18.1	806	26.3	44
1993	1 957	18.2	917	8.0	1 040	29.0	-122
1994	2 366	20.9	1 210	31.9	1 156	11.2	54
1995	2 809	18.7	1 488	23.0	1 321	14.2	167
1996	2 899	3.2	1 510	1.5	1 388	5.1	122
1997	3 252	12.2	1 828	21.0	1 424	2.5	404
1998	3 239	-0.4	1 837	0.5	1 402	-1.5	435
1999	3 606	11.3	1 949	6.1	1 657	18.2	292
2000	4 743	31.5	2 492	27.8	2 251	35.8	241
2001	5 097	7.5	2 661	6.8	2 436	8.2	225
2002	6 208	21.8	3 256	22.4	2 952	21.2	304
2003	8 510	37.1	4 382	34.6	4 128	39.8	255
2004	11 546	35.7	5 933	35.4	5 612	36.0	321
2005	14 219	23.2	7 620	28.4	6 600	17.6	1 020
2006	17 604	23.8	9 689	27.2	7 915	19.9	1 775
2007	21 766	23.6	12 205	26.0	9 561	20.8	2 643
2008	25 633	17.8	14 307	17.3	11 326	18.5	2 981
2009	22 072	-13.9	12 015	-16.0	10 057	-11.2	1 958

贸易差额
Trade balance

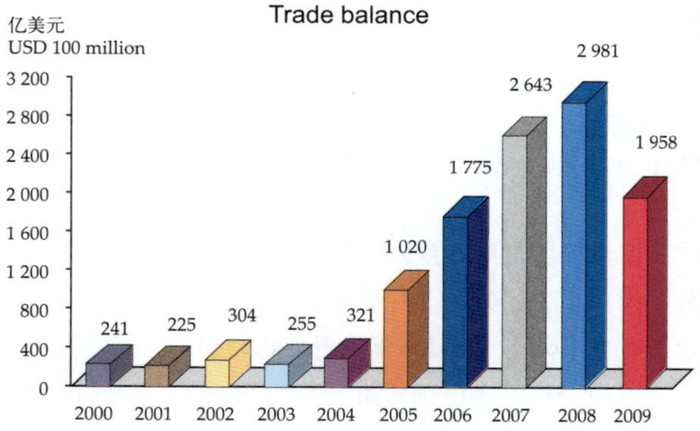

出口总值与GDP之比
Total exports over GDP

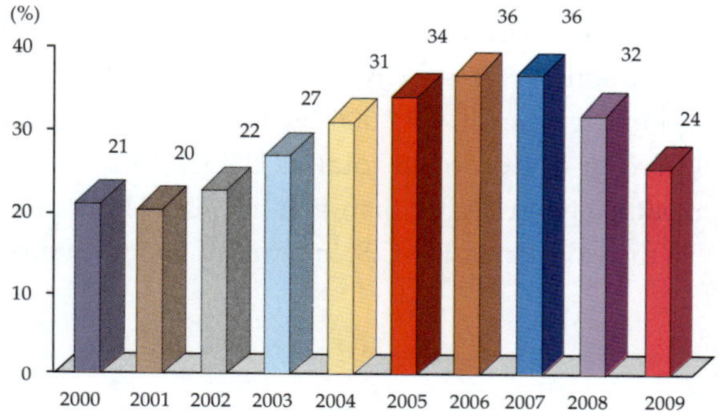

注：图中数据根据国家统计局最新数据修订。
Note: Data are revised by the National Bureau of Statistics of China.

贸易总额及其增长趋势
Total trade volume and their growth

贸易总额与GDP之比
Total trade volume over GDP

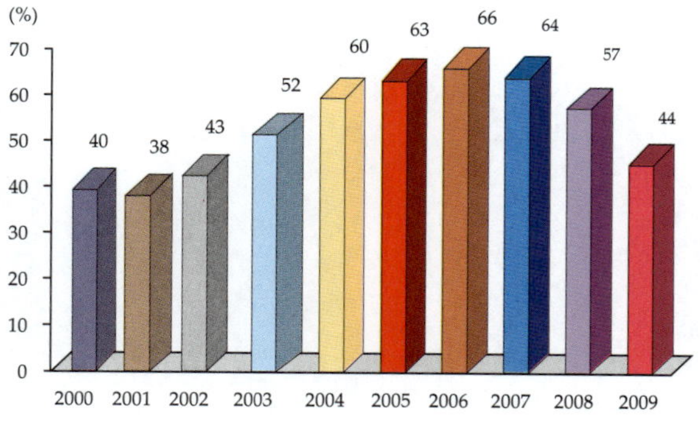

注：图中数据根据国家统计局最新数据修订。
Note: Data are revised by the National Bureau of Statistics of China.

当月进出口总值及其增长率
Total monthly imports, exports, and their growth rates

单位：亿美元
Unit: USD 100 million

年/月 Year/Month	出口总值 Total exports	进口总值 Total imports	出口同比增长率(%) Growth rate of exports (YOY)(%)	进口同比增长率(%) Growth rate of imports (YOY)(%)	当月差额 Monthly trade balance
2009.01	905	514	-17.6	-43.1	391
2009.02	649	601	-25.8	-24.0	47
2009.03	902	719	-17.2	-25.0	183
2009.04	919	790	-22.8	-22.9	129
2009.05	887	756	-26.5	-24.9	131
2009.06	955	875	-21.3	-12.9	80
2009.07	1 054	950	-23.0	-14.7	103
2009.08	1 037	881	-23.4	-16.9	156
2009.09	1 159	1 031	-15.3	-3.5	128
2009.10	1 108	868	-13.8	-6.4	240
2009.11	1 137	946	-1.2	26.7	191
2009.12	1 307	1 123	17.7	55.9	184
2010.01	1 095	953	21.0	85.5	142
2010.02	945	869	45.7	44.7	76
2010.03	1 121	1 193	24.3	66.0	-72
2010.04	1 199	1 182	30.5	49.7	17
2010.05	1 318	1 122	48.5	48.3	195
2010.06	1 374	1 174	43.9	34.1	200

月度累计进出口总值及其增长率
Total accumulated monthly imports,exports, and their growth rates

单位：亿美元
Unit: USD 100 million

年/月 Year/Month	累计出口总值 Accumulated total exports	累计进口总值 Accumulated total imports	累计出口同比增长率(%) Growth rate of accumulated exports (YOY) (%)	累计进口同比增长率(%) Growth rate of accumulated imports (YOY) (%)	累计贸易差额 Accumulated trade balance
2009.01	905	514	-17.6	-43.1	391
2009.02	1 554	1 115	-21.20	-34.20	438.52
2009.03	2 456	1 834	-19.80	-30.90	621.87
2009.04	3 375	2 624	-20.60	-28.60	751.24
2009.05	4 262	3 380	-21.90	-27.80	881.77
2009.06	5 217	4 255	-21.80	-25.20	961.82
2009.07	6 270	5 205	-22.00	-23.50	1 065.31
2009.08	7 307	6 086	-22.20	-22.60	1 220.91
2009.09	8 466	7 117	-21.30	-20.30	1 349.20
2009.10	9 574	7 981	-20.50	-19.00	1 592.29
2009.11	10 710	8 930	-18.80	-15.80	1 779.58
2009.12	12 017	10 056	-16.00	-11.20	1 960.61
2010.01	1 095	953	21.00	85.50	141.68
2010.02	2 041	1 823	31.40	63.60	217.62
2010.03	3 162	3 017	28.70	64.60	144.89
2010.04	4 361	4 199	29.20	60.10	161.12
2010.05	5 677	5 324	33.20	57.50	353.94
2010.06	7 051	6 498	35.20	52.70	552.98

当月进出口总值及其增长率
Total monthly imports, exports, and their growth rates

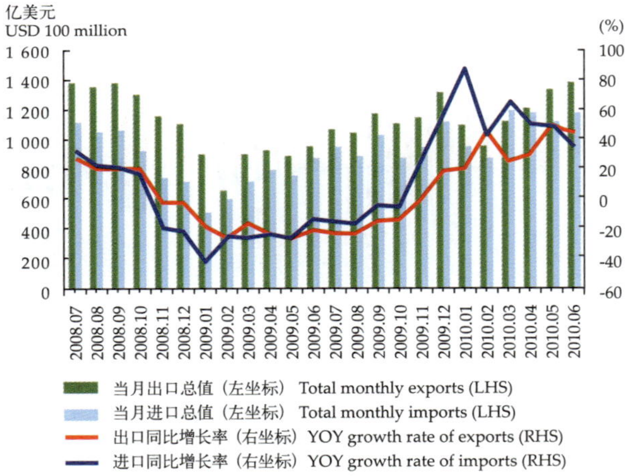

月度累计进出口总值及其增长率
Total accumulated monthly imports, exports, and their growth rates

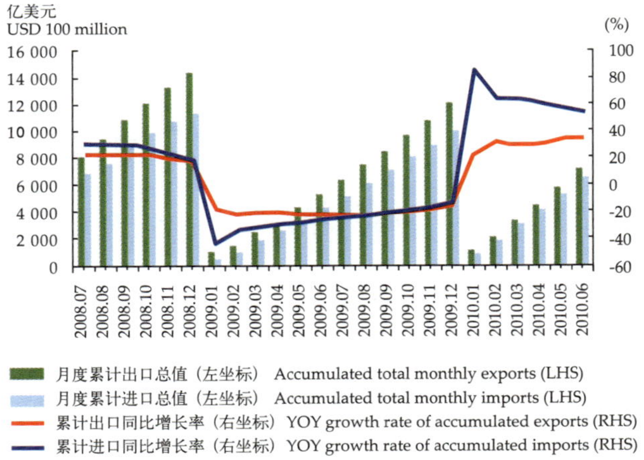

贸易差额月度变动趋势
Movement of monthly trade balance

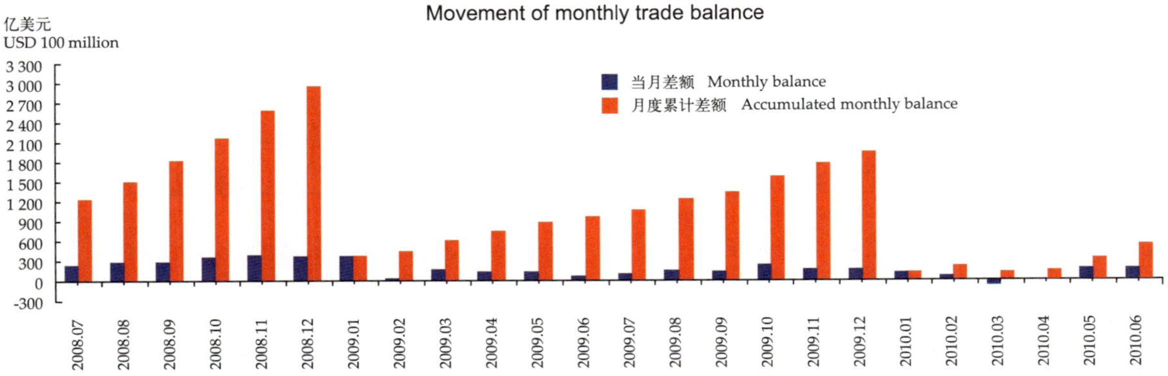

贸易差额构成
Composition of trade balance

单位：亿美元
Unit: USD 100 million

年 Year	贸易差额总计 Total trade balance	一般贸易 General trade	加工贸易 Processing trade	其他贸易 Other trade
1998	435	306	359	-230
1999	292	121	373	-202
2000	241	51	451	-261
2001	226	-16	535	-293
2002	304	71	577	-344
2003	255	-57	789	-477
2004	320	-46	1 063	-697
2005	1 019	354	1 425	-759
2006	1 775	831	1 889	-945
2007	2 639	1 098	2 491	-971
2008	2 981	899	2 968	-912
2009	1 958	-40	2 646	-646

注："贸易差额总计"根据《海关统计》月报修正。
Note: "Total trade balance" are revised by *China Monthly Exports and Imports.*

月度累计贸易差额按企业性质分
Accumulated monthly trade balance by enterprise

单位：亿美元
Unit: USD 100 million

年/月 Year/Month	国有企业 State-owned enterprises	外资企业 Foreign-funded enterprises	其他企业 Other enterprises
2009.01	16	179	195
2009.02	-38	235	242
2009.03	-104	359	369
2009.04	-179	437	496
2009.05	-257	524	621
2009.06	-348	582	736
2009.07	-463	666	872
2009.08	-561	771	1 018
2009.09	-670	860	1 165
2009.10	-757	1 025	1 324
2009.11	-857	1 151	1 485
2009.12	-975	1 270	1 665
2010.01	-92	82	152
2010.02	-200	140	278
2010.03	-362	168	339
2010.04	-521	216	466
2010.05	-638	316	676
2010.06	-763	425	891

贸易差额构成
Composition of trade balance

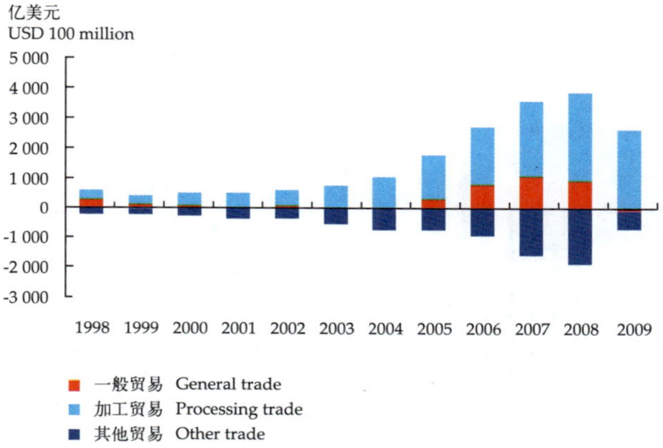

月度累计贸易差额按企业性质分
Accumulated monthly trade balance by enterprise

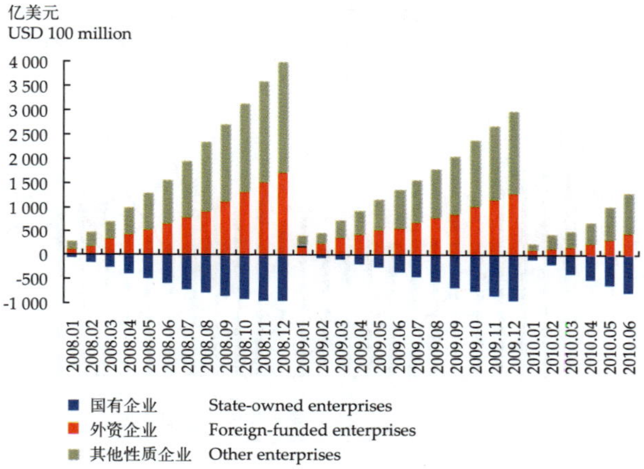

一般贸易累计进出口及其增长率
Accumulated imports and exports under general trade and their growth rates

加工贸易累计进出口及其增长率
Accumulated imports and exports under processing trade and their growth rates

据海关统计，2010年上半年，欧盟、美国和日本位居我国大陆地区贸易伙伴前三名。欧盟是我国大陆地区最大的出口市场，日本则是最大的进口来源地。我国大陆地区贸易逆差最大的来源地是我国台湾地区，其次为韩国和日本。我国大陆地区贸易顺差最大的来源地是我国香港特别行政区，其次为美国。

According to customs statistics, the EU, the U.S., and Japan were the three largest trading partners of Mainland China in the first half of 2010. The EU was the largest export market for Mainland China, and the largest import source is Japan. The largest surplus trade in bilateral trade with Mainland China was enjoyed first by China Taiwan and then by Korea and Japan. Hong Kong SAR of China trade deficit with Mainland China was the largest, followed by that of the U.S..

2010年上半年我国大陆前十位贸易伙伴
Mainland China's top ten trading partners in the first half of 2010

			贸易总额(亿美元) Trade volume (USD 100 million)	同比增长(%) YOY growth (%)	占比(%) Share (%)
1	欧盟	EU	2 194	37.2	16.2
2	美国	U.S.	1 720	30.2	12.7
3	日本	Japan	1 366	37.0	10.1
4	东盟	ASEAN	1 365	54.7	10.1
5	中国香港	HK SAR of China	991	34.9	7.3
6	韩国	Korea	979	44.7	7.2
7	中国台湾	Taiwan, China	694	61.2	5.1
8	澳大利亚	Australia	379	48.5	2.8
9	印度	India	304	34.9	2.2
10	俄罗斯	Russia	258	51.6	1.9

2010年上半年我国大陆前十位出口市场
Mainland China's top ten export markets in the first half of 2010

			出口总额(亿美元) Export volume (USD 100 million)	同比增长(%) YOY growth (%)	占比(%) Share (%)
1	欧盟	EU	1 407	36.0	20.0
2	美国	U.S.	1 245	28.2	17.7
3	中国香港	HK SAR of China	935	34.1	13.3
4	东盟	ASEAN	646	45.4	9.2
5	日本	Japan	552	25.1	7.8
6	韩国	Korea	325	36.1	4.6
7	印度	India	185	41.6	2.6
8	英国	U.K.	170	29.5	2.4
9	中国台湾	Taiwan, China	137	65.4	1.9
10	俄罗斯	Russia	74	59.2	1.1

2010年上半年我国大陆前十位进口来源地
Mainland China's top ten import sources in the first half of 2010

			进口总额(亿美元) Import volume (USD 100 million)	同比增长(%) YOY growth (%)	占比(%) Share (%)
1	日本	Japan	814	46.3	12.5
2	欧盟	EU	787	39.4	12.1
3	东盟	ASEAN	719	64.0	11.1
4	韩国	Korea	655	49.6	10.1
5	中国台湾	Taiwan, China	557	60.1	8.6
6	美国	U.S.	475	35.6	7.3
7	澳大利亚	Australia	260	54.6	4.0
8	巴西	Brazil	161	39.6	2.5
9	沙特阿拉伯	Saudi Arabia	153	81.2	2.3
10	俄罗斯	Russia	140	46.7	2.2

2010年上半年我国大陆前十位贸易顺差来源地
Mainland China's top ten sources of trade surplus in the first half of 2010

			顺差额(亿美元) Trade surplus (USD100 million)	同比增长(%) YOY growth (%)
1	中国香港	HK SAR of China	879	33.2
2	美国	U.S.	771	24.0
3	欧盟	EU	620	32.0
4	英国	U.K.	119	23.8
5	阿拉伯联合酋长国	UAE	80	8.2
6	印度	India	65	1.3
7	巴拿马	Panama	50	94.6
8	墨西哥	Mexico	48	40.9
9	土耳其	Turkey	41	33.5
10	波兰	Poland	35	41.7

2010年上半年我国大陆前十位贸易逆差来源地
Mainland China's top ten sources of trade deficit in the first half of 2010

			逆差额(亿美元) Trade deficit (USD100 million)	同比增长(%) YOY growth (%)
1	中国台湾	Taiwan, China	420	58.5
2	韩国	Korea	330	65.8
3	日本	Japan	263	126.7
4	澳大利亚	Australia	143	72.9
5	沙特阿拉伯	Saudi Arabia	105	155.0
6	东盟	ASEAN	73	—
7	瑞士	Switzerland	72	312.6
8	巴西	Brazil	57	—
9	智利	Chile	53	64.1
10	阿曼	Oman	41	96.5

我国大陆对美国进出口及其增长趋势

Mainland China's imports from and exports to the U.S. and their growth

我国大陆对美国贸易总额和贸易差额

Mainland China's trade volume and trade balance with the U.S.

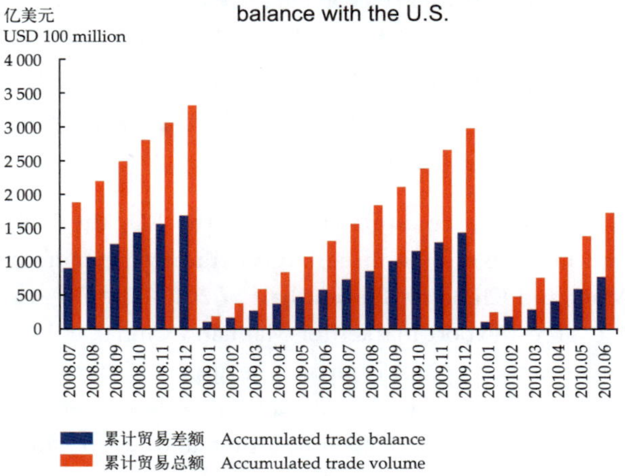

我国大陆对欧盟进出口及其增长趋势

Mainland China's imports from and exports to the EU and their growth

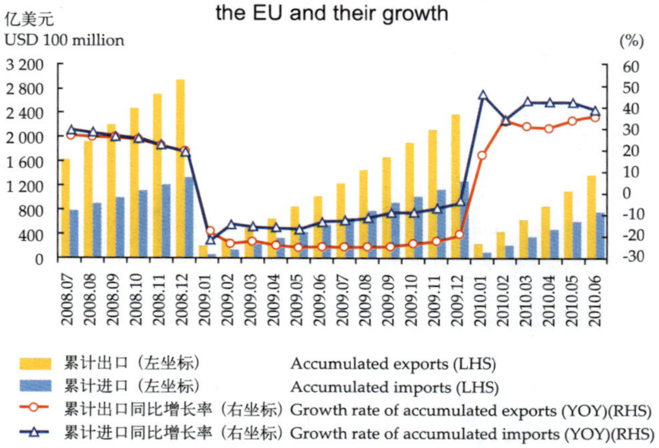

我国大陆对欧盟贸易总额和贸易差额

Mainland China's trade volume and trade balance with the EU

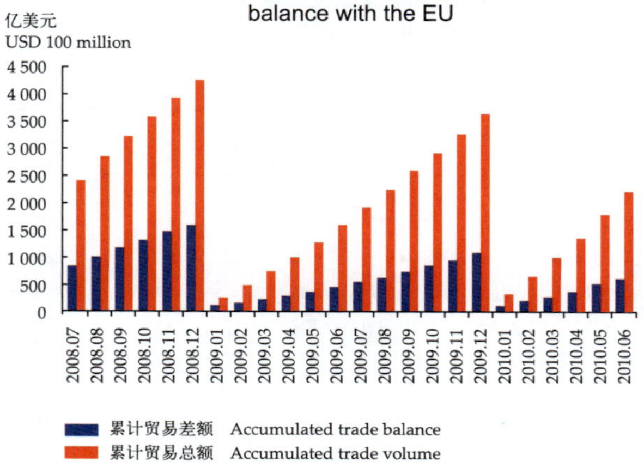

我国大陆对日本进出口及其增长趋势

Mainland China's imports from and exports to Japan and their growth

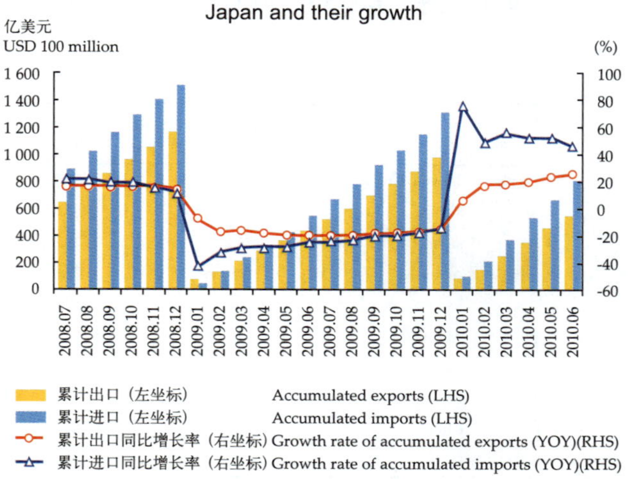

我国大陆对日本贸易总额和贸易差额

Mainland China's trade volume and trade balance with Japan

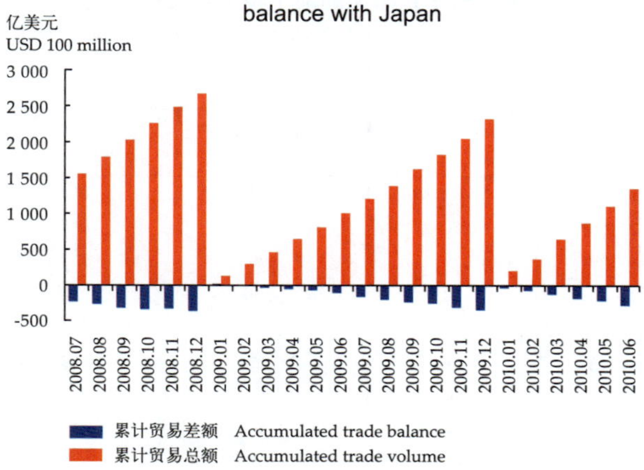

我国大陆对东盟进出口及其增长趋势
Mainland China's imports from and exports to ASEAN and their growth

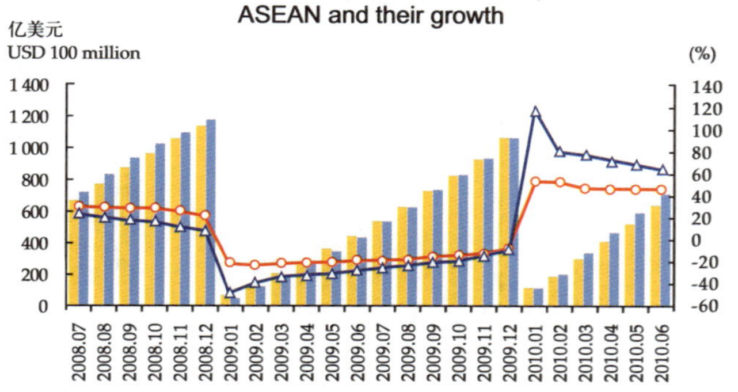

累计出口（左坐标）　Accumulated exports (LHS)
累计进口（左坐标）　Accumulated imports (LHS)
累计出口同比增长率（右坐标）Growth rate of accumulated exports (YOY)(RHS)
累计进口同比增长率（右坐标）Growth rate of accumulated imports (YOY)(RHS)

我国大陆对东盟贸易总额和贸易差额
Mainland China's trade volume and trade balance with ASEAN

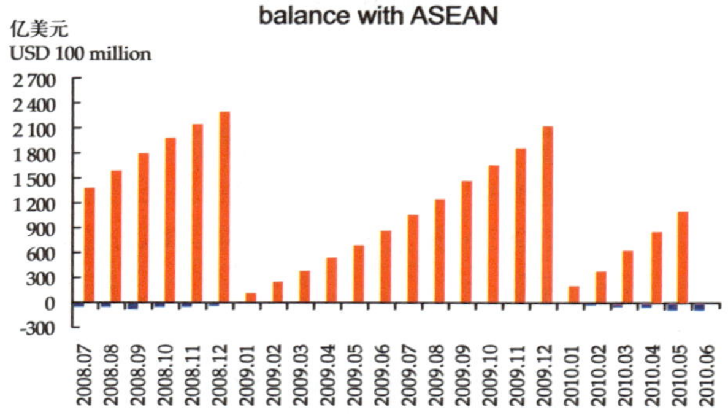

累计贸易差额　Accumulated trade balance
累计贸易总额　Accumulated trade volume

我国大陆对我国香港地区进出口及其增长趋势
Mainland China's imports from and exports to Hong Kong SAR of China and their growth

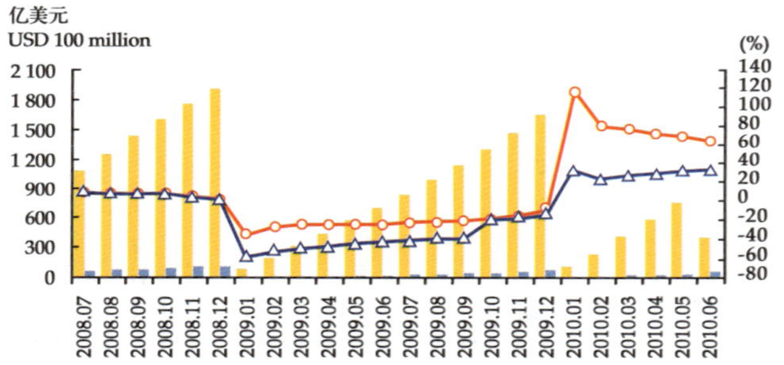

累计出口（左坐标）　Accumulated exports (LHS)
累计进口（左坐标）　Accumulated imports (LHS)
累计出口同比增长率（右坐标）Growth rate of accumulated exports (YOY)(RHS)
累计进口同比增长率（右坐标）Growth rate of accumulated imports (YOY)(RHS)

我国大陆对我国香港地区贸易总额和贸易差额
Mainland China's trade volume and trade balance with Hong Kong SAR of China

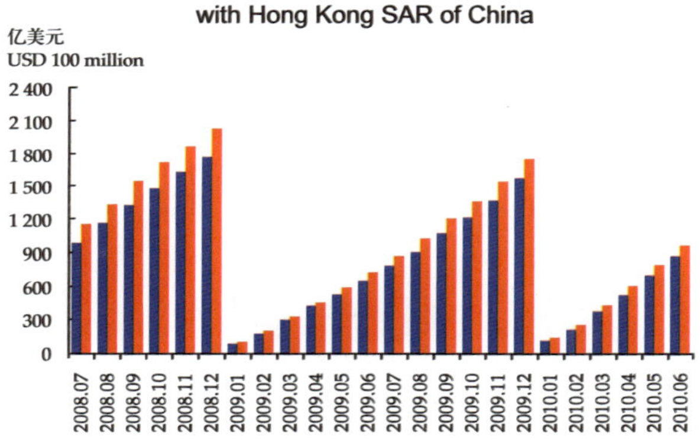

累计贸易差额　Accumulated trade balance
累计贸易总额　Accumulated trade volume

我国大陆对我国台湾地区进出口及其增长趋势
Mainland China's imports from and exports to China Taiwan and their growth

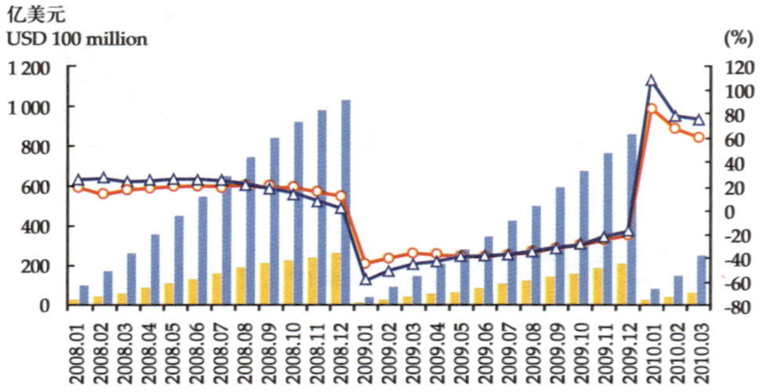

累计出口（左坐标）　Accumulated exports (LHS)
累计进口（左坐标）　Accumulated imports (LHS)
累计出口同比增长率（右坐标）Growth rate of accumulated exports (YOY)(RHS)
累计进口同比增长率（右坐标）Growth rate of accumulated imports (YOY)(RHS)

我国大陆对我国台湾地区贸易总额和贸易差额
Mainland China's trade volume and trade balance with China Taiwan

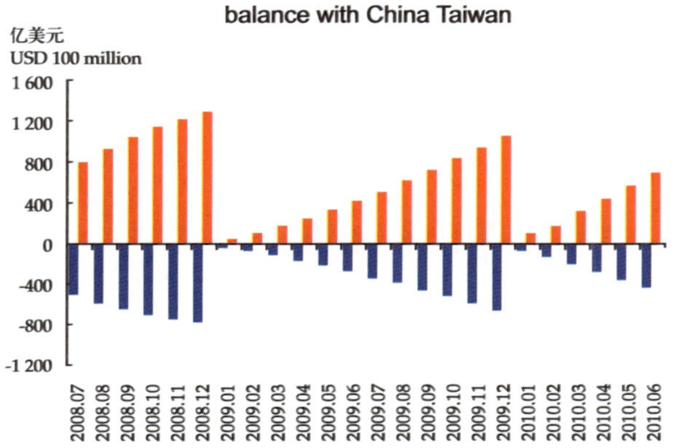

累计贸易差额　Accumulated trade balance
累计贸易总额　Accumulated trade volume

2.外资
(2) Foreign investment

据联合国贸易与发展会议2010年7月发布的《2009年世界投资报告》，中国以950亿美元流入量成为2009年全球发展中国家中第二大外国直接投资接受国，报告指出：2009年全球外国直接投资流入量为1.1万亿美元，较上年下降37%。

另据商务部统计，2009年，新批设立外商投资企业23 435家，实际使用外资金额900.33亿美元。

According to the UNCTAD's *World Investment Report 2009* published in July 2010, China became the world's number 2 recipient of foreign direct investment (FDI) among developing countries in 2009, with capital inflows of USD95.0 billion. It is pointed out in the report that global FDI inflows decreased by 37% to USD1.1 trillion in 2010.

According to statistics of the Ministry of Commerce, in 2009, 23,435 foreign-invested enterprises were approved for incorporation in China, with actual utilized FDI reaching USD90.033 billion.

实际利用外商直接投资及其增长趋势
Actual utilized foreign direct investments and its growth

单位：亿美元
Unit: USD 100 million

年 Year	绝对值 Absolute value	增长率(%) Growth rate (%)
1985	19.6	37.8
1986	22.4	14.7
1987	23.1	3.1
1988	31.9	38.0
1989	34.9	9.3
1990	33.9	-2.9
1991	43.7	28.7
1992	110.1	152.1
1993	275.2	150.0
1994	337.7	22.7
1995	375.2	11.1
1996	417.3	11.2
1997	452.6	8.5
1998	454.6	0.5
1999	403.2	-11.3
2000	407.2	1.0
2001	468.5	14.9
2002	527.4	12.6
2003	535.1	1.4
2004	606.3	13.3
2005	603.3	-0.5
2006	630.2	4.5
2007	747.7	13.6
2008	924.0	23.6
2009	900.3	-2.6

实际利用外商直接投资及其增长率
Actual utilized foreign direct investments and their growth rates

月度累计实际外商直接投资
Accumulated utilized FDI on a monthly basis

单位：亿美元
Unit: USD 100 million

年/月 Year/Month	实际外商直接投资累计金额 Accumulated utilized FDI	实际外商直接投资累计同比增长率(%) Growth rate of accumulated utilized FDI(YOY)(%)
2009.01	75	-32.7
2009.02	134	-26.2
2009.03	218	-20.6
2009.04	277	-21.0
2009.05	341	-20.4
2009.06	430	-17.9
2009.07	484	-20.4
2009.08	559	-17.5
2009.09	638	-14.3
2009.10	709	-12.6
2009.11	779	-9.9
2009.12	900	-2.6
2010.01	81	7.8
2010.02	140	4.9
2010.03	234	7.7
2010.04	308	11.3
2010.05	389	14.3
2010.06	514	19.6

月度累计实际外商直接投资
Accumulated utilized FDI on a monthly basis

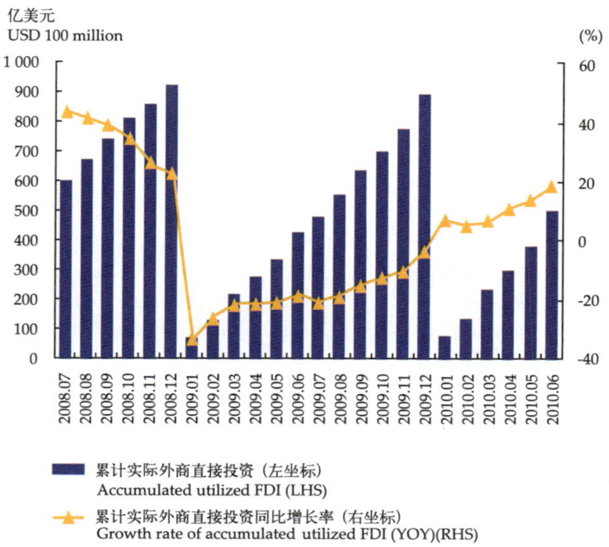

3.国际收支
(3) Balance of payments (BOP)

1992年以来中国国际收支变化趋势
Movement of China's balance of payments since 1992

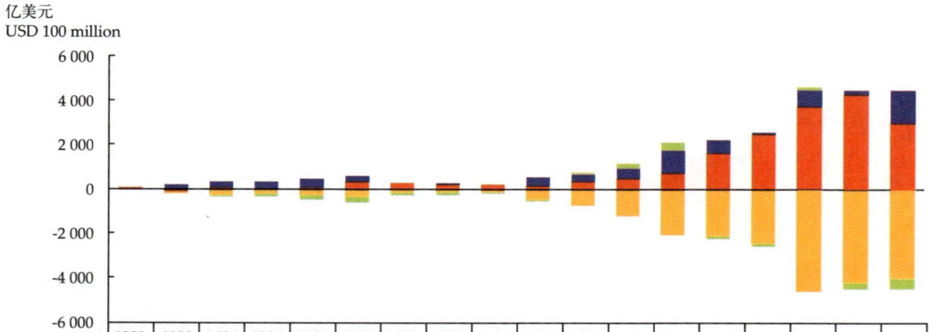

	1992	1993	1994	1995	1996	1997	1998	1999	2000	2001	2002	2003	2004	2005	2006	2007	2008	2009
净误差与遗漏差额 Balance of errors and omissions (net)	-83	-98	-98	-178	-156	-223	-187	-178	-119	-49	78	184	270	-168	-129	164	-261	-435
储备资产差额 Balance of reserve assets	21	-18	-305	-225	-316	-357	-64	-85	-105	-473	-755	-1 170	-2 064	-2 070	-2 470	-4 617	-4 190	-3 984
资本和金融项目差额 Balance of capital and financial accounts	-3	235	326	387	400	210	-63	52	19	348	323	527	1 107	630	67	735.1	189.6	1 448
经常项目差额 Balance of current account	64	-119	77	16	72	370	315	211	205	174	354	459	687	1 608	2 533	3 718	4 261	2 971

注：储备资产的增加用负值表示，储备资产的减少用正值表示。
Note: The increase in the reserve assets is expressed in a negative figure and the decrease in the reserve assets is expressed in a positive figure.

2010年第一季度国际收支平衡表简表
BOP sheet in the first quarter of 2010

单位：亿美元
Unit: USD 100 million

项　目 Items		差额 Balance	贷方 Credit	借方 Debit
一、经常项目	**Current account**	536	3 950	3 414
A．货物和服务	Goods and services	230	3 526	3 295
a.货物	Goods	303	3 167	2 864
b.服务	Services	-72	359	431
B．收益	Yields	211	312	101
C．经常转移	Current transfers	95	112	17
二、资本和金融项目	**Capital and financial accounts**	642	2 133	1 491
A．资本项目	Capital account	12	12	1
B．金融项目	Financial account	631	2 121	1 490
1.直接投资	Direct investment	155	304	149
1.1 我国在外直接投资	FDI outflow	-82	20	102
1.2 外国在华直接投资	FDI inflow	237	284	47
2.证券投资	Portfolio investment	22	112	90
2.1 资产	Assets	6	94	88
2.2 负债	Liabilities	16	19	3
3.其他投资	Other investment	454	1 705	1 251
三、储备资产	**Reserve assets**	-960	0	960
3.1 货币黄金	Monetary gold	0	0	0
3.2 特别提款权	SDRs	-1	0	1
3.3 在国际货币基金组织的储备头寸	Reserve position in IMF	0	0	0
3.4 外汇	Foreign exchange	-959	0	959
3.5 其他债权	Other claims	0	0	0
四、净误差与遗漏	**Errors and omissions (net)**	-219	0	219

4.外汇储备
(4) Foreign exchange reserves

外汇储备及其增长率
Foreign exchange reserves and their growth rates

单位：亿美元
Unit: USD 100 million

年/月 Year/Month	外汇储备 Foreign exchange reserves	同比增长率(%) Growth rate (YOY)(%)
2009.01	19 135	20.4
2009.02	19 121	16.1
2009.03	19 537	16.1
2009.04	20 089	14.4
2009.05	20 895	16.3
2009.06	21 316	17.8
2009.07	21 746	17.9
2009.08	22 108	17.3
2009.09	22 726	19.3
2009.10	23 283	23.9
2009.11	23 888	26.7
2009.12	23 992	23.3
2010.01	24 152	26.2
2010.02	24 246	26.8
2010.03	24 471	25.3
2010.04	24 905	24.0
2010.05	24 395	16.8
2010.06	24 543	15.1

外汇储备及其增长率
Foreign exchange reserves and their growth rates

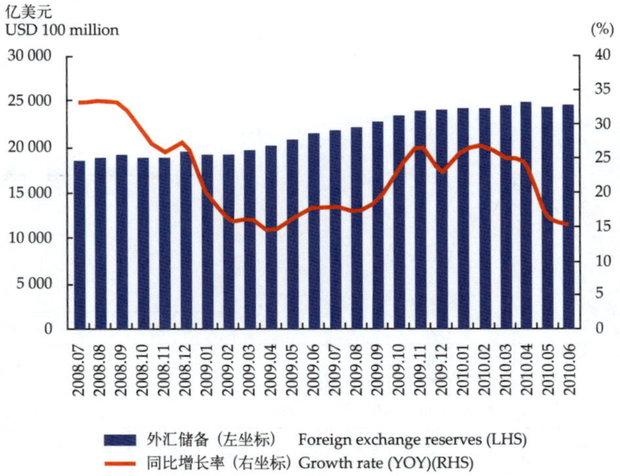

5.外债
(5) External debt

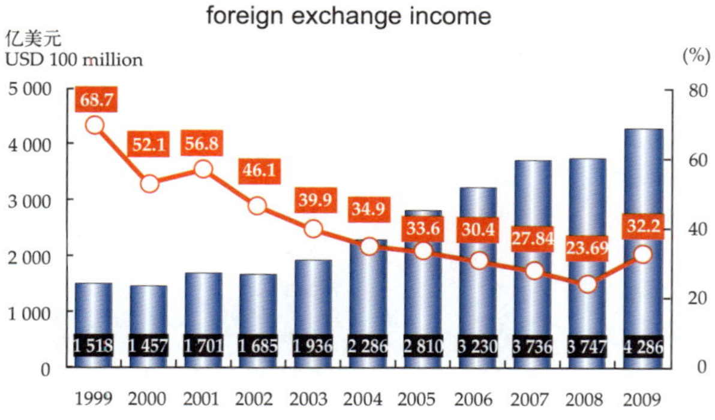

2010年第一季度末外债数据
External debt balance at the end of the first quarter of 2010

单位：亿美元
Unit: USD 100 million

	登记外债 Registered external debt	国务院部委 Government ministries	中资金融机构 Chinese financial institutions	外商投资企业 Foreign investment enterprises	中资企业 Chinese enterprises	境内外资金融机构 Domestic foreign financial institutions	其他 Others	贸易信贷 Trade credit	合计 Total
外债余额 Debt balance	2 764.36	384.30	986.55	940.15	41.45	408.82	3.09	1 668.00	4 432.36
比重(%) Share (%)	100	13.90	35.69	34.01	1.50	14.79	0.11	—	—

注：2010年第一季度，我国新借入中长期外债81.51亿美元，还本56.34亿美元，付息6.94亿美元。
Note: In the first of 2010, China borrowed medium- and long-term external debts totaling USD8.151 billion and repaid principal in the amount of USD5.634 billion and interest in the amount of USD0.694 billion.

2010年3月末外债债务结构
External debt structure at the end of March 2010

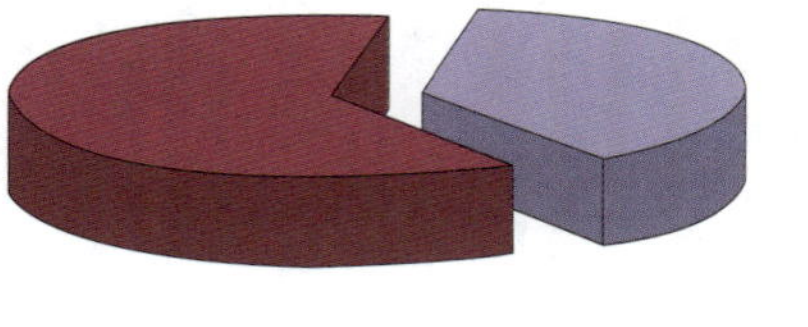

2010年3月末，我国外债余额为4 432.36亿美元，比上年年末增加145.89亿美元，上升3.4%。其中，中长期外债余额为1 670.34亿美元，占外债余额的37.7%，比上年年末减少23.54亿美元；短期外债余额为2 762.02亿美元，占外债余额的62.3%，比上年年末增加169.43亿美元。

China's outstanding balance of external debt increased by 3.4 percent or USD14.589 billion at the end of March 2010 to USD443.236 billion, among which USD167.034 billion or 37.7 percent was medium- and long-term external debt, an decreased of USD2.354 billion in the first quarter of 2010. USD276.202 billion or 62.3 percent was short-term debt, an increase of USD16.943 billion in the first quarter of 2010.

六、财政收支与债务
6. Fiscal Revenue, Expenditure and Debt

年度财政收入、财政支出及其增长趋势
Annual budgetary revenue, budgetary expenditure, and their growth

单位：亿元
Unit: RMB 100 million yuan

年 Year	财政收入 Budgetary revenue	财政支出 Budgetary expenditure	财政收入同比增长率(%) Growth rate of budgetary revenue (YOY) (%)	财政支出同比增长率(%) Growth rate of budgetary expenditure (YOY)(%)
1993	4 349	4 642	24.8	24.1
1994	5 218	5 793	20.0	24.8
1995	6 242	6 824	19.6	17.8
1996	7 408	7 938	18.7	16.3
1997	8 651	9 234	16.8	16.3
1998	9 876	10 798	14.2	16.9
1999	11 444	13 188	15.9	22.1
2000	13 395	15 887	17.0	20.5
2001	16 386	18 903	22.3	19.0
2002	18 904	22 053	15.4	16.7
2003	21 715	24 650	14.9	11.8
2004	26 396	28 487	21.6	15.6
2005	31 649	33 930	19.9	19.1
2006	38 760	40 423	22.5	19.1
2007	51 322	49 781	32.4	23.2
2008	61 330	62 593	19.5	25.7
2009	68 477	75 874	11.7	21.2

月度累计财政收支增长率与收支差额
Monthly growth rate and balance of accumulated fiscal revenue and expenditure

单位：亿元
Unit: RMB 100 million yuan

年/月 Year/Month	财政收入累计同比增长率(%) Growth rate of accumulated fiscal revenue(YOY)(%)	财政支出累计同比增长率(%) Growth rate of accumulated fiscal expenditure(YOY)(%)	累计财政收支差额 Balance of accumulated fiscal revenue and expenditure
2009.01	-17.1	32.5	2 138
2009.02	-11.4	37.0	2 436
2009.03	-8.3	34.8	1 831
2009.04	-9.9	31.7	2 650
2009.05	-6.7	27.8	4 612
2009.06	-2.4	26.3	5 074
2009.07	0.5	23.5	6 784
2009.08	2.6	22.7	7 284
2009.09	5.3	24.1	6 316
2009.10	7.5	23.0	8 478
2009.11	9.2	22.7	7 157
2009.12	11.7	21.2	-7 397
2010.01	41.2	-13.2	5 193
2010.02	32.9	7.7	5 198
2010.03	34.0	11.9	5 297
2010.04	34.1	11.3	7 647
2010.05	30.8	14.2	9 778
2010.06	27.6	17.0	9 538

年度财政收入、财政支出及其增长趋势
Annual budgetary revenue, budgetary expenditure, and their growth

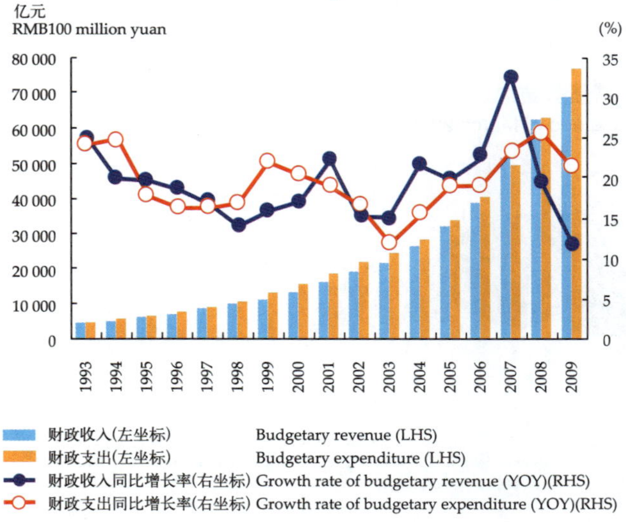

月度累计财政收支增长率与收支差额
Monthly growth rate and balance of accumulated fiscal revenue and expenditure

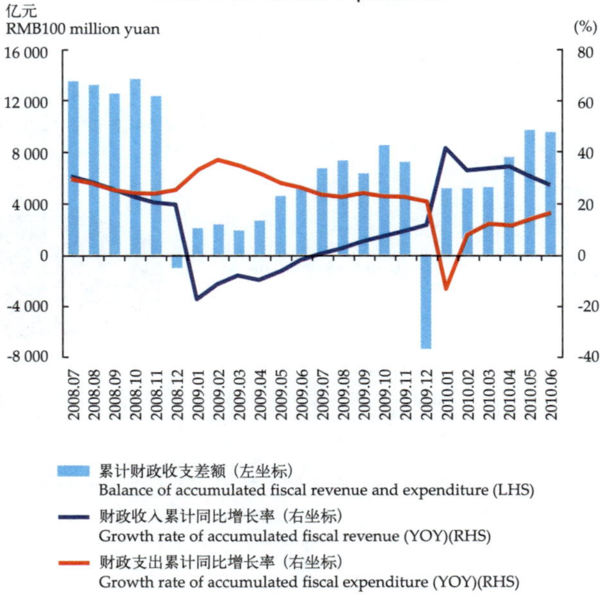

中央财政收支在全部财政收支中所占的比重
Ratio of revenues and expenditures of the central government to total fiscal revenues and expenditures

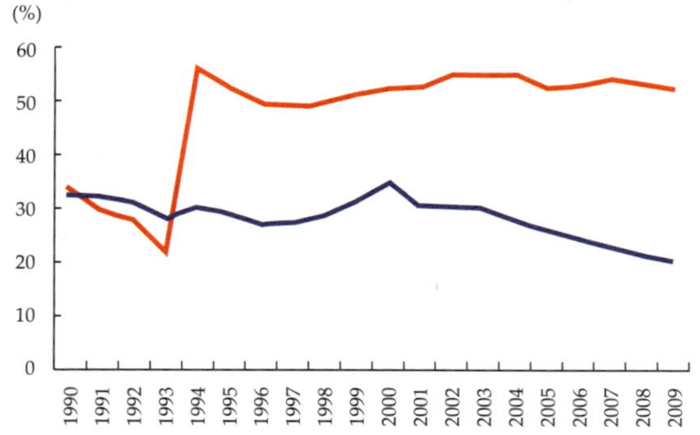

中央财政收入占全部财政收入的百分比
Revenues of central government as a percentage of total fiscal revenues
中央财政支出占全部财政支出的百分比
Expenditures of central government as a percentage of total fiscal expenditures

财政风险
Fiscal risks

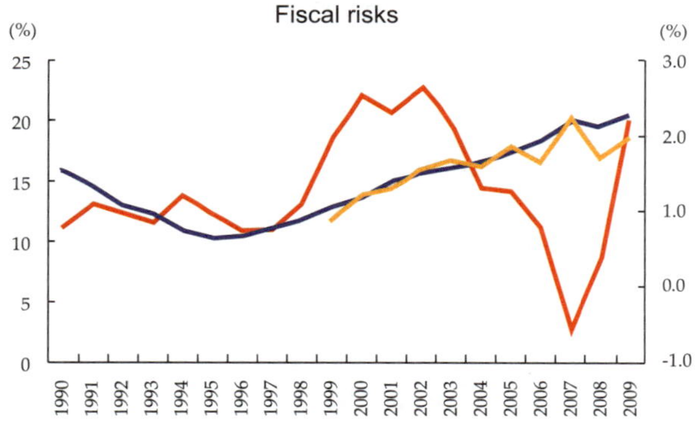

财政赤字/GDP（右坐标）
Fiscal deficit to GDP ratio (RHS)
财政收入/GDP（左坐标）
Fiscal revenue to GDP ratio (LHS)
国债余额/GDP（左坐标）
Outstanding government debt to GDP ratio (LHS)

2010年主要预算指标：

2010年，中央财政预算收入为38 060亿元，比2009年执行数（下同）增加2 163.86亿元，增长6%。从中央预算稳定调节基金中调入100亿元。合计收入为38 160亿元。中央财政预算支出46 660亿元，增加2 758.86亿元，增长6.3%。中央财政收支相抵，赤字8 500亿元，增加1 000亿元。相应增加国债发行规模，中央财政国债余额限额71 208.35亿元。

汇总中央预算和地方预算安排，全国财政收入73 930亿元，增长8%，加上从中央预算稳定调节基金调入100亿元，可安排的收入为74 030亿元；全国财政支出84 530亿元，增长11.4%。全国财政收支差额为10 500亿元。

Budgetary targets for 2010:

In 2010, revenue in the central budget will reach 3.806 trillion yuan, an increase of 216.386 billion yuan or 6% over the figure for 2009 (here and below). The central budget stabilization fund will contribute 10 billion yuan, bringing total revenue to 3.816 trillion yuan. Expenditures in the central budget will reach 4.666 trillion yuan, an increase of 275.886 billion yuan or 6.3%. Expenditures in the central budget will exceed revenue, resulting in a deficit of 850 billion yuan, an increase of 100 billion yuan. With a corresponding increase in the volume of government bonds issued, the limit for the outstanding balance of government bonds issued by the central government will be 7.120835 trillion yuan.

Total combined revenue of central and local governments is budgeted at 7.393 trillion yuan, an increase of 8%. Adding 10 billion yuan from the central budget stabilization fund, total national revenue is projected to reach 7.403 trillion yuan. Total national expenditures are budgeted at 8.453 trillion yuan, up 11.4%. Total expenditures will exceed total revenue by 1.05 trillion yuan.

七、货币银行
7. Money and Banking

1.货币供应量
(1) Money supply

年度M0、M1、M2及其变化趋势
Annual M0, M1, and M2 and their changes

单位：万亿元
Unit: RMB trillion yuan

年 Year	M0	M1	M2	M0同比增长率(%) Growth rate of M0 (YOY)(%)	M1同比增长率(%) Growth rate of M1 (YOY)(%)	M2同比增长率(%) Growth rate of M2 (YOY)(%)
1991	0.3	0.9	1.9	20.2	24.2	26.5
1992	0.4	1.2	2.5	36.4	35.9	31.3
1993	0.6	1.6	3.5	35.3	38.8	37.3
1994	0.7	2.1	4.7	24.3	26.2	34.5
1995	0.8	2.4	6.1	8.2	16.8	29.5
1996	0.9	2.9	7.6	11.6	18.9	25.3
1997	1.0	3.5	9.1	15.6	22.1	19.6
1998	1.1	3.9	10.4	10.1	11.9	14.8
1999	1.3	4.6	12.0	20.1	17.7	14.7
2000	1.5	5.3	13.5	8.9	15.9	12.3
2001	1.6	6.0	15.8	7.1	12.7	17.6
2002	1.7	7.1	18.5	10.1	18.4	16.9
2003	2.0	8.4	22.1	14.3	18.7	19.6
2004	2.1	9.6	25.4	8.7	13.6	14.7
2005	2.4	10.7	29.9	11.9	11.8	17.6
2006	2.7	12.6	34.6	12.7	17.5	17.0
2007	3.0	15.3	40.3	12.2	21.0	16.7
2008	3.4	16.6	47.5	12.7	9.1	17.8
2009	3.8	22.0	60.6	11.8	32.4	27.7

月度M0、M1、M2及其变化趋势
Monthly M0, M1, and M2 and their changes

单位：万亿元
Unit: RMB trillion yuan

年/月 Year/Month	M0	M1	M2	M0同比增长率(%) Growth rate of M0 (YOY)(%)	M1同比增长率(%) Growth rate of M1 (YOY)(%)	M2同比增长率(%) Growth rate of M2 (YOY)(%)
2009.01	4.1	16.5	49.6	12.0	6.7	18.8
2009.02	3.5	16.7	50.7	8.3	10.9	20.4
2009.03	3.4	17.7	53.1	10.9	17.0	25.5
2009.04	3.4	17.8	54.0	11.3	17.5	26.0
2009.05	3.4	18.2	54.8	11.2	18.7	25.7
2009.06	3.4	19.3	56.9	11.5	24.8	28.5
2009.07	3.4	19.6	57.3	11.6	26.4	28.4
2009.08	3.4	20.0	57.7	11.5	27.7	28.5
2009.09	3.7	20.2	58.5	16.0	29.5	29.3
2009.10	3.6	20.8	58.6	14.1	32.0	29.4
2009.11	3.6	21.3	59.5	15.0	34.6	29.7
2009.12	3.8	22.0	60.6	11.8	32.4	27.7
2010.01	4.1	23.0	62.5	-0.8	39.0	26.0
2010.02	4.3	22.4	63.6	22.0	35.0	25.5
2010.03	3.9	22.9	65.0	15.8	29.9	22.5
2010.04	4.0	23.4	65.7	15.8	31.3	21.5
2010.05	3.9	23.6	66.3	15.2	29.9	21.0
2010.06	3.9	24.1	67.4	15.7	24.6	18.5

货币供应量与货币流动性
Money supply and monetary liquidity

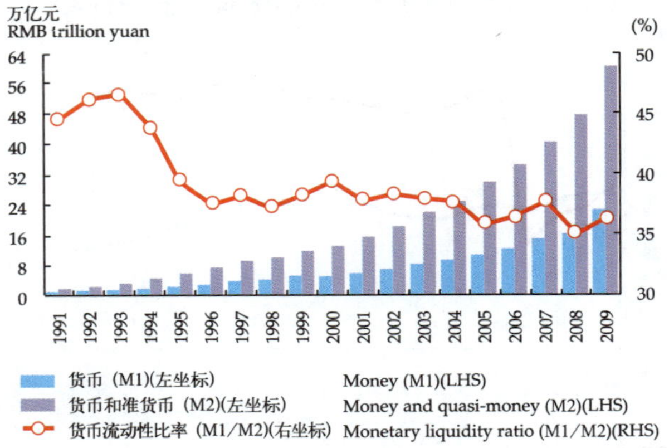

年度M0、M1、M2及其变化趋势
Annual M0, M1 and M2 and their changes

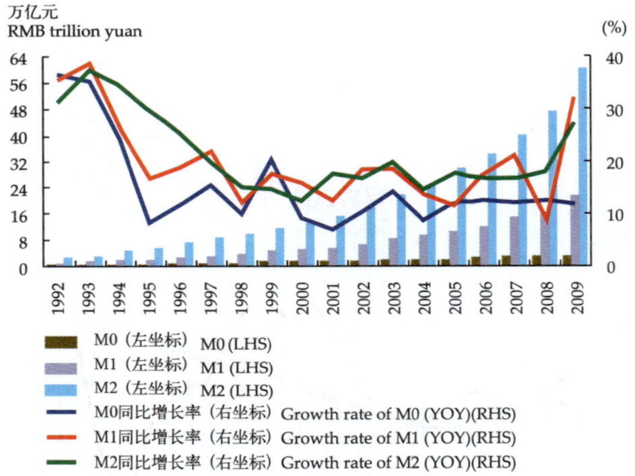

月度M0、M1、M2及其变化趋势
Monthly M0, M1 and M2 and their changes

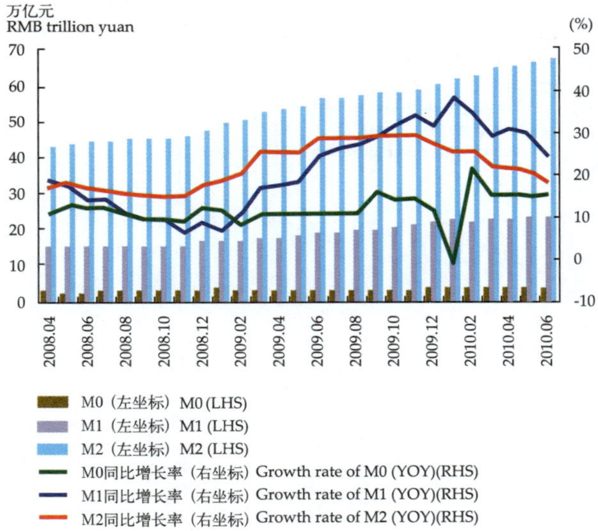

货币供应量构成
Composition of money supply

单位：亿元
Unit: RMB 100 million yuan

年/月 Year/Month	货币和准货币 Money & quasi-money M2	货币 Money M1	流通中现金 Currency in circulation M0	活期存款 Demand deposits	准货币 Quasi-money	定期存款 Time deposits	储蓄存款 Savings deposits	其他存款 Other deposits
2009.01	496 112	165 207	41 803	124 125	330 905	63 564	233 208	34 133
2009.02	507 065	166 508	35 142	131 367	340 557	64 003	237 488	39 066
2009.03	530 627	176 541	33 746	142 795	354 086	68 478	243 070	42 537
2009.04	540 481	178 214	34 257	143 956	362 268	72 406	244 235	45 627
2009.05	548 231	182 011	33 560	148 466	366 238	73 058	246 147	47 033
2009.06	568 948	193 166	33 641	159 525	375 782	75 764	249 379	50 638
2009.07	572 998	195 877	34 244	161 633	377 120	75 495	248 817	52 809
2009.08	576 699	200 395	34 407	165 988	376 304	76 594	248 503	51 207
2009.09	585 420	201 723	36 788	164 935	383 697	83 668	255 720	44 309
2009.10	586 643	207 546	35 730	171 816	379 098	108 809	253 076	17 212
2009.11	594 605	212 493	36 344	176 149	382 112	109 075	253 658	19 379
2009.12	606 224	220 004	38 246	181 758	386 219	82 285	260 767	43 167
2010.01	625 609	229 589	40 759	188 830	396 020	116 341	262 773	16 907
2010.02	636 072	224 287	42 866	181 421	411 785	119 190	278 352	14 243
2010.03	649 947	229 398	39 081	190 317	420 550	122 944	280 350	17 255
2010.04	656 561	233 910	39 658	194 252	422 651	127 802	279 853	14 997
2010.05	663 351	236 498	38 653	197 845	426 853	130 292	280 548	16 013
2010.06	673 922	24 050	38 905	201 675	433 342	97 624	288 130	47 587

注：自2006年起，此表中"非金融公司保证金存款"不再包含在"其他存款"项目下，而被调整到"定期存款"项目下，因此，这两个项目下，2006年及以后各期数据与历史数据不完全可比。

Note: Beginning in 2006, "non-financial corporation margin deposits"are not included in the item "Other deposits",which are included under "Time deposites".Therefore,form 2006 the data of these two items are not fully comparable with the historical statistics.

广义货币供应量M2变动
Changes in the composition of broad money M2

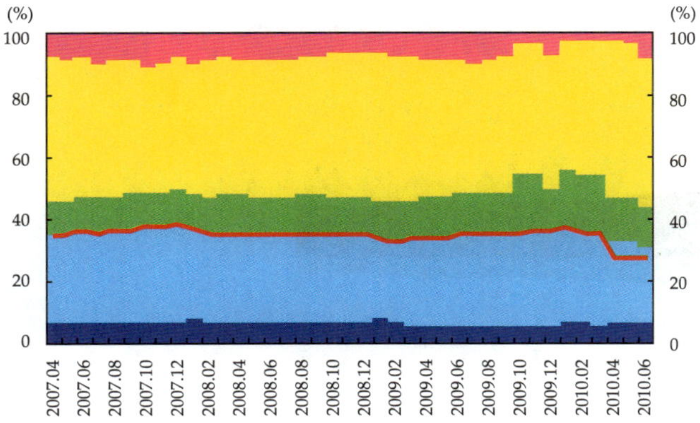

2010年6月末货币供应量构成
Composition of money supply at the end of June 2010

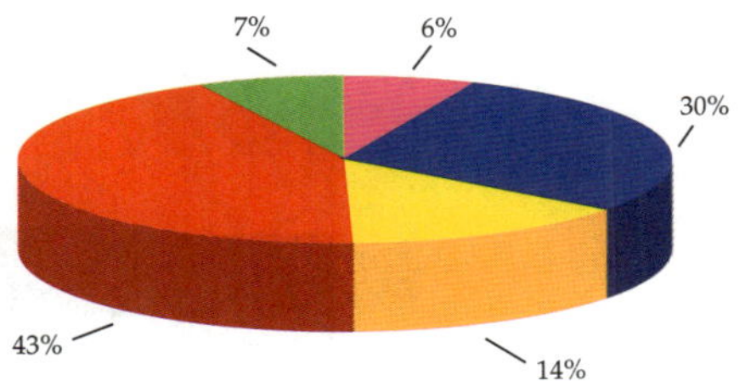

存款性公司概览 *
Depository corporations survey *

单位：万亿元
Unit: RMB trillion yuan

年/月 Year/Month	国外净资产 Net foreign assets	国内信贷 Domestic credit	对政府债权(净) Claims on government (Net)	对非金融部门债权 Claims on non-financial sectors	对其他金融部门债权 Claims on other financial sectors	其他** Others**	货币和准货币 Money & quasi-money M2
2009.01	17.95	39.53	2.87	34.22	2.43	-7.86	49.61
2009.02	18.09	40.60	2.93	35.19	2.48	-7.99	50.71
2009.03	18.21	42.76	3.06	37.14	2.55	-7.90	53.06
2009.04	18.37	43.39	2.96	37.91	2.53	-7.71	54.05
2009.05	18.54	44.05	2.72	38.71	2.62	-7.76	54.83
2009.06	18.58	45.76	2.67	40.46	2.63	-7.45	56.89
2009.07	18.65	46.12	2.44	40.99	2.69	-7.46	57.31
2009.08	18.73	46.50	2.38	41.56	2.55	-7.56	57.67
2009.09	19.14	47.39	2.55	42.28	2.57	-7.99	58.54
2009.10	19.32	47.56	2.25	42.73	2.58	-8.21	58.66
2009.11	19.37	48.35	2.30	43.36	2.69	-8.26	59.46
2009.12	19.85	49.59	3.23	43.70	2.66	-8.82	60.62
2010.01	19.87	50.35	2.77	44.82	2.75	-7.65	62.56
2010.02	20.00	51.24	2.92	45.66	2.67	-7.64	63.61
2010.03	20.23	52.10	2.93	46.34	2.83	-7.34	64.99
2010.04	20.40	52.69	2.62	47.31	2.77	-7.44	65.66
2010.05	20.54	53.04	2.33	48.02	2.69	-7.25	66.34
2010.06	20.73	54.07	2.37	48.58	3.11	-7.40	67.39

注：*自2006年起,不再编制《银行概览》，改为编制《存款性公司概览》。《存款性公司概览》由《货币当局资产负债表》和《其他存款性公司资产负债表》合并而成。《存款性公司概览》与原《银行概览》的差别是，《存款性公司概览》不包含信托投资公司和金融租赁公司。为了保持数据的连续性，2006年之前的《存款性公司概览》由原《银行概览》替代。因此，2006年及以后各期数据与历史数据不完全可比。

**其他包括外币存款、债券、实收资本和其他项，即其他=货币和准货币－（国外净资产+国内信贷）。

Note: *Beginning in 2006, the *Balance Sheet of the Monetary Authority* and the *Balance Sheet of Other Depository Corporations* were consolidated into the *Depository Corporations Survey*, and the *Banking Survey* was no longer compiled. The main difference between the *Depository Corporations Survey* and the *Banking Survey* is that data on trust and investment companies and financial leasing companies are not included in the *Depository Corporations Survey*. In order to maintain data consistency, the original *Banking Survey* can be substituted for the *Depository Corporations Survey* before 2006. Therefore, from 2006, the monetary statistics are not fully comparable with the historical statistics.

** Others include foreign currency deposits, bonds, paid-in capital, and other items (net). Others = Money & quasi-money M2 − (Net foreign assets + Domestic credit).

国外净资产及国内信贷对广义货币的影响
The impact of net foreign assets and domestic credit on broad money M2

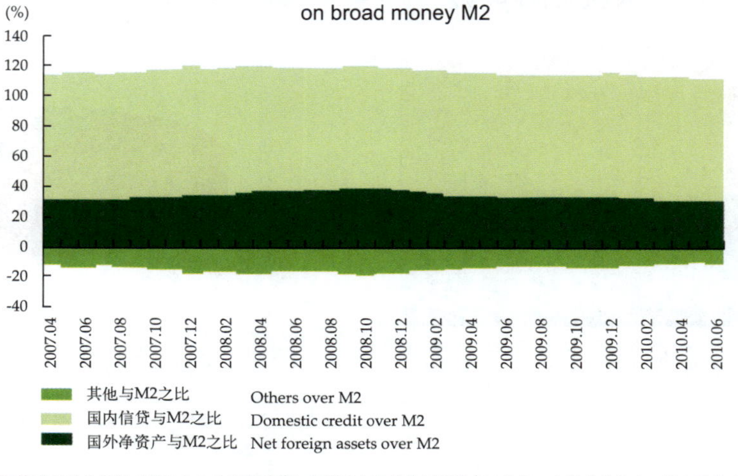

注：自2006年起，中国人民银行按照国际货币基金组织《货币与金融统计手册》对货币金融统计制度进行了修订。在机构分类上，将金融性公司划分为存款性公司和其他金融性公司，将存款性公司划分为货币当局和其他存款性公司。货币当局为中国人民银行，其他存款性公司包括政策性银行、国有商业银行、股份制商业银行、农村商业银行、城市商业银行、外资商业银行、合作金融机构、邮政储汇局、财务公司。根据金融性公司的新分类，从2006年开始编制《其他存款性公司资产负债表》，将《中央银行资产负债表》、《其他存款性公司资产负债表》合并，编制《存款性公司概览》，《存款性公司概览》同原《银行概览》相比，不包含信托投资公司和金融租赁公司。

Notes: In 2006 the People's Bank of China revised the system of monetary and financial statistics in line with the IMF *Manual on Monetary and Financial Statistics*, to reclassify financial corporations as depository corporations and other financial corporations. Depository corporations are sub-divided into the monetary authority and depository corporations. The monetary authority is the People's Bank of China: other depository corporations include policy banks, state-owned commercial banks, joint-stock commercial banks, rural commercial banks, urban commercial banks, foreign-funded commercial banks, cooperative financial institutions, postal savings bureaus, and finance companies. Beginning in 2006 the *Balance Sheet of Other Depository Corporations* has been compiled according to the new classifications of financial corporations. The *Depository Corporations Survey* comprises the consolidation of the *Balance Sheets of the Monetary Authority* and the *Balance Sheets of other Depository Corporations*. The main distinction between the *Depository Corporations Survey* and the *Banking Survey* is that data on trust and investment companies and financial leasing companies are not included in the *Depository Corporations Survey*.

2.存贷款
(2) Deposits and loans

金融机构人民币各项存贷款余额及其增长趋势
Outstanding amounts of total deposits & loans and their growth in financial institutions

单位：万亿元
Unit: RMB trillion yuan

年/月 Year/Month	各项存款 Total deposits	各项贷款 Total loans	各项存款同比增长率(%) Growth rate of deposits (YOY)(%)	各项贷款同比增长率(%) Growth rate of loans (YOY)(%)
2009.01	48.2	32.0	23.0	21.3
2009.02	49.8	33.1	23.0	24.2
2009.03	52.3	35.0	25.7	29.8
2009.04	53.3	35.5	26.2	29.7
2009.05	54.6	36.2	26.7	30.6
2009.06	56.6	37.7	29.0	34.4
2009.07	57.0	38.1	28.5	33.9
2009.08	57.4	38.5	27.4	34.1
2009.09	58.4	39.0	28.4	34.2
2009.10	58.7	39.3	28.1	34.2
2009.11	59.3	39.6	28.2	33.8
2009.12	59.8	40.0	28.2	31.7
2010.01	61.3	41.4	27.3	29.3
2010.02	62.2	42.1	25.0	27.2
2010.03	63.8	42.6	22.1	21.8
2010.04	65.0	43.4	22.0	32.0
2010.05	66.1	44.0	21.0	21.5
2010.06	67.4	44.6	19.0	18.2

金融机构人民币各项存贷款余额及其增长趋势
Outstanding amounts of total deposits & loans and their growth in financial institutions

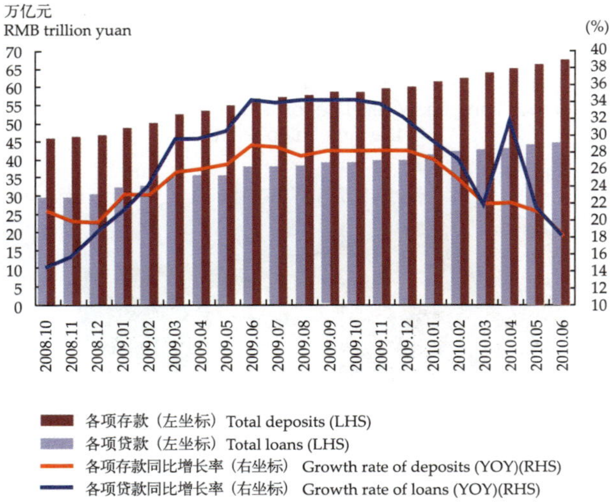

金融机构当年累计新增人民币存款
Accumulated new RMB deposits in financial institutions

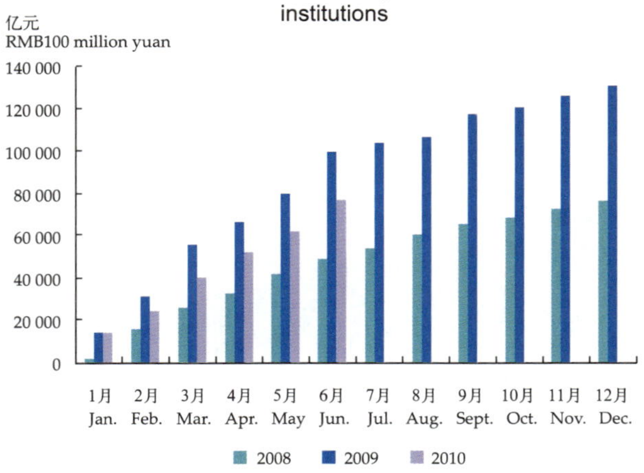

金融机构当月新增人民币存款
New RMB deposits in financial institutions by month

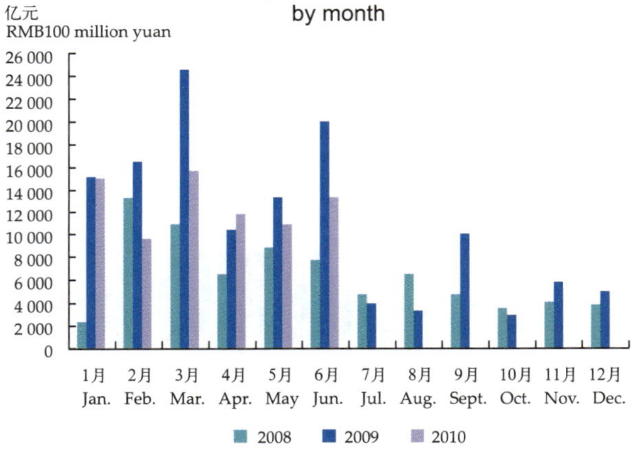

2010年上半年新增人民币存款
Accumulated new RMB deposits in the first half of 2010

单位：亿元
Unit: RMB 100 million yuan

		新增额 New deposits
各项存款	Total deposits	76 346
企业存款	Corporate deposits	22 182
财政存款	Fiscal deposits	9 707
机关团体存款	Government agency and public institution deposits	7 347
居民储蓄存款	Household savings deposits	27 377
农业存款	Agricultural deposits	1 747
其他存款	Other deposits	7 986

居民储蓄存款、企业存款、财政存款余额及其增长率
Outstanding amounts of household savings deposits, corporate deposits, fiscal deposits, and their growth rates

单位：万亿元
Unit: RMB trillion yuan

年/月 Year/Month	居民储蓄存款 Household savings deposits		企业存款 Corporate deposits		财政存款 Fiscal deposits	
	月末余额 Outstanding amounts	同比增长率(%) Growth rate (YOY)(%)	月末余额 Outstanding amounts	同比增长率(%) Growth rate (YOY)(%)	月末余额 Outstanding amounts	同比增长率(%) Growth rate (YOY)(%)
2009.01	23.32	33.8	15.48	13.8	1.85	-10.5
2009.02	23.75	29.1	16.17	17.0	1.89	-15.2
2009.03	24.31	29.6	17.55	22.3	1.72	-24.7
2009.04	24.42	29.6	17.99	24.3	1.87	-26.6
2009.05	24.61	29.1	18.43	25.3	2.32	-17.8
2009.06	24.94	28.3	19.59	31.1	2.49	-11.0
2009.07	24.88	26.3	19.69	32.4	2.87	-4.0
2009.08	24.85	24.1	20.11	33.3	3.00	1.7
2009.09	25.57	24.9	20.56	35.4	2.83	1.9
2009.10	25.30	21.8	20.77	38.2	3.15	5.7
2009.11	25.39	20.1	21.08	38.6	3.23	13.5
2009.12	26.08	19.7	21.71	37.8	2.24	24.2
2010.01	26.32	12.9	20.99	35.6	2.64	42.3
2010.02	27.91	17.5	20.67	27.9	2.53	33.6
2010.03	28.10	15.6	21.44	22.2	2.49	45.3
2010.04	28.07	14.9	22.03	22.5	2.84	51.8
2010.05	28.12	14.2	22.40	21.5	3.22	39.1
2010.06	28.81	15.5	22.67	15.7	3.21	28.8

城乡居民人民币储蓄存款余额及其增长趋势
Outstanding amounts of household RMB savings deposits and their growth

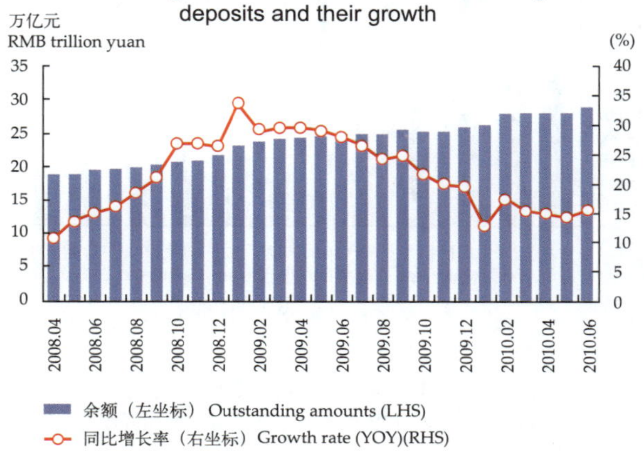

人民币企业存款余额及其增长趋势
Outstanding amounts of RMB corporate deposits and their growth

财政存款余额及其增长趋势
Outstanding amounts of RMB fiscal deposits and their growth

2010年上半年新增人民币存款构成
Composition of new RMB deposits of financial institutions in the first half of 2010

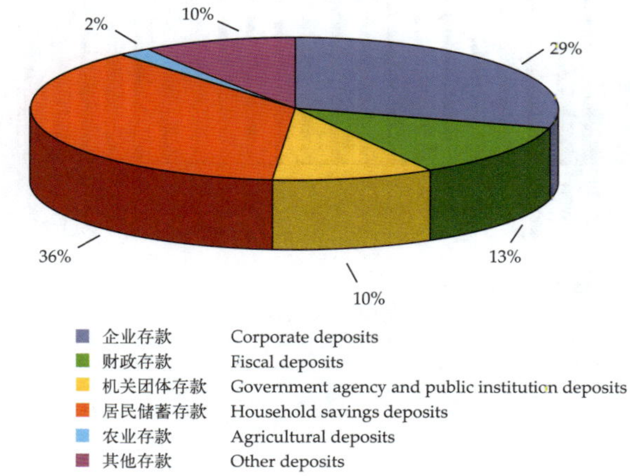

2010年6月末人民币贷款按部门分类
RMB loans issued at the end of June 2010 by sectors

单位：亿元
Unit: RMB 100 million yuan

	余额 Outstanding amounts	比年初增加 Increase over the beginning of the year
住户贷款 Loans to households	101 266	17 435
消费性贷款 Consumer loans	67 390	11 192
短期消费性贷款 Short-term consumer loans	7 764	1 133
中长期消费性贷款 Medium- and long-term consumer loans	59 626	10 059
经营性贷款 Business loans	33 876	6 243
短期经营性贷款 Short-term business loans	22 844	4 196
中长期经营性贷款 Medium- and long-term business loans	11 033	2 047
非金融性企业及其他部门贷款 Loans to non-financial institutions and other sectors	344 690	28 994
短期贷款及票据融资 Short-term loans and discounted commercial paper	140 996	837
中长期贷款 Medium- and long-term loans	196 195	27 483
其他贷款 Other loans	7 499	674

金融机构当年累计新增人民币贷款
Accumulated new RMB loans in financial institutions

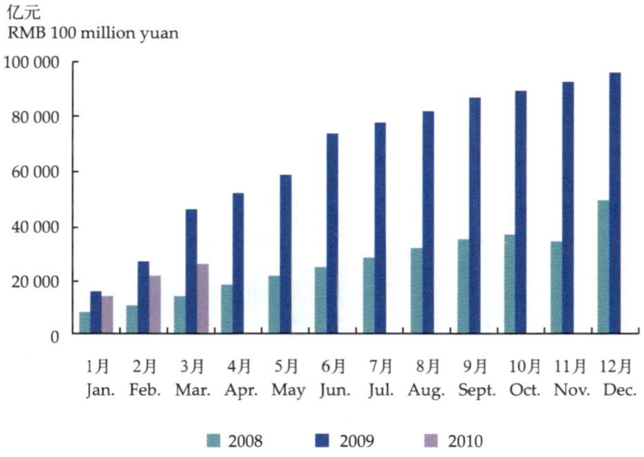

金融机构当月新增人民币贷款
New RMB loans in financial institutions by month

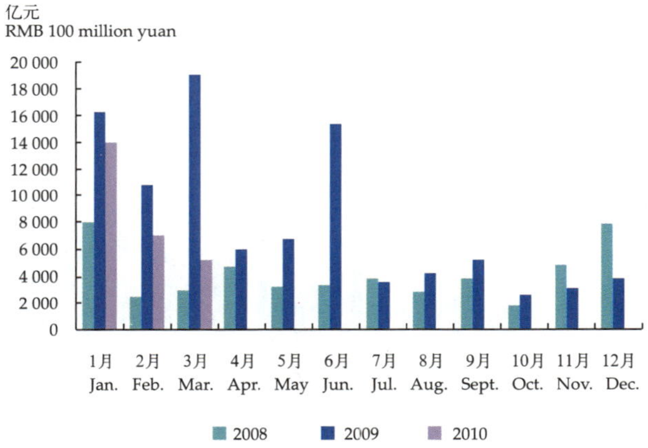

2010年上半年金融机构新增人民币贷款构成
Composition new RMB loans of financial institutions in the first half of 2010

单位：亿元
Unit: RMB 100 million yuan

		2010年上半年 The first half of 2010		2009年上半年 The first half of 2009	
		比年初增加 Increase over the beginning of the year	比重(%) Share (%)	比年初增加 Increase over the beginning of the year	比重(%) Share (%)
各项贷款	**Total loans**	46 307	100.0	73 703	100.0
短期贷款	Short-term loans	12 689	27.4	17 868	24.2
中长期贷款	Medium- and long-term loans	39 590	85.5	37 727	51.2
票据融资	Paper financing	-6 524	-14.1	17 065	23.2
委托贷款	Entrust loans	97	0.2	773	1.0
其他贷款	Other loans	455	1.0	270	0.4

当年累计新增住户贷款
Accumulated new loans to households

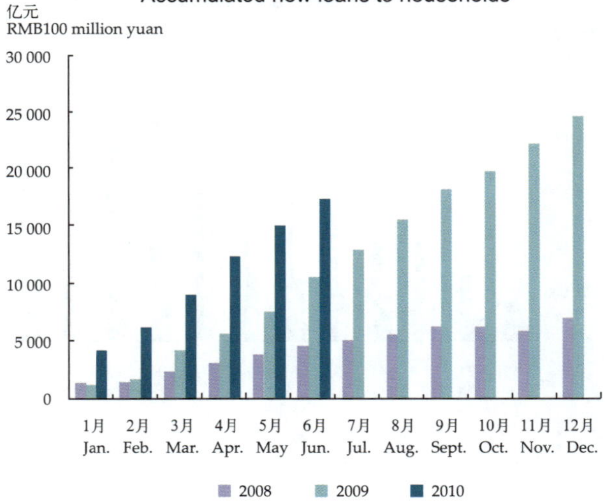

当月新增住户贷款
New loans to households by month

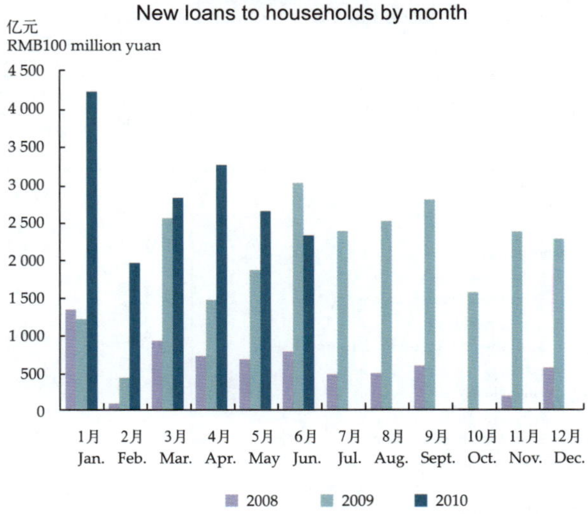

当年累计新增非金融性企业及其他部门贷款
Accumulated new loans to non-financial institutions and other sectors

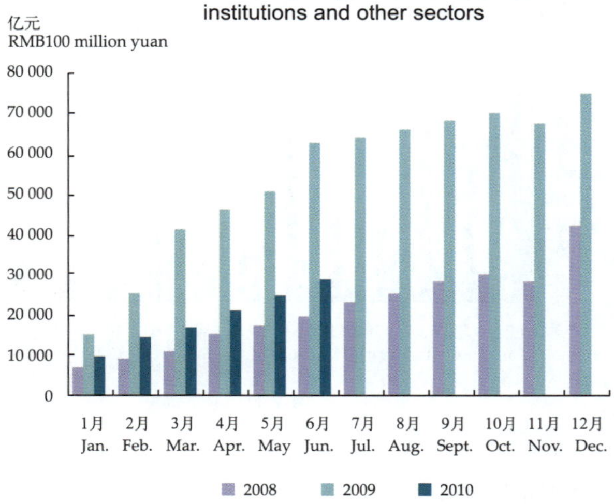

当月新增非金融性企业及其他部门贷款
New loans to non-financial institutions and other sectors by month

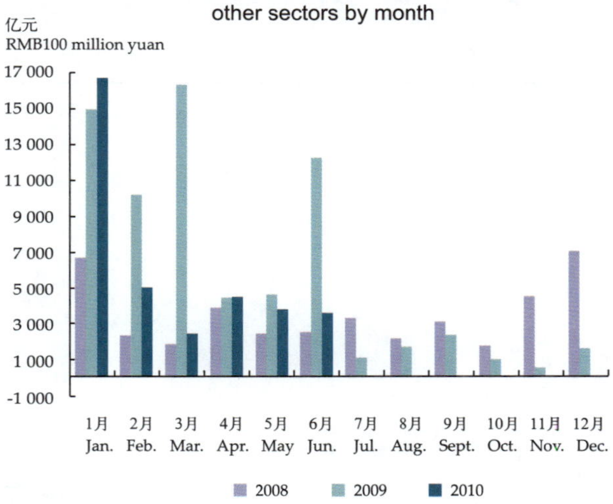

2010年6月末个人消费贷款构成
Composition of consumer loans at the end of June 2010

单位：亿元
Unit: RMB 100 million yuan

	余额 Outstanding amounts	同比增长率(%) Growth rate (YOY)(%)	比年初增加 Increase over the beginning of the year	比上年同期 Change compared with the same period of last year
个人消费贷款 Consumer loans	**67 390**	**53.4**	**11 192**	**4 690**
个人住房贷款 Individual housing mortgage loans	53 040	52.3	8 703	4 048
个人汽车消费贷款 Individual auto loans	2 133	35.1	269	-162
助学贷款 Student loans	309	11.8	-23	11
其他贷款 Other loans	11 908	7.1	2 243	794

2010年6月末个人消费贷款余额构成
Composition of consumer loans at the end of June 2010

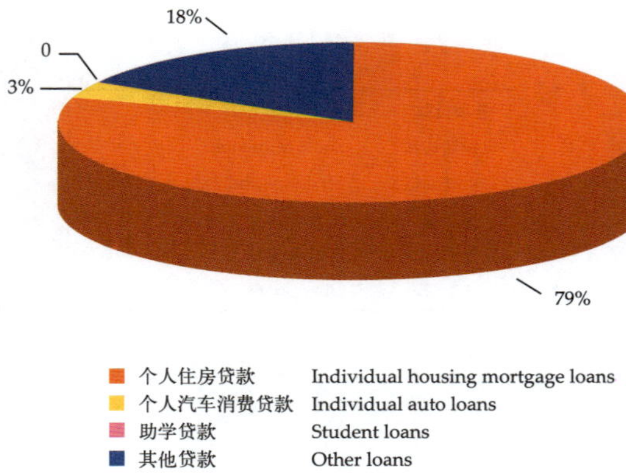

当年累计新增个人消费贷款
Accumulated new consumer loans

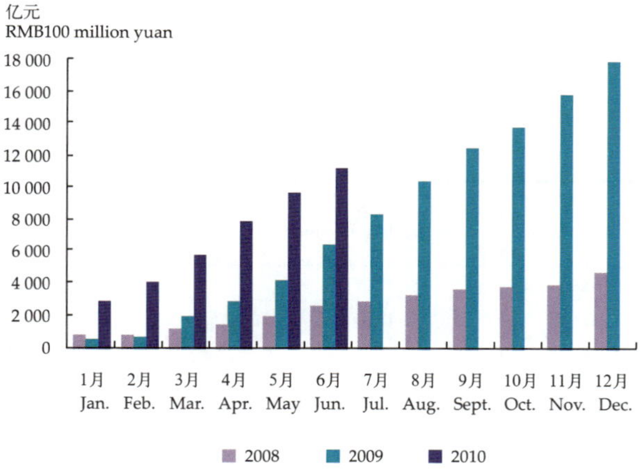

当月新增个人消费贷款
New consumer loans by month

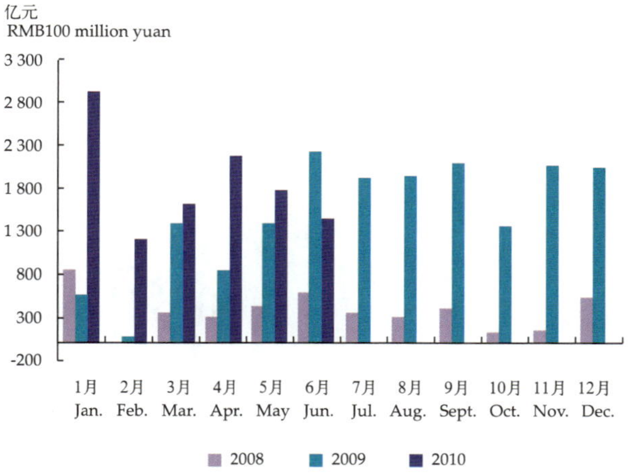

当年累计新增个人住房贷款
Accumulated new housing mortgage loans

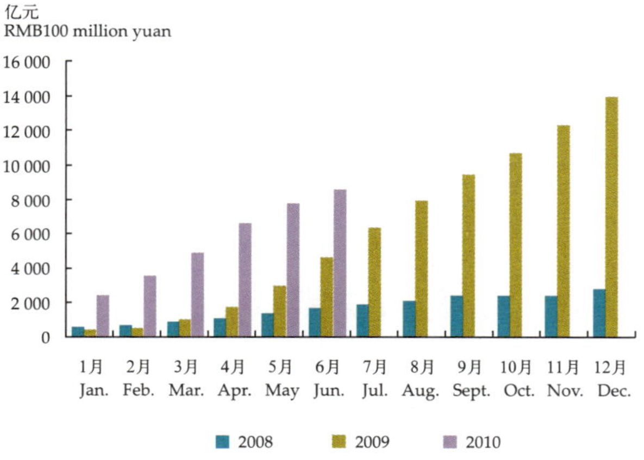

当月新增个人住房贷款
New housing mortgage loans by month

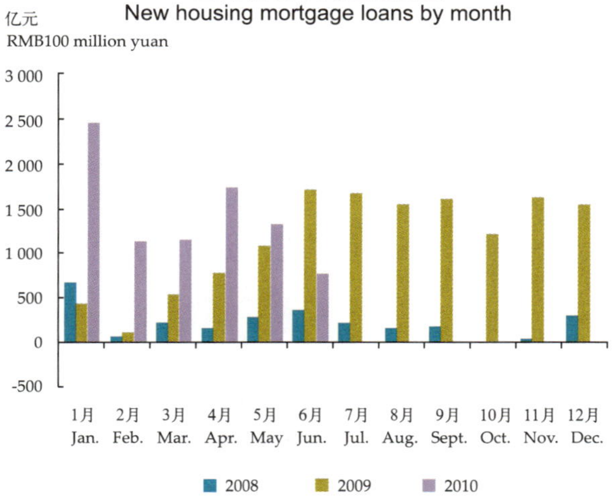

个人消费贷款余额及其增长趋势
Consumer loans and their growth

个人住房贷款余额及其增长率
Individual housing mortgage loans and their growth rates

个人汽车消费贷款余额及其增长趋势
Individual auto loans and their growth

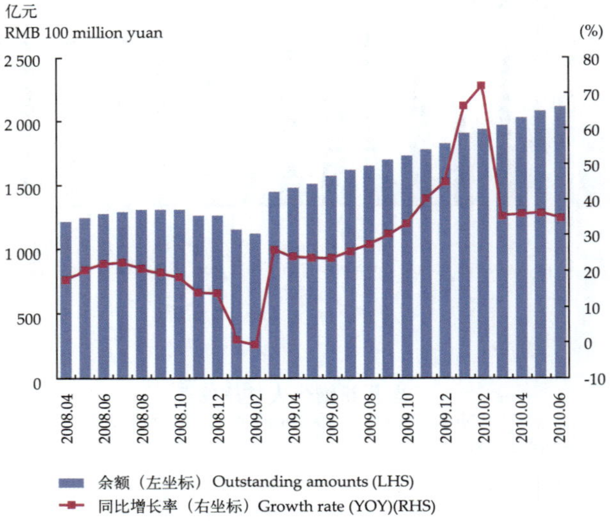

3.基础货币
(3) Monetary base

基础货币余额及其增长趋势
Monetary base and its growth

单位：万亿元
Unit: RMB trillion yuan

年/月 Year/Month	余额 Outstanding amounts	同比增长率(%) Growth rate (YOY) (%)
2009.04	12.43	16.7
2009.05	12.28	13.0
2009.06	12.39	7.4
2009.07	12.47	7.1
2009.08	12.43	5.7
2009.09	13.34	13.7
2009.10	12.88	10.2
2009.11	13.37	12.0
2009.12	14.74	14.1
2010.01	14.28	10.2
2010.02	15.26	21.7
2010.03	14.94	20.2
2010.04	14.80	18.3
2010.05	14.71	19.8
2010.06	15.42	24.5

助学贷款余额及其增长趋势
Student loans and their growth

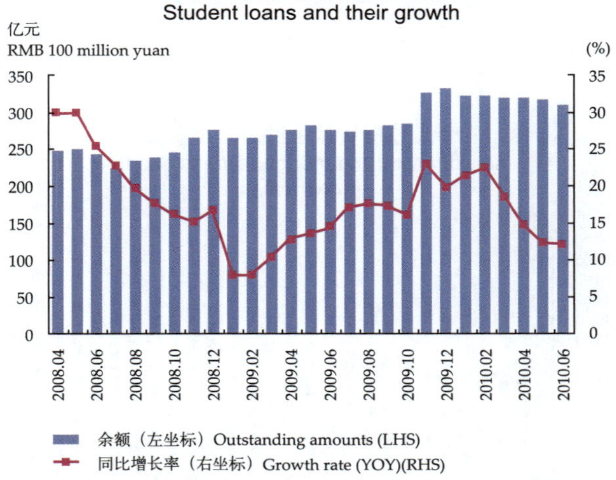

基础货币余额及其增长趋势
Monetary base and its growth

基础货币构成
Composition of monetary base

单位：亿元
Unit: RMB 100 million yuan

年/季 Year/Quarter	货币发行 Currency issue	金融性公司存款 Deposits of financial corporations	其他存款性公司存款 Deposits of other depository corporations	其他金融性公司存款 Deposits of other financial corporations
2008Q2	33 076	82 277	82177	100
2008Q3	34 876	82 460	82 379	81
2008Q4	37 116	92 107	91 895	212
2009Q1	36 854	87 423	87 319	104
2009Q2	36 721	87 209	87 121	88
2009Q3	40 505	92 902	92 798	104
2009Q4	41 556	102 429	102 281	104
2010Q1	42 836	107 197	107 058	139
2010Q2	42 567	111 668	111 506	161

注：自2008年起，本表不再包含非金融性公司存款。
Note: Since 2008, deposits of non-financial corporations are no longer included on this table.

基础货币构成
Composition of monetary base

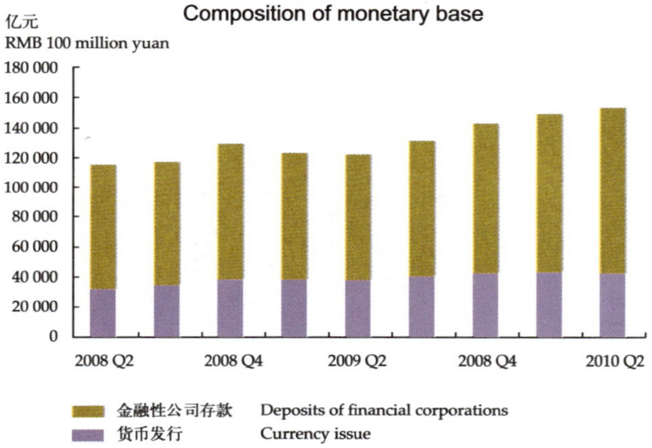

金融机构存款准备金和超额存款准备金率
Reserves and excess reserve ratio of financial institutions

金融机构法定人民币存款准备金率
Official RMB reserve requirement ratios of financial institutions

单位：%
Unit: %

日期 Date	中资全国性大型银行① Large national-operating commercial banks	中小金融机构② Medium- and small-sized financial institutions	农村合作银行 Rural cooperative banks	城市信用社 Urban credit cooperatives	农村信用社 Rural credit cooperatives
2003.09.21	7.0	7.0	—	6.0	6.0
2004.04.25	7.5	7.5	7.5	6.0	6.0
2006.07.05	8.0	8.0	7.5	6.5	6.0
2006.08.15	8.5	8.5	7.5	7.0	6.0
2006.11.15	9.0	9.0	8.0	7.5	6.5
2007.01.15	9.5	9.5	8.5	8.0	7.0
2007.02.25	10.0	10.0	9.0	8.5	7.5
2007.04.16	10.5	10.5	9.5	9.0	8.0
2007.05.15	11.0	11.0	10.0	9.5	8.5
2007.06.05	11.5	11.5	10.5	10.0	9.0
2007.08.15	12.0	12.0	11.0	10.5	9.5
2007.09.25	12.5	12.5	11.5	11.0	10.0
2007.10.25	13.0	13.0	12.0	11.5	10.5
2007.11.26	13.5	13.5	12.5	12.0	11.0
2007.12.25	14.5	14.5	13.5	13.0	12.0
2008.01.25	15.0	15.0	14.0	13.5	12.5
2008.03.25	15.5	15.5	14.5	14.0	13.0
2008.04.25	16.0	16.0	15.0	14.5	13.5
2008.05.20	16.5	16.5	15.5	15.0	14.0
2008.06.15	17.0	17.0	16.0	15.5	14.5
2008.06.25	17.5	17.5	16.5	16.0	15.0
2008.09.25	17.5	16.5	15.5	15.0	14.0
2008.10.15	17.0	16.0	15.0	14.5	13.5
2008.12.05	16.0	14.0	13.0	11.5	11.5
2008.12.25	15.5	13.5	11.0	11.0	11.0
2010.01.18	16.0	14.0	11.0	11.0	11.0
2010.02.25	16.5	14.5	11.0	11.0	11.0
2010.05.10	17.0	15.0	11.0	11.0	11.0

注：①包括中国工商银行、中国农业银行、中国银行、中国建设银行、交通银行和中国邮政储蓄银行。
②包括中国农业发展银行、股份制商业银行、城市商业银行、农村商业银行、有关外资金融机构。

Notes: 1. Including the Industrial and Commercial Bank of China, the Agricultural Bank of China, the Bank of China, the China Construction Bank, the Bank of Communication, the Postal Savings Bank of China.
2. Including the Agricultural Development Bank of China, joint-stock commercial banks, city commercial banks, rural commercial banks, finance companies, financial leasing companies, and foreign-funded financial institutions.

4.利率
(4) Interest rates

中央银行基准利率
Central bank benchmark interest rates

单位：年利率%
Unit: annual interest rate%

日期 Date	法定存款准备金 Required reserves	超额存款准备金 Excess reserves	对金融机构贷款 Lending to financial institutions				再贴现 Rediscount
			1年期 1-year	6个月以内 6-month and less	3个月以内 3-month and less	20天以内 20 days and less	
1996.05.01	8.82	8.82	10.98	10.17	10.08	9.00	*
1996.08.23	8.28	7.92	10.62	—	9.72	—	*
1997.10.23	7.56	7.02	9.36	9.09	8.82	8.55	*
1998.03.25	5.22	—	7.92	7.02	6.84	6.39	6.03
1998.07.01	3.51	—	5.67	5.58	5.49	5.22	4.32
1998.12.07	3.24	—	5.13	5.04	4.86	4.59	3.96
1999.06.10	2.07	—	3.78	3.69	3.51	3.24	2.16
2001.09.11	—	—	—	—	—	—	2.97
2002.02.21	1.89	—	3.24	3.15	2.97	2.70	2.97
2003.12.20	—	1.62	—	—	—	—	—
2004.03.25	—	—	3.87	3.78	3.60	3.33	3.24
2005.03.17	—	0.99	—	—	—	—	—
2008.01.01	—	—	4.68	4.59	4.41	4.14	4.32
2008.11.27	1.62	0.72	3.60	3.51	3.33	3.06	2.97
2008.12.23	—	—	3.33	3.24	3.06	2.79	1.80

注：① 1998年3月法定准备金和超额准备金两个账户合并为准备金账户。
② *按同档次中央银行贷款利率下浮5%～10%。
③ 从2004年3月25日起，人民银行决定实行再贷款浮息制度。

Notes: 1. The required reserves account and excess reserves account were merged into the reserves account in March 1998.
2. *The interest rate is 5%—10% below that of the central bank lending rate of the same tranche.
3. Since March 25, 2004, PBC has been authorized by the State Council to adjust the interest rates changed on central bank lending(rediscount)within the range specified by the State Council.

法定存款准备金利率和再贴现利率
Required reserves interest rates and rediscount interest rates

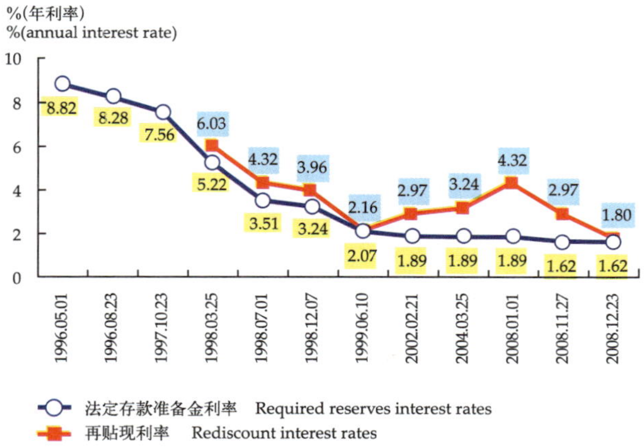

对金融机构贷款利率
Interest rates of central bank lending to financial institutions

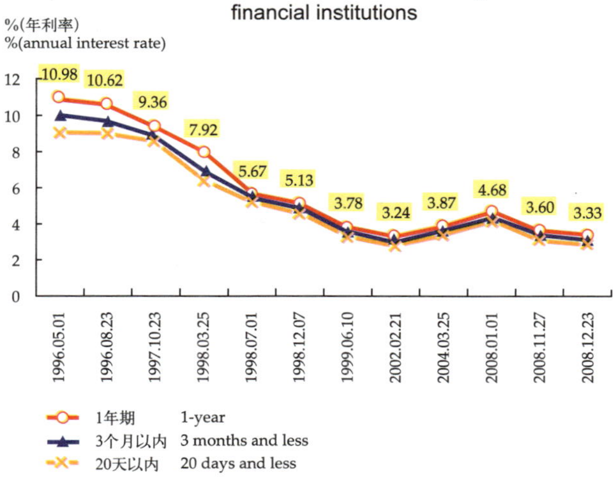

金融机构法定人民币存款利率
Official RMB deposit interest rates in financial institutions

单位：年利率%
Unit: annual interest rate %

日期 Date	活期 Demand deposits	定期 Time deposits					
		3个月 3-month	6个月 6-month	1年 1-year	2年 2-year	3年 3-year	5年 5-year
1990.04.15	2.88	6.30	7.74	10.08	10.98	11.88	13.68
1990.08.21	2.16	4.32	6.48	8.64	9.36	10.08	11.52
1991.04.21	1.80	3.24	5.40	7.56	7.92	8.28	9.00
1993.05.15	2.16	4.86	7.20	9.18	9.90	10.80	12.06
1993.07.11	3.15	6.66	9.00	10.98	11.70	12.24	13.86
1996.05.01	2.97	4.86	7.20	9.18	9.90	10.80	12.06
1996.08.23	1.98	3.33	5.40	7.47	7.92	8.28	9.00
1997.10.23	1.71	2.88	4.14	5.67	5.94	6.21	6.66
1998.03.25	1.71	2.88	4.14	5.22	5.58	6.21	6.66
1998.07.01	1.44	2.79	3.96	4.77	4.86	4.95	5.22
1998.12.07	1.44	2.79	3.33	3.78	3.96	4.14	4.50
1999.06.10	0.99	1.98	2.16	2.25	2.43	2.70	2.88
2002.02.21	0.72	1.71	1.89	1.98	2.25	2.52	2.79
2004.10.29	0.72	1.71	2.07	2.25	2.70	3.24	3.60
2006.08.19	0.72	1.80	2.25	2.52	3.06	3.69	4.14
2007.03.18	0.72	1.98	2.43	2.79	3.33	3.96	4.41
2007.05.19	0.72	2.07	2.61	3.06	3.69	4.41	4.95
2007.07.21	0.81	2.34	2.88	3.33	3.96	4.68	5.22
2007.08.22	0.81	2.61	3.15	3.60	4.23	4.95	5.49
2007.09.15	0.81	2.88	3.42	3.87	4.50	5.22	5.76
2007.12.21	0.72	3.33	3.78	4.14	4.68	5.40	5.85
2008.10.09	0.72	3.15	3.51	3.87	4.41	5.13	5.58
2008.10.30	0.72	2.88	3.24	3.60	4.14	4.77	5.13
2008.11.27	0.36	1.98	2.25	2.52	3.06	3.60	3.87
2008.12.23	0.36	1.71	1.98	2.25	2.79	3.33	3.60

注：从2004年10月29日起，中国人民银行允许存款利率下浮，即所有存款类金融机构对其吸收的人民币存款利率，可在不超过各档次存款基准利率的范围内浮动。存款利率不能上浮。

Note: Effective from October 29, 2004, the PBC decided to allow all financial institutions to float RMB deposit interest rates to not higher than the benchmark rates of different tranches. Deposit rates cannot be adjusted upward.

法定人民币存款利率
Official RMB deposit interest rates

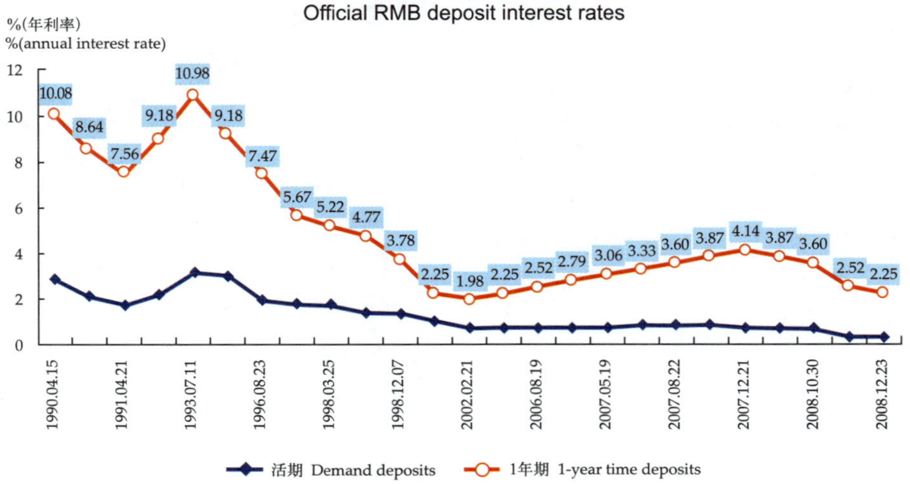

金融机构法定贷款利率
Official lending interest rates in financial institutions

单位：年利率%
Unit: annual interest rate %

日期 Date	短期贷款 Short-term loans		中长期贷款 Medium- and long-term loans		
	6个月以内(含6个月) 6-month and less (including 6 months)	6个月至1年(含1年) 6-month to 1-year (including 1 year)	1～3年(含3年) 1 to 3-year (including 3 years)	3～5年(含5年) 3 to 5-year (including 5 years)	5年以上 More than 5-year
1991.04.21	8.10	8.64	9.00	9.54	9.72
1993.05.15	8.82[①]	9.36[①]	10.80	12.06	12.24
1993.07.11	9.00[①]	10.98[①]	12.24	13.86	14.04
1995.01.01	9.00[①]	10.98[①]	12.96	14.58	14.76
1995.07.01	10.08[①]	12.06[①]	13.50	15.12	15.30
1996.05.01	9.72[②]	10.98[②]	13.14	14.94	15.12
1996.08.23	9.18[②]	10.08[②]	10.98	11.70	12.42
1997.10.23	7.65[②]	8.64[②]	9.36	9.90	10.53
1998.03.25	7.02[②]	7.92[②]	9.00	9.72	10.35
1998.07.01	6.57[③]	6.93[③]	7.11[③]	7.65[③]	8.01[③]
1998.12.07	6.12[③]	6.39[③]	6.66[③]	7.20[③]	7.56[③]
1999.06.10	5.58[④]	5.85[④]	5.94[④]	6.03[④]	6.21[④]
2002.02.21	5.04[④]	5.31[④]	5.49[④]	5.58[④]	5.76[④]
2004.10.29	5.22	5.58	5.76	5.85	6.12
2006.04.28	5.40	5.85	6.03	6.12	6.39
2006.08.19	5.58	6.12	6.30	6.48	6.84
2007.03.18	5.67	6.39	6.57	6.75	7.11
2007.05.19	5.85	6.57	6.75	6.93	7.20
2007.07.21	6.03	6.84	7.02	7.20	7.38
2007.08.22	6.21	7.02	7.20	7.38	7.56
2007.09.15	6.48	7.29	7.47	7.65	7.83
2007.12.21	6.57	7.47	7.56	7.74	7.83
2008.09.16	6.21	7.20	7.29	7.56	7.74
2008.10.09	6.12	6.93	7.02	7.29	7.47
2008.10.30	6.03	6.66	6.75	7.02	7.20
2008.11.27	5.04	5.58	5.67	5.94	6.12
2008.12.23	4.86	5.31	5.40	5.76	5.94

注：1.①在法定贷款利率的基础上可上浮20%，下浮10%。城市信用社贷款利率可上浮30%，下浮10%。农村信用社贷款利率可上浮60%，下浮10%。②在法定贷款利率基础上可上浮10%，下浮10%。农村信用社贷款利率最高可上浮40%，下浮10%。③从1998年11月起，金融机构对小企业贷款利率可在法定利率基础上上浮20%，金融机构对大中型企业贷款利率可上浮10%。农村信用社贷款利率最高可上浮50%，金融机构贷款利率最低下浮10%。④从1999年9月起，金融机构对中小企业贷款利率可在法定利率基础上上浮30%，金融机构对大中型企业贷款利率最高上浮10%，金融机构贷款利率最低下浮10%。

2.从2004年1月1日起，商业银行、城市信用社贷款利率的浮动区间上限扩大到贷款基准利率的1.7倍，农村信用社贷款利率的浮动区间扩大到贷款基准利率的2倍，金融机构贷款利率的浮动区间下限保持为贷款基准利率的0.9倍不变。

3.从2004年10月29日起，金融机构（不含城乡信用社）的贷款利率原则上不再设定上限，贷款利率下限仍为基准利率的0.9倍。对城乡信用社贷款利率仍实行上限管理，最高上浮系数为贷款基准利率的2.3倍，贷款利率下浮幅度不变.

4.从2005年3月17日起，调整商业银行自营性个人住房贷款政策：一是将现行的住房贷款优惠利率回归到同期贷款利率水平，实行下限管理，下限利率水平为相应期限档次贷款基准利率的0.9倍，商业银行法人可根据具体情况自主确定利率水平和内部定价规则。以5年期以上个人住房贷款为例，其利率下限为贷款基准利率6.12%的0.9倍（即5.51%），比现行优惠利率5.31%高0.20个百分点。二是对房地产价格上涨过快的城市或地区，个人住房贷款的最低首付比例可由现行的20%提高到30%；具体调整的城市或地区，可由商业银行法人根据国家有关部门公布的各地房地产价格涨幅自行确定，不搞“一刀切”。

5.从2006年8月19日起，商业性个人住房贷款利率的下限由贷款基准利率的0.9倍变为0.85倍，其他商业性贷款利率下限保持0.9倍不变。从2008年10月27日起，将商业性个人住房贷款利率的下限扩大为贷款基准利率的0.7倍。

Notes: 1.①An upward floating band of 20% and a downward band of 10% is allowed. Urban credit cooperatives can have an upward floating band of 30% and a downward band of 10%. Rural credit cooperatives can have an upward floating band of 60% and a downward band of 10%. ②An upward floating band of 10% and a downward band of 10% is allowed. The floating band of the lending rates of rural credit cooperatives is upward by 40% and downward by 10% at maximum. ③As of November 1998, lending rates to small and medium-sized enterprises and to large enterprises can float upward by 20% and 10% at maximum respectively on the basis of the official rates. For rural credit cooperatives, the lending rate can be 50% higher than the official interest rates. All financial institutions can float downward by a maximum of 10%. ④As of September 1999, lending rates to small and medium-sized enterprises can float upward by 30% on the basis of the official rates at maximum, and to large enterprises by 10%. The lending rates of all financial institutions can float downward by a maximum of 10%.

2. From January 1, 2004, the upper limit on lending rates at commercial banks and urban credit cooperatives was increased to 1.7 times that of the benchmark rates, and at rural credit cooperatives to 2 times the benchmark rates, while the lower limit of the lending rates at all financial institutions remained unchanged at 0.9 times the benchmark rates.

3. Effective from October 29, 2004, no upper limits were set for lending rates of financial institutions (excluding rural and urban credit cooperatives), while the lower limit remained unchanged, at 90 percent of the benchmark rate. For the rural and urban credit cooperatives, the upper limit still exists, with a ceiling of 230 percent of the benchmark rate, and the floor remaining unchanged.

4. From March 17, 2005, an adjustment was made in the consumer housing loan policy: first, the current preferential interest rate for housing loans was removed, and a lower limit of 0.9 times the benchmark lending rate with the same maturity was imposed, Commercial banks as legal persons were allowed to set the interest rate and the internal pricing rules based on their own situations. Taking the consumer housing loans with a maturity of longer than five years as an example, the lower limit is set at 5.51 percent, which is 0.9 times the benchmark lending rate of 6.12 percent, 0.20 percentage points higher than the current preferential interest rate (5.31 percent). Second, the downpayment for consumer housing loans was raised from 20 percent to 30 percent in cities and areas where the price of real estate was believed to be rising too quickly. Adjustments can be decided by the commercial banks based on the growth rates of local real estate prices as published by the related government departments.

5. From August 19, 2006, the floor interest rates on commercial individual housing loans were adjusted from 0.9 times to 0.85 times the benchmark lending interest rate, and the floor interest rates on other commercial loans remained unchanged at 0.9 times the benchmark. From October 27,2008, the floor interest rates on commercial individual housing loans were adjusted to 0.7 times the benchmark lending rate.

法定贷款利率
Official lending interest rates

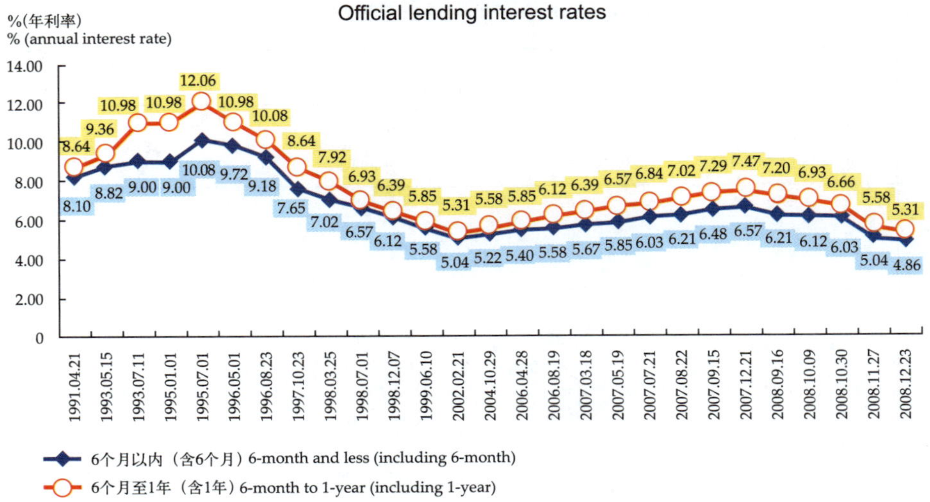

金融机构人民币贷款各利率区间占比表
Share of loans with floating rates in various ranges

单位：% Unit: %

日期 Date	下浮 Floating downward	基准 At benchmark	上浮 Floating upward					
	[0.9, 1.0)	1.0	小计 Subtotal	(1.0, 1.1]	(1.1, 1.3]	(1.3, 1.5]	(1.5, 2.0]	2.0以上Above 2.0
2008.04	20.47	28.87	50.66	17.10	16.34	7.32	8.60	1.30
2008.05	20.24	30.53	49.23	16.92	15.51	6.73	8.09	1.99
2008.06	21.60	32.81	45.58	16.40	14.24	6.13	7.66	1.15
2008.07	21.54	30.93	47.53	16.76	15.02	6.37	7.36	2.01
2008.08	18.92	30.46	50.62	17.81	15.79	7.31	8.07	1.64
2008.09	21.59	31.15	47.26	16.35	14.95	6.88	7.37	1.72
2008.10	23.34	29.87	46.79	15.59	13.90	6.81	8.40	2.10
2008.11	23.48	32.13	44.39	13.92	13.71	6.29	7.83	2.63
2008.12	25.56	30.13	44.31	14.00	13.81	5.75	7.27	3.49
2009.01	23.52	34.27	42.21	14.62	12.79	4.97	6.98	2.86
2009.02	28.82	33.56	37.62	12.29	10.36	4.82	6.98	3.18
2009.03	28.38	35.18	36.43	12.21	10.46	4.37	6.64	2.75
2009.04	26.72	33.48	39.80	12.18	11.07	5.46	7.97	3.12
2009.05	27.34	32.40	40.26	13.03	11.46	5.18	7.49	3.10
2009.06	30.47	33.70	35.83	12.66	10.24	4.70	5.82	2.41
2009.07	32.76	32.18	35.06	11.89	9.16	4.52	6.55	2.94
2009.08	30.91	30.79	38.31	13.34	10.68	5.03	6.45	2.81
2009.09	31.82	30.61	37.57	12.55	10.81	5.07	6.41	2.73
2009.10	30.27	30.90	38.83	12.40	10.85	5.25	7.16	3.17
2009.11	30.19	30.53	39.28	11.96	11.14	5.37	7.44	3.38
2009.12	33.19	30.26	36.55	11.37	10.01	5.13	6.64	3.40
2010.01	35.38	31.18	33.44	11.92	8.74	4.42	5.71	2.65
2010.02	32.65	31.95	35.41	12.77	9.21	4.31	6.09	3.03
2010.03	30.05	28.91	41.04	13.12	10.91	5.45	7.11	4.45
2010.04	26.22	31.18	42.60	13.83	11.66	5.89	7.47	3.75
2010.05	26.56	29.55	43.89	14.92	11.88	5.77	7.62	3.70
2010.06	27.72	30.89	41.39	14.44	11.63	5.34	6.80	3.18

2010年第二季度金融机构人民币贷款各利率区间占比表
Share of loans with rates floating at various ranges in the second quarter of 2010

单位：% Unit: %

	下浮 Floating downward	基准 At benchmark	上浮 Floating upward					
	[0.9, 1.0)	1.0	小计 Subtotal	(1.0, 1.1]	(1.1, 1.3]	(1.3, 1.5]	(1.5, 2.0]	2.0以上 Above 2.0
四大国有商业银行 Four state-owned commercial banks	37.47	35.91	26.62	16.93	8.50	0.91	0.22	0.06
股份制商业银行 Joint-stock commercial banks	29.03	32.95	38.02	22.17	13.18	0.68	0.04	1.95
外资商业银行 Foreign commercial banks	47.81	24.75	27.44	15.10	9.23	2.01	0.89	0.21
城市商业银行 City commercial banks	14.55	24.59	60.86	15.89	24.13	10.52	8.60	1.72
城乡信用社 Urban and rural credit cooperatives	3.71	8.16	88.13	6.54	16.09	18.15	32.40	14.95
政策性银行 Policy banks	31.41	64.14	4.45	3.81	0.57	0.01	0.06	0.00
合计 Total	26.41	31.11	42.48	14.70	11.78	5.10	7.33	3.57

大额美元存款与美元贷款平均利率表
Average interest rates of large-value dollar deposits and loans

单位：% Unit: %

日期 Date	大额存款 Large-value deposits						贷款 Loans				
	活期 Demand	3个月以内 Within 3 months	3(含)~6个月 3~6 months (including 3 months)	6(含)~12个月 6~12 months (including 6 months)	1年 1 year	1年以上 Above 1 year	3个月以内 Within 3 months	3(含)~6个月 3~6 months (including 3 months)	6(含)~12个月 6~12 months (including 6 months)	1年 1 year	1年以上 Above 1 year
2008.04	1.67	3.84	4.42	5.89	4.45	7.53	6.63	6.79	6.55	6.20	5.07
2008.05	1.65	4.00	3.17	4.37	7.11	3.34	6.29	6.43	6.27	6.35	4.70
2008.06	1.50	3.36	4.04	4.53	6.96	8.30	6.24	6.53	6.46	6.34	5.54
2008.07	1.73	3.71	5.11	4.60	6.43	4.30	6.27	6.33	5.95	6.14	4.79
2008.08	1.65	3.78	3.78	5.48	5.72	3.24	5.14	6.09	6.04	5.95	4.89
2008.09	1.75	3.40	4.39	4.29	5.22	4.97	6.16	5.71	5.88	5.58	5.35
2008.10	1.68	4.00	5.28	4.96	5.64	3.69	6.56	7.15	6.63	6.38	5.78
2008.11	1.18	2.01	2.98	4.28	3.48	3.29	3.93	4.73	5.30	5.08	4.32
2008.12	0.85	1.22	1.94	3.03	2.95	2.51	3.65	4.02	4.08	4.14	3.81
2009.01	0.34	0.55	1.36	1.26	1.91	1.46	2.89	3.33	3.48	3.04	3.62
2009.02	0.16	0.48	1.46	1.79	1.95	5.01	2.18	2.87	3.13	2.61	2.74
2009.03	0.15	0.55	1.32	1.77	2.20	1.30	2.23	2.44	3.05	2.51	3.39
2009.04	0.10	0.36	1.13	1.39	1.58	3.73	1.98	2.26	2.37	2.14	3.59
2009.05	0.11	0.36	0.90	1.17	1.49	5.00	1.59	1.86	1.79	1.49	2.63
2009.06	0.11	0.32	0.76	1.05	1.68	1.12	1.49	1.48	1.52	1.44	3.53
2009.07	0.10	0.32	0.65	1.08	1.52	1.98	1.51	1.47	1.51	1.36	2.61
2009.08	0.10	0.35	0.67	0.93	1.89	1.66	1.41	1.37	1.42	1.53	2.71
2009.09	0.13	0.37	0.61	0.74	1.82	2.33	1.33	1.37	1.51	1.59	2.59
2009.10	0.13	0.43	0.57	0.95	1.60	0.50	1.96	1.41	1.52	1.54	3.04
2009.11	0.12	0.51	0.79	1.35	1.59	1.63	1.42	1.48	1.68	1.76	2.56
2009.12	0.17	0.46	0.75	1.35	1.21	2.84	1.59	1.66	1.91	1.87	2.59
2010.01	0.12	0.62	0.88	1.07	1.88	2.96	1.55	1.91	2.07	2.09	3.04
2010.02	0.15	0.70	0.85	1.50	1.65	1.75	1.68	1.88	1.90	2.16	2.79
2010.03	0.15	0.76	0.81	1.34	2.32	0.82	1.69	1.82	2.03	2.32	2.87
2010.04	0.15	0.92	0.87	1.69	1.99	3.83	1.94	2.12	2.14	2.53	2.50
2010.05	0.16	1.41	1.65	1.72	3.09	2.82	2.39	2.88	2.63	2.96	3.02
2010.06	0.21	1.76	1.44	2.32	1.60	3.94	2.39	2.81	2.88	3.10	3.33

八、金融市场
8. Financial Market

2010年上半年，我国国内非金融部门融资量达到60 156亿元，其中，贷款融资占80.4%，国债、企业债和股票融资合计占19.6%。与2009年同期相比，贷款融资比重下降了6.5个百分点，股票融资比重上升了3.2个百分点，国债融资比重下降了0.1个百分点，企业债融资比重上升了3.3个百分点。

In the firsr half of 2010, a total of RMB 6,015.6 billion yuan worth of funds was raised by the domestic non-financial sectors, of which 80.4 percent was financed through banking loans and 19.6 percent was raised through the issuance of corporate bonds and stocks. The ratio of financing through the bank loans and government securities was down by 6.5 percentage points and 0.1 percentage point, while the ratio of stock market and corporate bonds were up by 3.2 percentage points and 3.3 percentage points.

2010年上半年国内金融市场融资量及构成
Funds raised in domestic financial market in the first half of 2010

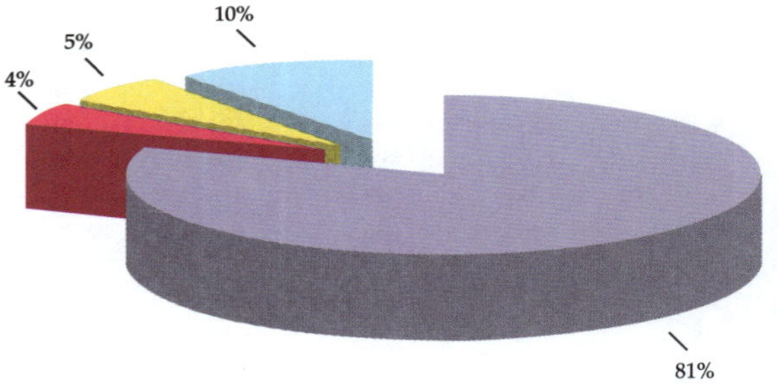

1. 货币市场
(1) Money market

银行间市场交易量
Transaction volume in the inter-bank market

单位：万亿元
Unit: RMB trillion yuan

年 Year	债券回购 Repurchasing	同业拆借 Inter-bank borrowing	现券买卖 Outright transactions
1999	0.39	0.33	0.01
2000	1.58	0.67	0.07
2001	4.01	0.81	0.08
2002	10.19	1.21	0.44
2003	11.72	2.41	3.08
2004	9.44	1.46	2.50
2005	15.90	1.28	6.01
2006	26.60	2.15	10.23
2007	44.79	10.65	15.60
2008	58.12	15.05	37.12
2009	70.29	19.35	47.27

银行间市场交易量
Transaction volume in the inter-bank market

单位：万亿元
Unit: RMB trillion yuan

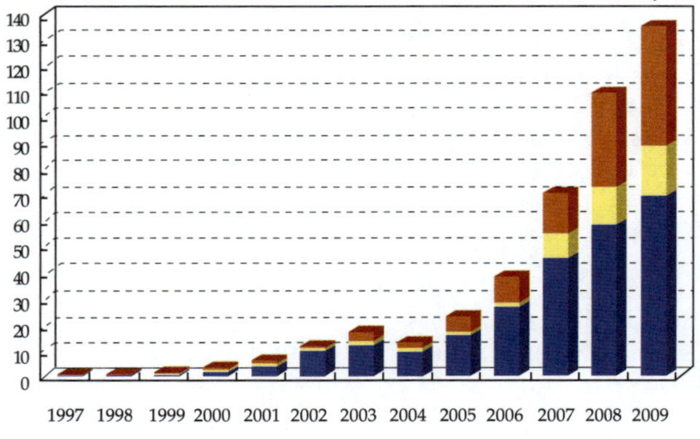

银行间市场月加权平均利率
Monthly weighted average interest rates in the inter-bank market

单位：% Unit: %

年/月 Year/Month	同业拆借市场 Inter-bank borrowing market	质押式债券回购 Bond-pledged repurchasing
2009.04	0.86	0.84
2009.05	0.85	0.85
2009.06	0.91	0.91
2009.07	1.32	1.35
2009.08	1.21	1.23
2009.09	1.27	1.28
2009.10	1.30	1.30
2009.11	1.25	1.24
2009.12	1.25	1.26
2010.01	1.16	1.19
2010.02	1.52	1.55
2010.03	1.40	1.40
2010.04	1.34	1.36
2010.05	1.67	1.71
2010.06	2.31	2.38

银行间市场月加权平均利率
Monthly weighted average interest rates in the inter-bank market

2010年上半年各品种Shibor走势图
Movements of the Shibor in the first half of 2010

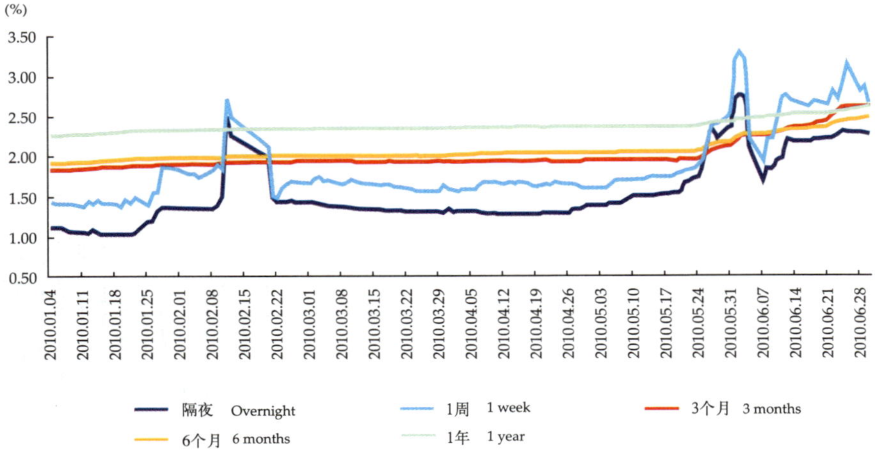

全国银行间同业拆借各期限当月交易量及月加权平均利率

Monthly transaction volume and monthly weighted average interest rates of inter-bank borrowing with different maturities

单位：亿元，%
Unit: RMB 100 million yuan, %

年/月 Year/Month	隔夜 Overnight		7天 7 days		8～14天 8 to 14 days		15～20天 15 to 20 days		21～30天 21 to 30 days		31～60天 31 to 60 days		3个月 3 months		4个月 4 months		6个月 6 months		9个月 9 months		1年 1 year	
	交易量 Volume	利率 Rate	交易量 Volume	利率 Rate	交易量 Volume	利率 Rate	交易量 Volume	利率 Rate	交易量 Volume	利率 Rate	交易量 Volume	利率 Rate	交易量 Volume	利率 Rate	交易量 Volume	利率 Rate	交易量 Volume	利率 Rate	交易量 Volume	利率 Rate	交易量 Volume	利率 Rate
2009.01	4 867.0	0.86	782.9	1.03	384.4	1.00	145.0	1.02	55.4	1.25	4.4	1.71	30.5	1.82	1.0	2.45	—	—	—	—	—	—
2009.02	7 694.5	0.83	1 231.8	1.01	209.6	0.96	4.2	1.10	69.6	1.12	25.1	1.31	24.4	1.55	7.6	1.60	8.5	1.54	1.2	2.23	2.0	1.83
2009.03	14 435.0	0.81	1 613.8	0.99	458.7	0.96	2.4	1.21	152.7	1.04	29.2	1.12	21.8	1.54	0.9	1.31	17.1	1.52	—	—	1.0	1.65
2009.04	9 461.8	0.82	1 928.6	1.00	492.6	0.96	12.0	0.97	134.4	1.06	22.0	1.13	33.0	1.65	3.7	1.62	10.8	1.71	1.1	1.63	—	—
2009.05	12 880.4	0.81	2 072.5	1.00	598.5	0.96	21.6	0.99	100.5	1.08	11.2	1.06	31.8	1.38	1.1	1.29	15.0	1.53	—	—	0.3	2.16
2009.06	15 721.6	0.87	2 912.5	1.06	377.3	1.06	23.0	0.99	114.7	1.10	29.0	1.33	45.0	1.38	1.2	1.38	2.0	2.20	2.0	2.26	1.0	1.85
2009.07	17 227.8	1.26	2 542.1	1.62	611.2	1.52	35.0	1.34	137.2	1.50	22.7	1.70	26.9	1.86	3.6	1.70	15.5	1.79	—	—	2.0	2.61
2009.08	14 310.2	1.16	1 450.9	1.49	587.8	1.57	60.5	1.27	49.2	1.72	1.0	1.76	43.1	1.80	—	—	2.0	2.94	1.5	3.20	2.0	2.80
2009.09	17 078.5	1.20	2 542.0	1.57	822.6	1.65	112.0	1.60	116.7	1.67	7.6	1.88	30.4	1.97	6.3	1.82	17.1	2.21	6.66	2.01	4.0	2.2
2009.10	12 186.9	1.25	1 113.8	1.57	220.7	1.59	7.30	1.88	105.6	1.70	109.2	1.80	98.5	1.84	1.0	1.81	6.1	2.17	—	—	11.0	2.3
2009.11	17 881.7	1.20	996.9	1.46	556.2	1.48	235.7	1.56	641.6	1.72	223.0	1.76	168.8	1.82	5.8	2.03	—	—	0.2	2.48	—	—
2009.12	17 920.6	1.19	2 160.1	1.50	658.6	1.60	362.9	1.61	370.9	1.73	53.7	1.73	155.9	1.86	30.3	1.92	2.8	2.46	—	—	—	—
2010.01	15 839.5	1.12	1 224.1	1.52	119.3	1.62	31.4	1.62	137.6	1.74	16.4	1.85	73.5	2.94	10.0	1.95	7.0	2.01	4.0	2.07	4.4	2.52
2010.02	13 140.8	1.45	1 396.5	1.80	733.5	2.06	74.0	1.82	114.0	1.91	64.3	1.92	94.9	2.01	10.9	2.05	12.1	2.11	—	—	—	—
2010.03	17 101.6	1.35	1 396.3	1.67	428.5	1.70	2.2	2.20	163.8	1.82	124.4	1.78	117.4	2.05	8.1	2.08	15.2	2.25	—	—	4.7	2.39
2010.04	19 859.7	1.31	1 426.0	1.66	203.9	1.66	15.0	1.90	42.4	1.82	24.7	1.87	147.6	2.00	2.5	2.30	4.2	2.42	—	—	—	—
2010.05	16 873.7	1.63	1 959.9	1.95	159.8	1.79	24.4	2.05	83.0	2.00	27.8	2.01	170.6	2.06	8.1	2.37	9.4	2.62	—	—	—	—
2010.06	14 896.8	2.20	2 331.1	2.68	371.6	3.03	136.5	3.40	122.4	3.45	15.3	3.51	47.3	3.50	35.8	3.51	9.0	3.52	0.1	2.50	—	—

全国银行间同业拆借各期限月加权平均利率

Monthly weighted average interest rates of inter-bank borrowing with different maturities

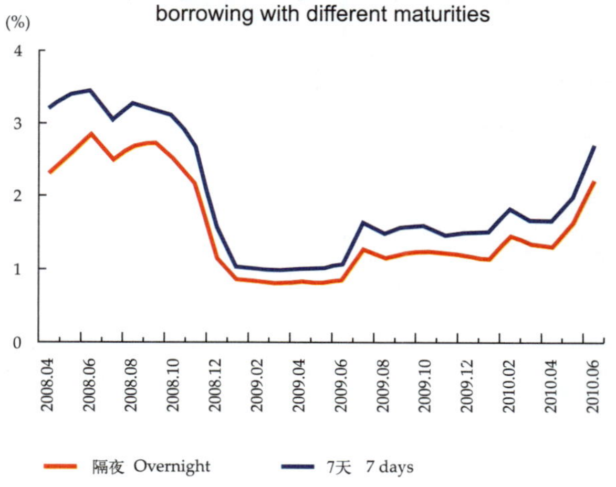

全国银行间同业拆借各期限当月交易量

Monthly transaction volume of inter-bank borrowing with different maturities

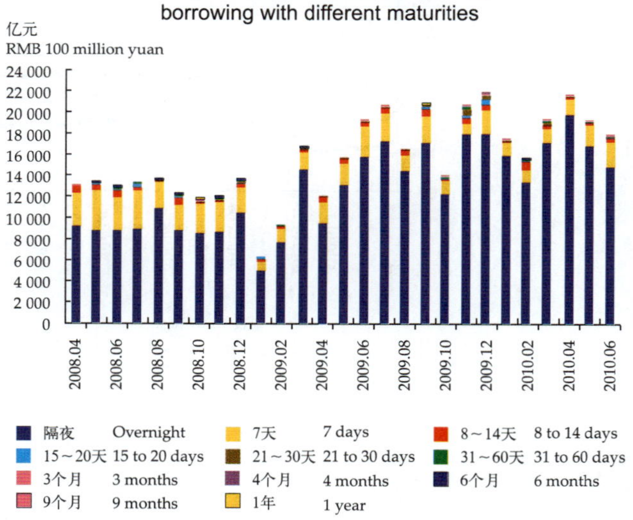

2.债券市场
(2) Bond market

债券回购交易成交金额
Turnover of repurchasing

单位：亿元
Unit: RMB 100 million yuan

年/月 Year/Month	银行间债券市场 Inter-bank bond market	交易所 Stock exchanges
2009.04	55 061	2 195
2009.05	57 608	2 023
2009.06	74 831	2 955
2009.07	60 963	4 317
2009.08	53 418	3 495
2009.09	63 284	4 157
2009.10	40 792	2 808
2009.11	54 770	3 526
2009.12	73 319	4 137
2010.01	60 269	3 731
2010.02	46 254	2 756
2010.03	64 465	5 014
2010.04	68 354	4 664
2010.05	71 315	4 737
2010.06	73 152	5 483

债券现券交易成交金额
Turnover of outright transactions

单位：亿元
Unit: RMB 100 million yuan

年/月 Year/Month	银行间债券市场 Inter-bank bond market	交易所 Stock exchanges
2009.04	39 951	200
2009.05	32 347	149
2009.06	43 135	177
2009.07	48 607	202
2009.08	48 490	167
2009.09	51 023	218
2009.10	25 736	100
2009.11	33 356	135
2009.12	48 490	156
2010.01	34 682	150
2010.02	25 680	155
2010.03	47 734	223
2010.04	46 794	146
2010.05	49 623	168
2010.06	40 184	128

债券回购交易成交金额
Turnover of repurchasing

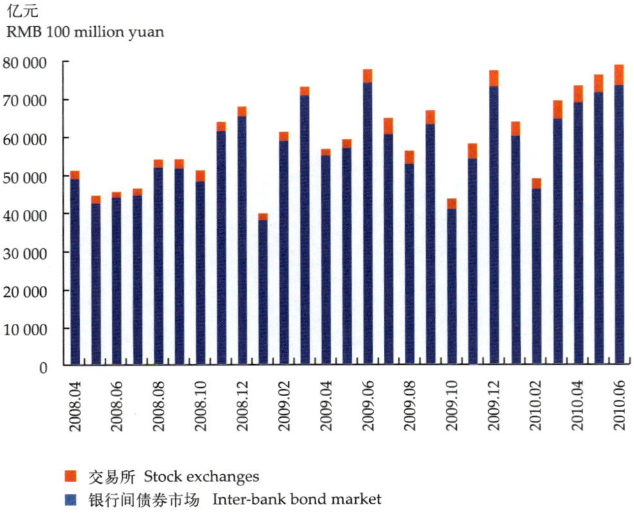

债券现券交易成交金额
Turnover of outright transactions

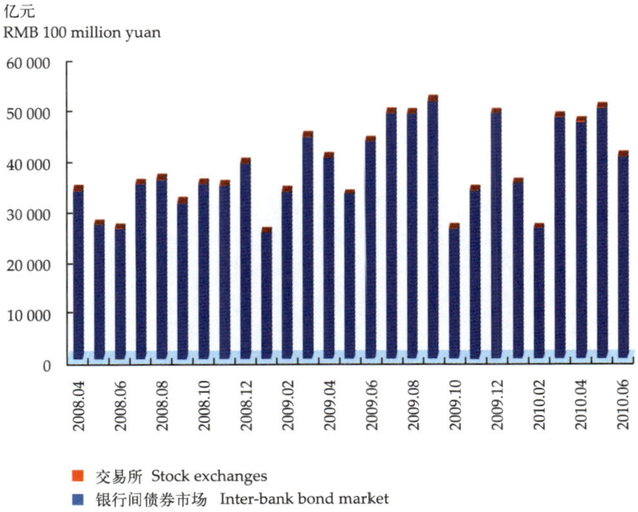

国债发行、兑付、期末余额
Issue and redemption values and end-period balance of government bonds

单位：亿元
Unit: RMB 100 million yuan

年/月 Year/Month	发行额 Issue value	兑付额 Redemption value	期末余额 End-period balance
2009.04	2 489.2	1 556.9	50 574.1
2009.05	2 240.5	122.1	52 692.5
2009.06	2 828.7	1 040.6	54 480.6
2009.07	2 153.6	953.4	55 680.8
2009.08	1 711.9	761.9	56 630.9
2009.09	1 995.6	1 292.3	57 334.1
2009.10	1 113.5	1 132.4	56 967.3
2009.11	1 620.1	389.0	58 198.4
2009.12	843.7	1 092.1	57 950.0
2010.01	260.0	552.3	57 657.7
2010.02	260.0	651.2	57 266.6
2010.03	1 780.0	816.9	58 229.7
2010.04	1 982.9	1 655.7	58 556.9
2010.05	1 862.8	893.2	59 526.6
2010.06	2 150.1	452.1	61 224.6

国债发行与兑付
Issue and redemption values of government bonds

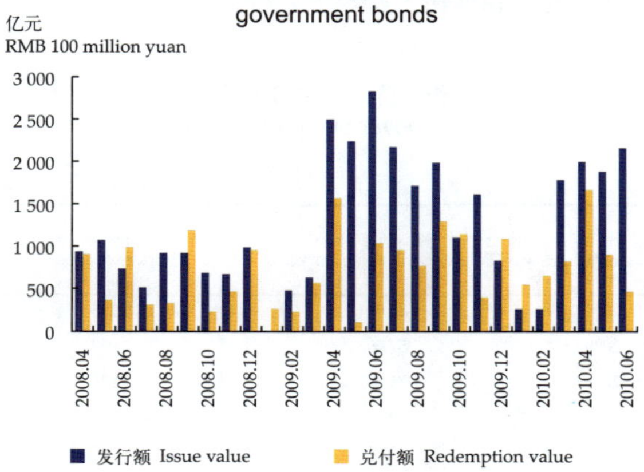

国债期末余额
Outstanding amounts of government bonds at end-period

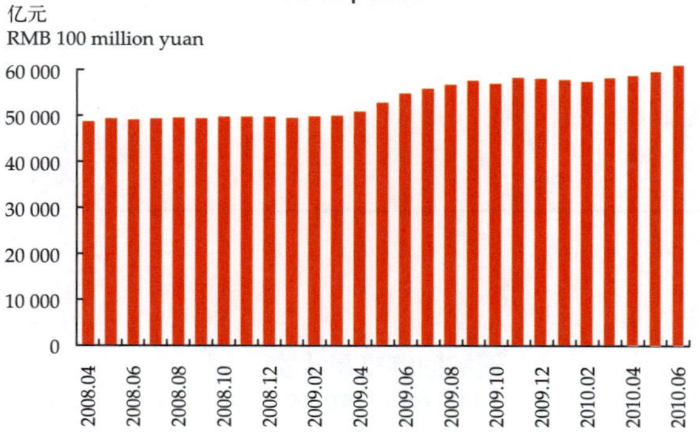

3.股票市场
(3) Stock market

股票成交、发行筹资额
Turnover of stock trading and funds raised in the stock market

单位：亿元
Unit: RMB 100 million yuan

年/月 Year/Month		成交金额 Turnover of stock trading		股票发行筹资额 Stock issues			股票配股筹资额 Issuance of share rights		企业可转债 Convertible corporate bonds	筹资合计 Total
		上海证券交易所A股 A-shares on the Shanghai stock exchange	深圳证券交易所A股 A-shares on the Shenzhen stock exchange	A股 A-shares	外资股(亿美元) Foreign-investment shares (USD100 million)		A股 A-shares	外资股(亿美元) Foreign-investment shares (USD100 million)		
					B股 B-shares	H股 H-shares		B股 B-shares		
2006		57 245	31 972	2 417.9	—	394.9	4.3	—	40.0	5 592.9
2007		301 960	152 811	7 292.8	—	125.4	227.8	—	52.3	8 521.5
2008		179 762	86 129	3 045.0	—	45.7	99.3	—	55.6	3 637.6
2009		345 443	188 446	4 749.3	—	152.5	106.0	—	46.6	5 963.1
2007	1	16 993	8 169	265.1	—		7.2	—	2.0	274.3
	2	11 538	5 706	478.4	—	2.2	—	—	—	495.2
	3	20 976	10 825	117.2	—	—	—	—	—	117.2
	4	31 824	16 926	613.0	—	67.5	—	—	—	1 132.8
	5	38 259	19 167	92.2	—	5.4	—	—	4.4	138.0
	6	34 876	18 455	368.9	—	—	—	—	—	368.9
	7	21 292	11 262	295.0	—	1.9	—	—	20.0	329.6
	8	35 286	18 848	602.4	—	3.5	13.5	—	—	642.7
	9	30 218	15 660	1 823.0	—	0.4	14.8	—	6.4	1 847.1
	10	23 851	10 886	931.3	—	6.1	170.4	—	4.5	1 151.7
	11	17 241	7 649	742.3	—	4.4	10.7	—	—	785.2
	12	19 608	9 258	964.0	—	34.1	11.3	—	15.0	1 238.9
2008	1	30 623	15 665	771.1	—	—	16.6	—	—	787.6
	2	14 177	6 827	325.8	—	—	—	—	—	325.8
	3	19 350	9 056	115.1	—	28.8	—	—	—	369.5
	4	18 573	8 193	296.9	—	0.2	—	—	28.0	326.5
	5	19 727	9 627	310.2	—	3.5	37.4	—	—	428.8
	6	11 269	5 497	150.0	—	5.8	19.7	—	—	209.3
	7	15 275.8	7 909.1	180.4	—	—	—	—	—	191.1
	8	7 861.9	3 889.0	199.8	—	6.1	25.6	—	27.6	295.0
	9	8 086	3 395	15.8	—	—	—	—	—	15.8
	10	7 301	3 044	138.7	—	—	—	—	—	138.7
	11	11 839	5 201	264.9	—	—	—	—	—	264.9
	12	15 680	7 825	276.3	—	1.2	—	—	—	284.6
2009	1	9 737	5 136	86.7	—	—	—	—	—	86.7
	2	26 285	13 967	91.6	—	3.0	—	—	—	112.3
	3	24 997	12 432	86.4	—	—	—	—	—	76.9
	4	30 024	15 557	230.8	—	—	—	—	—	230.8
	5	24 141	12 805	213.7	—	—	—	—	—	213.7
	6	30 770	15 212	188.5	—	2.3	—	—	—	212.7
	7	47 202	23 434	853.7	—	11.2	—	—	—	937.0
	8	33 262	17 072	465.5	—	1.1	11.2	—	—	484.0
	9	28 262	15 791	324.2	—	36.5	4.4	—	21.2	600.2
	10	19 955	12 307	459.7	—	—	7.5	—	25.5	504.6
	11	38 955	24 680	705.1	—	40.2	52.8	—	—	1 032.5
	12	31 853	20 055	1 043.5	—	58.3	30.1	—	—	1 471.9
2010	1	29 001	12 330	537.6	—	3.4	—	—	—	579.1
	2	14 256	6 768	672.6	—	—	19.6	—	—	703.8
	3	25 220	11 466	403.7	—	7.3	180.5	—	—	636.3
	4	28 689	13 495	431.8	—	—	—	—	—	431.8
	5	18 588	8 121	442.8	—	0.4	—	—	7.2	452.9
	6	12 914	6 032	468.5	—	—	349.9	—	406.5	1 224.9

月末加权平均市盈率
Weighted average price-earnings ratio at month-end

年/月 Year/Month	上海证券交易所A股 A-shares on the Shanghai stock exchange	上海证券交易所B股 B-shares on the Shanghai stock exchange	深圳证券交易所A股 A-shares on the Shenzhen stock exchange	深圳证券交易所B股 B-shares on the Shenzhen stock exchange
2009.04	20.2	17.2	30.9	12.7
2009.05	22.5	15.1	32.8	14.7
2009.06	25.4	16.4	35.9	17.4
2009.07	29.5	18.8	41.9	19.2
2009.08	23.0	16.0	33.5	16.4
2009.09	24.1	16.6	35.4	17.6
2009.10	26.0	17.9	40.4	18.9
2009.11	27.9	21.2	45.7	21.4
2009.12	28.8	21.6	46.9	21.8
2010.01	26.2	20.7	43.9	20.7
2010.02	26.9	21.7	45.2	20.9
2010.03	27.5	22.1	40.6	18.1
2010.04	25.4	18.0	36.3	16.7
2010.05	19.9	16.2	34.3	15.3
2010.06	18.5	16.4	31.5	15.7

成交金额
Turnover of stock trading

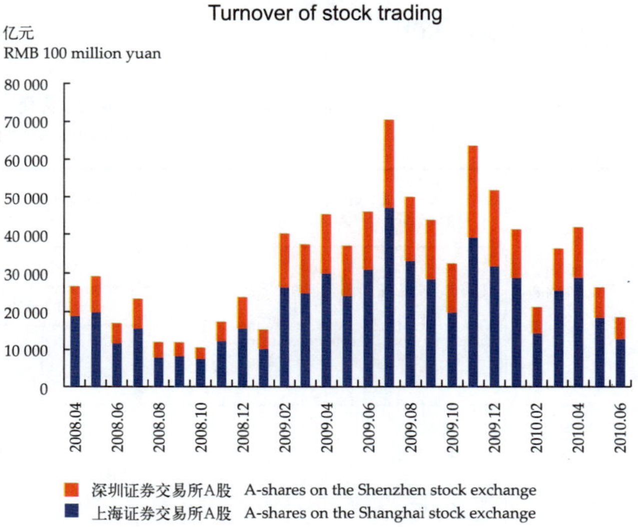

月末加权平均市盈率
Weighted average price-earnings ratio at month-end

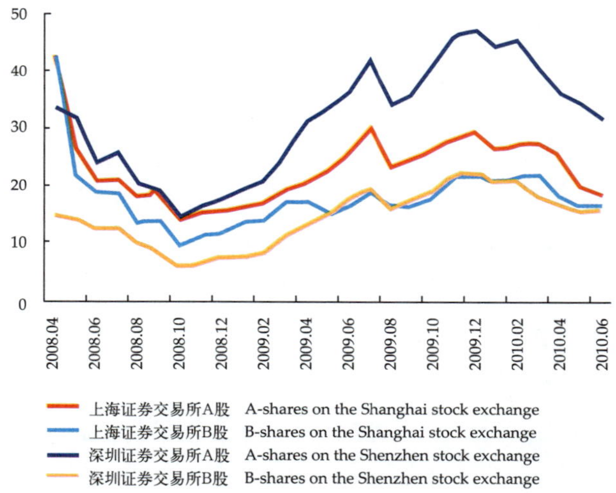

月末收盘指数
Closing index at month-end

4.票据市场
(4) Commercial paper market

票据市场交易额与期末余额
Transactions and outstanding balance of commercial paper market

单位：亿元
Unit: RMB 100 million yuan

年/月 Year/Month	商业汇票 Drafts	贴现 Discount bills	再贴现 Rediscount bills
发生额 Transactions during the period			
2009.04	7 746	18 359	3
2009.05	7 297	16 558	1
2009.06	9 478	30 137	5
2009.07	7 967	17 787	13
2009.08	6 531	15 401	33
2009.09	9 584	20 873	42
2009.10	7 066	15 069	23
2009.11	8 287	16 029	43
2009.12	9 009	19 623	81
2010.01	9 238	21 500	52
2010.02	6 993	14 977	66
2010.03	11 416	25 057	84
2010.04	9 443	18 922	91
2010.05	9 388	19 553	116
2010.06	8 434	19 526	177
期末余额 Outstanding balance at the end of the period			
2009.04	43 157	31 393	7
2009.05	49 055	34 611	5
2009.06	50 397	34 093	9
2009.07	48 499	30 815	18
2009.08	46 222	29 273	50
2009.09	43 303	26 040	86
2009.10	42 563	24 137	95
2009.11	41 307	23 186	123
2009.12	41 267	21 881	181
2010.01	42 192	20 892	197
2010.02	43 263	19 263	230
2010.03	44 470	17 402	263
2010.04	46 584	17 736	298
2010.05	48 093	17 679	357
2010.06	46 890	14 866	386

商业汇票交易情况
Draft transactions

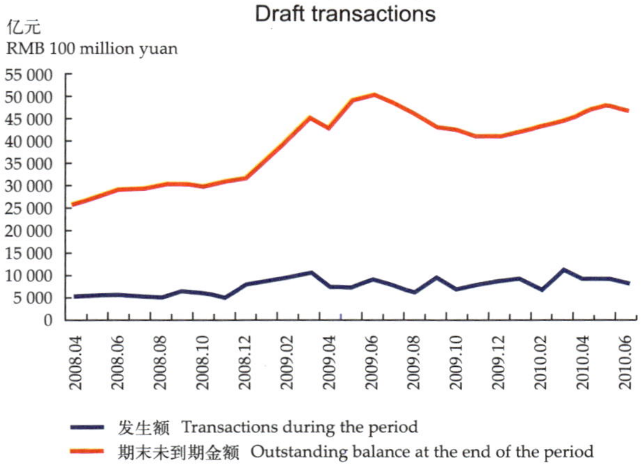

贴现情况
Discount bills

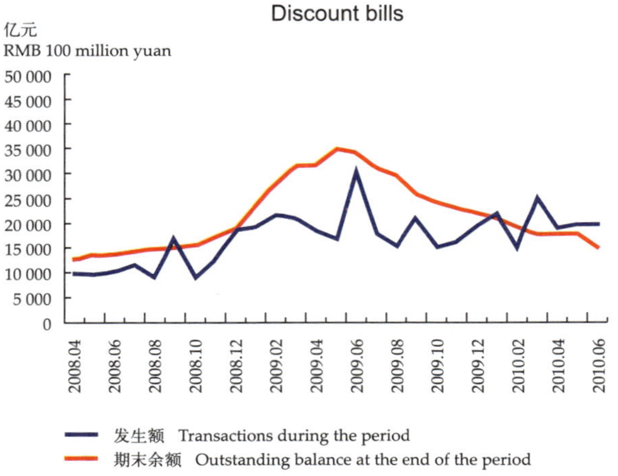

再贴现情况
Rediscount bills

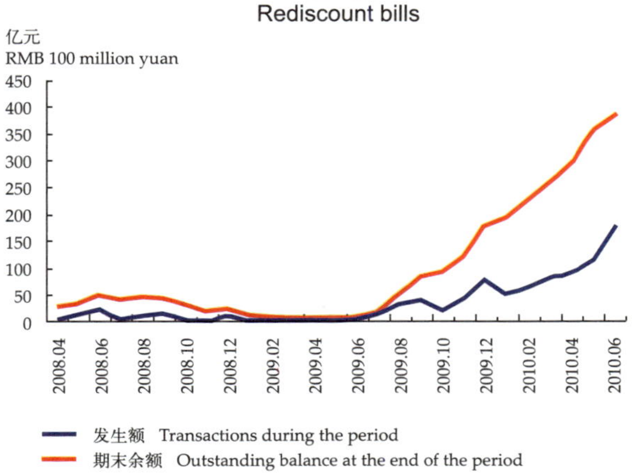

5.外汇市场
(5) Foreign exchange market

世界主要货币兑人民币月平均汇率
Monthly average exchange rate of the RMB against major foreign currencies

年/月 Year/Month	人民币元/美元 RMB yuan/USD	人民币元/欧元 RMB yuan/EUR	人民币元/100日元 RMB yuan/100JPY	人民币元/港元 RMB yuan/HKD
2009.01	6.8382	9.1043	7.5414	0.8816
2009.02	6.8357	8.7432	7.4097	0.8816
2009.03	6.8341	8.9150	6.9873	0.8814
2009.04	6.8312	8.9957	6.9072	0.8814
2009.05	6.8245	9.2922	7.0681	0.8805
2009.06	6.8332	9.5789	7.0765	0.8816
2009.07	6.8320	9.6145	7.2311	0.8815
2009.08	6.8322	9.7467	7.1994	0.8815
2009.09	6.8289	9.9354	7.4638	0.8811
2009.10	6.8275	10.1561	7.5275	0.8810
2009.11	6.8274	10.1860	7.6512	0.8809
2009.12	6.8279	9.9708	7.6101	0.8807
2010.01	6.8273	9.7584	7.4812	0.8795
2010.02	6.8270	9.3656	7.5662	0.8790
2010.03	6.8264	9.2700	7.5429	0.8795
2010.04	6.8262	9.1696	7.3100	0.8794
2010.05	6.8274	8.5604	7.4245	0.8768
2010.06	6.8165	8.3220	7.5087	0.8753

世界主要货币兑人民币期末汇率
Exchange rate of the RMB against major foreign currencies at the end of the period

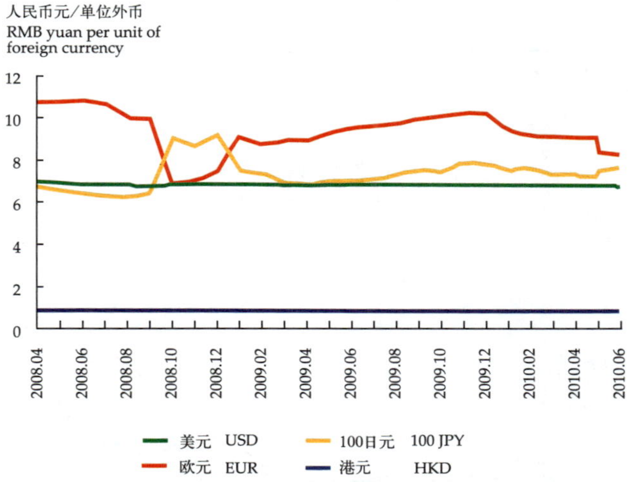

人民币元/美元中间价
Central parity of the RMB against the USD
2005年7月21日至2010年6月30日
From July 21, 2005 to June 30, 2010

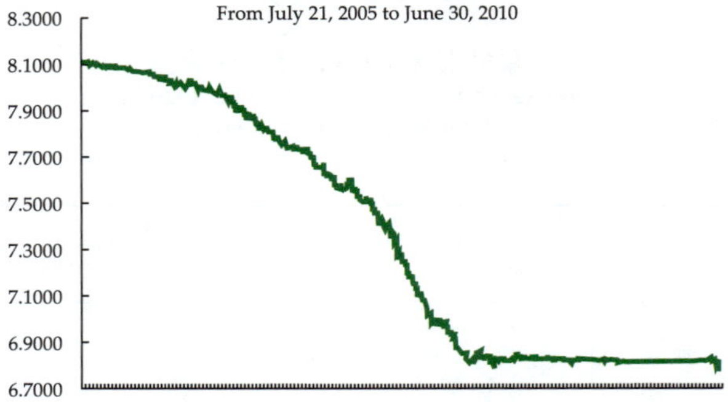

人民币元/欧元中间价
Central parity of the RMB against the EUR
2005年7月21日至2010年6月30日
From July 21, 2005 to June 30, 2010

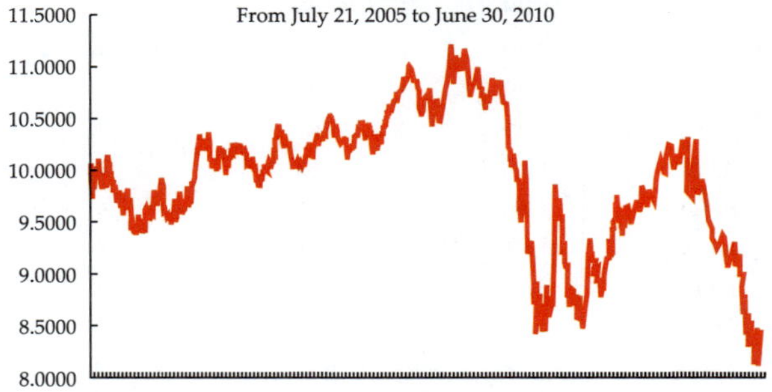

人民币元/日元中间价
Central parity of the RMB against the JPY
2005年7月21日至2010年6月30日
From July 21, 2005 to June 30, 2010

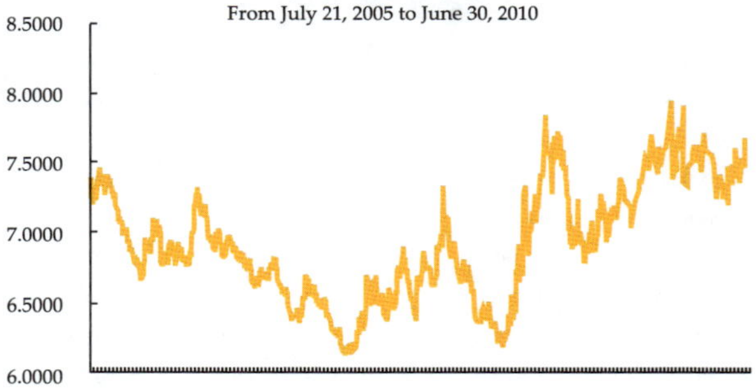

人民币元/港元中间价
Central parity of the RMB against the HKD
2005年7月21日至2010年6月30日
From July 21, 2005 to June 30, 2010

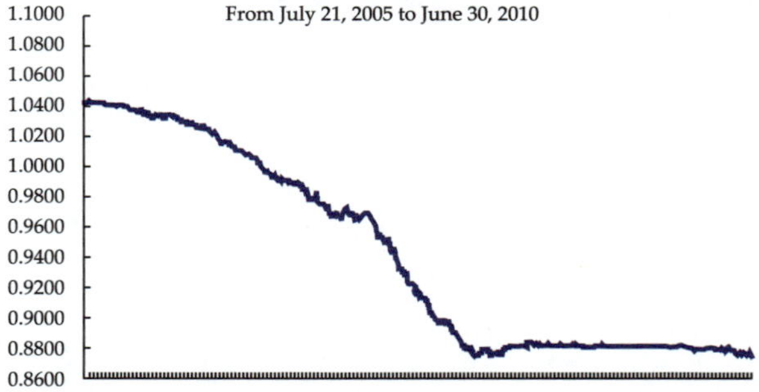

2010年1月4日以来人民币汇率中间价
Central parity of the RMB against major foreign currencies since January 4, 2010

日期 Date	人民币元/美元 RMB yuan/USD	人民币元/欧元 RMB yuan/EUR	人民币元/100日元 RMB yuan/100JPY	人民币元/港元 RMB yuan/HKD
2010.01.04	6.8281	9.7635	7.3464	0.8804
2010.01.05	6.8278	9.8419	7.3886	0.8803
2010.01.06	6.8277	9.7899	7.4510	0.8803
2010.01.07	6.8276	9.8529	7.3916	0.8805
2010.01.08	6.8279	9.7690	7.3030	0.8804
2010.01.11	6.8275	9.8941	7.3983	0.8804
2010.01.12	6.8274	9.8973	7.4006	0.8804
2010.01.13	6.8273	9.8829	7.4783	0.8804
2010.01.14	6.8272	9.9220	7.4684	0.8803
2010.01.15	6.8271	9.8860	7.4793	0.8799
2010.01.18	6.8272	9.7984	7.5160	0.8798
2010.01.19	6.8270	9.8288	7.5312	0.8794
2010.01.20	6.8273	9.7535	7.4906	0.8795
2010.01.21	6.8272	9.6424	7.4782	0.8789
2010.01.22	6.8271	9.6303	7.5655	0.8785
2010.01.25	6.8270	9.6605	7.5851	0.8783
2010.01.26	6.8269	9.6734	7.5481	0.8789
2010.01.27	6.8270	9.6100	7.6241	0.8780
2010.01.28	6.8271	9.5672	7.5726	0.8780
2010.01.29	6.8270	9.5049	7.6075	0.8783
2010.02.01	6.8271	9.4770	7.5617	0.8790
2010.02.02	6.8271	9.5078	7.5106	0.8789
2010.02.03	6.8269	9.5362	7.5410	0.8790
2010.02.04	6.8270	9.4783	7.5034	0.8790
2010.02.05	6.8272	9.3761	7.6218	0.8786
2010.02.08	6.8273	9.3285	7.6398	0.8785
2010.02.09	6.8271	9.3234	7.6413	0.8785
2010.02.10	6.8269	9.4170	7.5926	0.8788
2010.02.11	6.8270	9.4011	7.5826	0.8787
2010.02.12	6.8269	9.3259	7.6049	0.8787
2010.02.22	6.8271	9.3060	7.4394	0.8791
2010.02.23	6.8270	9.2898	7.4829	0.8794
2010.02.24	6.8271	9.2285	7.5659	0.8794
2010.02.25	6.8270	9.2332	7.5675	0.8792
2010.02.26	6.8269	9.2545	7.6376	0.8793
2010.03.01	6.8267	9.3140	7.6713	0.8795
2010.03.02	6.8268	9.2428	7.6486	0.8792
2010.03.03	6.8266	9.3081	7.7015	0.8794
2010.03.04	6.8265	9.3482	7.7066	0.8794
2010.03.05	6.8266	9.2746	7.6433	0.8794
2010.03.08	6.8266	9.3231	7.5520	0.8795
2010.03.09	6.8265	9.3014	7.5682	0.8799
2010.03.10	6.8264	9.2815	7.5819	0.8797
2010.03.11	6.8263	9.3104	7.5479	0.8798
2010.03.12	6.8262	9.3379	7.5315	0.8797
2010.03.15	6.8261	9.3883	7.5285	0.8799
2010.03.16	6.8263	9.3295	7.5659	0.8798
2010.03.17	6.8262	9.3997	7.5490	0.8796
2010.03.18	6.8262	9.3638	7.5507	0.8795
2010.03.19	6.8263	9.2967	7.5487	0.8796
2010.03.22	6.8264	9.2235	7.5426	0.8797
2010.03.23	6.8263	9.2466	7.5541	0.8796
2010.03.24	6.8264	9.2013	7.5476	0.8794
2010.03.25	6.8266	9.1036	7.4335	0.8796
2010.03.26	6.8268	9.0875	7.3827	0.8796
2010.03.29	6.8266	9.1719	7.3833	0.8793
2010.03.30	6.8264	9.1979	7.4059	0.8793
2010.03.31	6.8263	9.1588	7.3421	0.8792
2010.04.01	6.8261	9.2466	7.3049	0.8792
2010.04.02	6.8260	9.2694	7.2787	0.8788
2010.04.06	6.8260	9.1806	7.2428	0.8790
2010.04.07	6.8259	9.1331	7.2798	0.8792
2010.04.08	6.8259	9.1047	7.3149	0.8795
2010.04.09	6.8260	9.1219	7.2951	0.8797
2010.04.12	6.8259	9.3081	7.3267	0.8800
2010.04.13	6.8260	9.2680	7.3378	0.8796
2010.04.14	6.8261	9.3118	7.3151	0.8798
2010.04.15	6.8260	9.3233	7.3076	0.8795
2010.04.16	6.8261	9.2456	7.3454	0.8795
2010.04.19	6.8262	9.2031	7.4057	0.8794
2010.04.20	6.8263	9.2131	7.3706	0.8794
2010.04.21	6.8264	9.1539	7.3390	0.8794
2010.04.22	6.8263	9.1414	7.3484	0.8793
2010.04.23	6.8264	9.0296	7.3053	0.8795
2010.04.26	6.8263	9.1445	7.2493	0.8794
2010.04.27	6.8262	9.1283	7.2739	0.8792
2010.04.28	6.8264	8.9917	7.3363	0.8792
2010.04.29	6.8265	9.0052	7.2688	0.8789
2010.04.30	6.8263	9.0380	7.2640	0.8791
2010.05.04	6.8265	9.0144	7.1922	0.8794
2010.05.05	6.8267	8.8542	7.2012	0.8791
2010.05.06	6.8269	8.7647	7.2879	0.8790
2010.05.07	6.8271	8.6161	7.4666	0.8775
2010.05.10	6.8269	8.7791	7.3920	0.8778
2010.05.11	6.8270	8.7252	7.3484	0.8774
2010.05.12	6.8271	8.6264	7.3564	0.8774
2010.05.13	6.8272	8.6262	7.3300	0.8772
2010.05.14	6.8273	8.5577	7.3622	0.8773
2010.05.17	6.8275	8.4279	7.4031	0.8766
2010.05.18	6.8276	8.4300	7.3800	0.8754
2010.05.19	6.8278	8.3060	7.4470	0.8751
2010.05.20	6.8277	8.4291	7.4372	0.8754
2010.05.21	6.8276	8.5427	7.5959	0.8749
2010.05.24	6.8277	8.5404	7.5935	0.8749
2010.05.25	6.8279	8.4062	7.5819	0.8752
2010.05.26	6.8280	8.4097	7.5703	0.8753
2010.05.27	6.8281	8.3258	7.5813	0.8772
2010.05.28	6.8279	8.4239	7.4904	0.8770
2010.05.31	6.8280	8.4015	7.4733	0.8766
2010.06.01	6.8279	8.3655	7.5028	0.8765
2010.06.02	6.8281	8.3528	7.4828	0.8762
2010.06.03	6.8280	8.3752	7.4161	0.8763
2010.06.04	6.8281	8.3136	7.3622	0.8766
2010.06.07	6.8283	8.1301	7.4962	0.8761
2010.06.08	6.8284	8.1562	7.4497	0.8748
2010.06.09	6.8282	8.1501	7.4780	0.8750
2010.06.10	6.8281	8.1708	7.4853	0.8752
2010.06.11	6.8279	8.2703	7.4544	0.8766
2010.06.17	6.8277	8.3878	7.4693	0.8763
2010.06.18	6.8275	8.4538	7.5151	0.8769
2010.06.21	6.8275	8.4825	7.5500	0.8786
2010.06.22	6.7980	8.3816	7.4740	0.8744
2010.06.23	6.8102	8.3507	7.5243	0.8753
2010.06.24	6.8100	8.3964	7.5742	0.8756
2010.06.25	6.7896	8.3539	7.5697	0.8729
2010.06.28	6.7890	8.4160	7.5986	0.8728
2010.06.29	6.7901	8.3393	7.5948	0.8725
2010.06.30	6.7909	8.2710	7.6686	0.8724

九、中央银行公开市场业务
9. Central Bank Open Market Operations

中央银行公开市场业务交易
Central bank open market operations

日期 Date		操作工具 Mode of transaction	招标方式 Mode of bidding	期限品种(天) Maturity (Day)	招标数量(亿元) Bidding amount (RMB 100 million yuan)	实际发行量/买入面额(亿元) Actual issue/purchasing face value (RMB 100 million yuan)	发行价格(元)/买入金额(亿元) Issue price (RMB yuan)/purchasing amount (RMB 100 million yuan)	中标利率/参考收益率(%) Interest rate of successful bidding/reference yield (%)
2010.01.05	周二 Tuesday	中央银行票据 Central bank bills	价格招标 Price bidding	1年 1-year	120	120	98.27	1.7605
		正回购 Reverse repurchase	利率招标 Interest rate bidding	28天 28-day	750	750	—	1.18
2010.01.07	周四 Thursday	中央银行票据 Central bank bills	价格招标 Price bidding	91天 91-day	600	600	99.66	1.3684
		正回购 Reverse repurchase	利率招标 Interest rate bidding	91天 91-day	300	300	—	1.36
2010.01.12	周二 Tuesday	中央银行票据 Central bank bills	价格招标 Price bidding	1年 1-year	200	200	98.19	1.8434
		正回购 Reverse repurchase	利率招标 Interest rate bidding	28天 28-day	2 000	2 000	—	1.18
2010.01.14	周四 Thursday	中央银行票据 Central bank bills	价格招标 Price bidding	91天 91-day	500	500	99.66	1.3684
		正回购 Reverse repurchase	利率招标 Interest rate bidding	91天 91-day	400	400	—	1.36
2010.01.19	周二 Tuesday	中央银行票据 Central bank bills	价格招标 Price bidding	1年 1-year	240	240	98.11	1.9264
2010.01.21	周四 Thursday	中央银行票据 Central bank bills	价格招标 Price bidding	91天 91-day	900	900	99.65	1.4088
		正回购 Reverse repurchase	利率招标 Interest rate bidding	91天 91-day	480	480	—	1.41
2010.01.26	周二 Tuesday	中央银行票据 Central bank bills	价格招标 Price bidding	1年 1-year	100	100	98.11	1.9264
2010.01.28	周四 Thursday	中央银行票据 Central bank bills	价格招标 Price bidding	91天 91-day	500	500	99.65	1.4088
2010.02.02	周二 Tuesday	中央银行票据 Central bank bills	价格招标 Price bidding	1年 1-year	100	100	98.11	1.9264
2010.02.04	周四 Thursday	中央银行票据 Central bank bills	价格招标 Price bidding	91天 91-day	420	420	99.65	1.4088
2010.02.09	周二 Tuesday	中央银行票据 Central bank bills	价格招标 Price bidding	1年 1-year	240	240	98.11	1.9264
2010.02.11	周四 Thursday	中央银行票据 Central bank bills	价格招标 Price bidding	91天 91-day	300	300	99.65	1.4088

中央银行公开市场业务交易
Central bank open market operations

续表

日期 Date		操作工具 Mode of transaction	招标方式 Mode of bidding	期限品种(天) Maturity (Day)	招标数量(亿元) Bidding amount (RMB 100 million yuan)	实际发行量/买入面额(亿元) Actual issue/ purchasing face value (RMB 100 million yuan)	发行价格(元)/买入金额(亿元) Issue price (RMB yuan)/ purchasing amount (RMB 100 million yuan)	中标利率/参考收益率(%) Interest rate of successful bidding/ reference yield (%)
2010.02.23	周二 Tuesday	中央银行票据 Central bank bills	价格招标 Price bidding	1年 1-year	170	170	98.11	1.9264
2010.02.25	周四 Thursday	中央银行票据 Central bank bills	价格招标 Price bidding	91天 91-day	900	900	99.65	1.4088
		正回购 Reverse repurchase	利率招标 Interest rate bidding	91天 91-day	300	300	—	1.41
2010.03.02	周二 Tuesday	中央银行票据 Central bank bills	价格招标 Price bidding	1年 1-year	600	600	98.11	1.9264
2010.03.04	周四 Thursday	中央银行票据 Central bank bills	价格招标 Price bidding	91天 91-day	900	900	99.65	1.4088
		正回购 Reverse repurchase	利率招标 Interest rate bidding	91天 91-day	490	490	—	1.41
2010.03.09	周二 Tuesday	中央银行票据 Central bank bills	价格招标 Price bidding	1年 1-year	1 000	1 000	98.11	1.9264
		正回购 Reverse repurchase	利率招标 Interest rate bidding	28天 28-day	500	500	—	1.18
2010.03.11	周四 Thursday	中央银行票据 Central bank bills	价格招标 Price bidding	91天 91-day	1 200	1 200	99.65	1.4088
		正回购 Reverse repurchase	利率招标 Interest rate bidding	91天 91-day	830	830	—	1.41
2010.03.16	周二 Tuesday	中央银行票据 Central bank bills	价格招标 Price bidding	1年 1-year	1 100	1 100	98.11	1.9264
		正回购 Reverse repurchase	利率招标 Interest rate bidding	28天 28-day	830	830	—	1.18
2010.03.18	周四 Thursday	中央银行票据 Central bank bills	价格招标 Price bidding	91天 91-day	1 300	1 300	99.65	1.4088
		正回购 Reverse repurchase	利率招标 Interest rate bidding	91天 91-day	800	800	—	1.41
2010.03.23	周二 Tuesday	中央银行票据 Central bank bills	价格招标 Price bidding	1年 1-year	780	780	98.11	1.9264
		正回购 Reverse repurchase	利率招标 Interest rate bidding	28天 28-day	450	450	—	1.18
2010.03.25	周四 Thursday	中央银行票据 Central bank bills	价格招标 Price bidding	91天 91-day	1 600	1 600	99.65	1.4088
		正回购 Reverse repurchase	利率招标 Interest rate bidding	91天 91-day	500	500	—	1.41
2010.03.30	周二 Tuesday	中央银行票据 Central bank bills	价格招标 Price bidding	1年 1-year	500	500	98.11	1.9264
		正回购 Reverse repurchase	利率招标 Interest rate bidding	28天 28-day	300	300	0	1.18

中央银行公开市场业务交易
Central bank open market operations

续表

日期 Date		操作工具 Mode of transaction	招标方式 Mode of bidding	期限品种(天) Maturity (Day)	招标数量(亿元) Bidding amount (RMB 100 million yuan)	实际发行量/买入面额(亿元) Actual issue/purchasing face value (RMB 100 million yuan)	发行价格(元)/买入金额(亿元) Issue price (RMB yuan)/purchasing amount (RMB 100 million yuan)	中标利率/参考收益率(%) Interest rate of successful bidding/reference yield (%)
2010.04.01	周四 Thursday	中央银行票据 Central bank bills	价格招标 Price bidding	91天 91-day	750	750	99.65	1.4088
		正回购 Reverse repurchase	利率招标 Interest rate bidding	91天 91-day	680	680	—	1.41
2010.04.06	周二 Tuesday	中央银行票据 Central bank bills	价格招标 Price bidding	1年 1-year	600	600	98.11	1.9264
		正回购 Reverse repurchase	利率招标 Interest rate bidding	28天 28-day	800	800	—	1.18
2010.04.08	周四 Thursday	中央银行票据 Central bank bills	价格招标 Price bidding	91天 91-day	750	750	99.65	1.4088
		中央银行票据 Central bank bills	利率招标 Interest rate bidding	3年 3-year	150	150	100	2.75
		正回购 Reverse repurchase	利率招标 Interest rate bidding	91天 91-day	600	600	—	1.41
2010.04.13	周二 Tuesday	中央银行票据 Central bank bills	价格招标 Price bidding	1年 1-year	450	450	98.11	1.9264
		正回购 Reverse repurchase	利率招标 Interest rate bidding	28天 28-day	600	600	—	1.18
2010.04.15	周四 Thursday	中央银行票据 Central bank bills	价格招标 Price bidding	91天 91-day	680	680	99.65	1.4088
		正回购 Reverse repurchase	利率招标 Interest rate bidding	91天 91-day	690	690	0	1.41
2010.04.20	周二 Tuesday	中央银行票据 Central bank bills	价格招标 Price bidding	1年 1-year	400	400	98.11	1.9264
		正回购 Reverse repurchase	利率招标 Interest rate bidding	28天 28-day	750	750	—	1.18
2010.04.22	周二 Tuesday	中央银行票据 Central bank bills	价格招标 Price bidding	91天 91-day	230	230	99.65	1.4088
		中央银行票据 Central bank bills	利率招标 Interest rate bidding	3年 3-year	900	900	100	2.74
		正回购 Reverse repurchase	利率招标 Interest rate bidding	91天 91-day	350	350	—	1.41
2010.04.27	周二 Tuesday	中央银行票据 Central bank bills	价格招标 Price bidding	1年 1-year	750	750	98.11	1.9264
		正回购 Reverse repurchase	利率招标 Interest rate bidding	28天 28-day	550	550	—	1.18
2010.04.29	周四 Thursday	中央银行票据 Central bank bills	价格招标 Price bidding	91天 91-day	200	200	99.65	1.4088
		正回购 Reverse repurchase	利率招标 Interest rate bidding	91天 91-day	500	500	—	1.41

中央银行公开市场业务交易
Central bank open market operations

续表

日期 Date		操作工具 Mode of transaction	招标方式 Mode of bidding	期限品种(天) Maturity (Day)	招标数量(亿元) Bidding amount (RMB 100 million yuan)	实际发行量/买入面额(亿元) Actual issue/ purchasing face value (RMB 100 million yuan)	发行价格(元)/买入金额(亿元) Issue price (RMB yuan)/ purchasing amount (RMB 100 million yuan)	中标利率/参考收益率(%) Interest rate of successful bidding/ reference yield (%)
2010.05.04	周二 Tuesday	中央银行票据 Central bank bills	价格招标 Price bidding	1年 1-year	200	200	98.11	1.9264
2010.05.06	周四 Thursday	中央银行票据 Central bank bills	价格招标 Price bidding	91天 91-day	140	140	99.65	1.4088
		中央银行票据 Central bank bills	利率招标 Interest rate bidding	3年 3-year	1 100	1 100	100	2.72
2010.05.11	周二 Tuesday	中央银行票据 Central bank bills	价格招标 Price bidding	1年 1-year	140	140	98.11	1.9264
2010.05.13	周四 Thursday	中央银行票据 Central bank bills	价格招标 Price bidding	91天 91-day	200	200	99.65	1.4088
		正回购 Reverse repurchase	利率招标 Interest rate bidding	91天 91-day	300	300	—	1.41
2010.05.18	周二 Tuesday	中央银行票据 Central bank bills	价格招标 Price bidding	1年 1-year	200	200	98.11	1.9264
2010.05.20	周四 Thursday	中央银行票据 Central bank bills	价格招标 Price bidding	91天 91-day	60	60	99.64	1.4492
		中央银行票据 Central bank bills	利率招标 Interest rate bidding	3年 3-year	1 200	1 200	100	2.7
2010.05.25	周二 Tuesday	中央银行票据 Central bank bills	价格招标 Price bidding	1年 1-year	300	300	98.11	1.9264
2010.05.27	周四 Thursday	中央银行票据 Central bank bills	价格招标 Price bidding	91天 91-day	50	50	99.63	1.4896
2010.06.01	周二 Tuesday	中央银行票据 Central bank bills	价格招标 Price bidding	1年 1-year	150	150	98.03	2.0096
2010.06.03	周四 Thursday	中央银行票据 Central bank bills	价格招标 Price bidding	91天 91-day	50	50	99.62	1.53
		中央银行票据 Central bank bills	利率招标 Interest rate bidding	3年 3-year	1 100	1 100	100	2.68
2010.06.08	周二 Tuesday	中央银行票据 Central bank bills	价格招标 Price bidding	1年 1-year	250	250	97.95	2.0929
2010.06.10	周四 Thursday	中央银行票据 Central bank bills	价格招标 Price bidding	91天 91-day	100	100	99.61	1.5704
		正回购 Reverse repurchase	利率招标 Interest rate bidding	91天 91-day	100	100	—	1.57
2010.06.17	周四 Thursday	中央银行票据 Central bank bills	价格招标 Price bidding	1年 1-year	50	50	97.95	2.0929
		中央银行票据 Central bank bills	利率招标 Interest rate bidding	3年 3-year	180	180	100	2.68
2010.06.22	周二 Tuesday	中央银行票据 Central bank bills	价格招标 Price bidding	1年 1-year	50	50	97.95	2.0929

中央银行公开市场业务交易
Central bank open market operations

续表

日期 Date		操作工具 Mode of transaction	招标方式 Mode of bidding	期限品种(天) Maturity (Day)	招标数量(亿元) Bidding amount (RMB 100 million yuan)	实际发行量/买入面额(亿元) Actual issue/ purchasing face value (RMB 100 million yuan)	发行价格(元)/买入金额(亿元) Issue price (RMB yuan)/ purchasing amount (RMB 100 million yuan)	中标利率/参考收益率(%) Interest rate of successful bidding/ reference yield (%)
2010.06.24	周四 Thursday	中央银行票据 Central bank bills	价格招标 Price bidding	91天 91-day	50	50	99.61	1.5704
2010.06.29	周二 Tuesday	中央银行票据 Central bank bills	价格招标 Price bidding	1年 1-year	550	550	97.95	2.0929

一、经济增长率
1. Economic Growth Rate

世界经济增长率
World economic growth rate

单位：% Unit: %

		2007	2008	2009	2010年4月预计 Projection in April, 2010		2010年7月预计 Projection in July, 2010	
					2010	2011	2010	2011
国际货币基金组织 IMF	按购买力平价方法计算的实际GDP增长率 Real GDP growth rate based on PPP	5.2	3.0	-0.6	4.2	4.3	4.6	4.3
	按市场汇率法计算的实际GDP增长率 Real GDP growth rate based on market exchange rate	3.9	1.8	-2.0	3.2	3.4	3.6	3.4
世界银行 World Bank	按2000年不变价及市场汇率法计算的实际GDP增长率 Real GDP growth rate based on 2000 constant price and market exchange rate	3.9	1.7	-2.1	—	—	3.3	3.3

数据来源：国际货币基金组织《世界经济展望最新预测》（2010年7月），世界银行《全球经济展望最近预测》（2010年6月）。
Source : *World Economic Outlook Update*, IMF, July, 2010; *Global Economic Prospects Forecast:summer update*, The World Bank, June, 2010.

世界经济增长率
World economic growth rate

单位：% Unit: %

年 Year	国际货币基金组织按购买力平价方法计算的实际GDP增长率 Real GDP growth rate based on PPP (IMF)	国际货币基金组织按市场汇率法计算的实际GDP增长率 Real GDP growth rate based on market exchange rate (IMF)
1983	2.8	2.8
1984	4.6	4.6
1985	3.6	3.6
1986	3.5	3.3
1987	3.7	3.5
1988	4.5	4.5
1989	3.7	3.7
1990	2.9	2.8
1991	1.5	1.0
1992	2.0	1.2
1993	2.0	1.2
1994	3.4	3.0
1995	3.3	2.9
1996	3.7	3.2
1997	4.0	3.5
1998	2.5	2.1
1999	3.5	3.1
2000	4.7	4.1
2001	2.2	1.5
2002	2.8	1.9
2003	3.6	2.6
2004	4.9	4.0
2005	4.4	3.4
2006	5.1	3.9
2007	5.2	3.8
2008	3.0	1.8
2009	-0.6	-2.0
2010*	4.6	3.6
2011*	4.3	3.4

注：＊为预测数。
Note: * Projection.

世界经济增长循环
World economic growth cycles

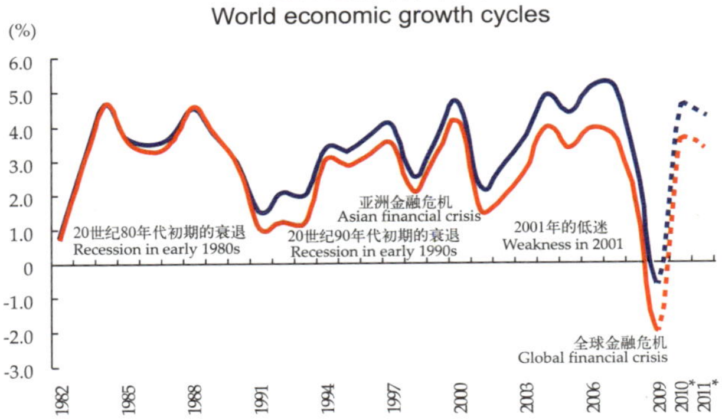

国际货币基金组织按购买力平价方法计算的实际GDP增长率
Real GDP growth rate based on PPP (IMF)
国际货币基金组织按市场汇率法计算的实际GDP增长率
Real GDP growth rate based on market exchange rate (IMF)

注：＊为预测数。
Note: * Projection.

GDP年度增长率
Annual growth rate of GDP

单位：% Unit: %

年 Year	美国 U.S.	日本 Japan	欧元区 Euro Area	英国 U.K.
1999	4.5	-0.1	3.0	3.0
2000	3.7	2.9	3.8	3.8
2001	0.8	0.2	1.9	2.4
2002	1.6	0.3	0.9	2.1
2003	2.5	1.4	0.8	2.8
2004	3.6	2.7	2.1	3.3
2005	2.9	1.9	1.6	1.8
2006	2.8	2.4	2.8	2.8
2007	2.1	2.3	2.7	2.6
2008	0.4	-1.2	0.6	0.5
2009	-2.4	-5.2	-4.1	-4.9
2010*	3.3	2.4	1.0	1.2
2011*	2.9	1.8	1.3	2.1

注：＊为预测数。
Note: *Projection.

GDP季度同比增长率
Year-on-year growth rate of GDP

单位：% Unit: %

年/季 Year/Quarter	美国 U.S.	日本 Japan	欧元区 Euro Area	英国 U.K.
2006Q3	0.1	1.6	2.7	2.7
2006Q4	3.0	2.0	3.1	2.8
2007Q1	1.2	3.5	3.2	2.4
2007Q2	3.2	2.3	2.6	2.7
2007Q3	3.6	1.7	2.7	2.7
2007Q4	2.1	1.9	2.1	2.4
2008Q1	-0.7	1.2	2.1	2.4
2008Q2	1.5	-0.4	1.4	1.7
2008Q3	-2.7	-1.4	0.6	0.2
2008Q4	-5.4	-4.1	-1.5	-2.1
2009Q1	-6.4	-8.9	-4.9	-5.3
2009Q2	-0.7	-5.7	-4.8	-5.9
2009Q3	1.6	-5.2	-4.0	-5.3
2009Q4	5.0	-1.0	-2.0	-2.9
2010Q1	3.7	4.7	0.8	-0.2
2010Q2	1.6	2.0	1.9	1.7

GDP年度增长率
Annual growth rate of GDP

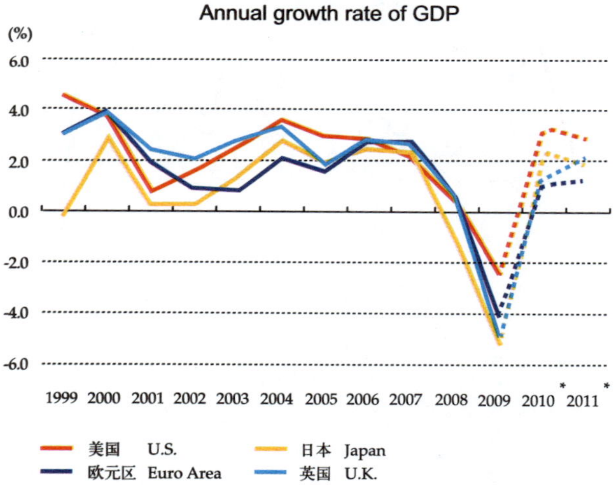

注：＊为预测数。
Note: * Projection.
数据来源：国际货币基金组织《世界经济展望》(2010年7月)。
Source: *World Economic Outlook*, IMF, July, 2010.

GDP季度同比增长率
Year-on-year growth rate of GDP

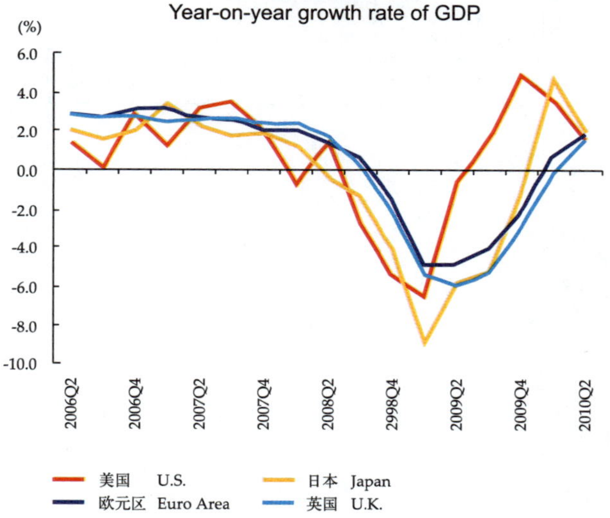

注：美国GDP增长率为环比折年率季节调整后的数据，折年率方法为$[(GDP_1/GDP_0)^4-1]\times100$。
Note: The U.S. GDP growth rate is an annualized rate after a seasonal adjustment. It can be written as $[(GDP_1/GDP_0)^4-1]\times100$.
数据来源：各经济体官方统计网站。
Source: Official Statistical Websites of the Economies.

二、消费价格指数
2. CPI

消费价格当月同比指数
Monthly CPI (YOY)

单位：% Unit: %

年/月 Year/Month	美国 U.S.	日本 Japan	欧元区 Euro Area	英国 U.K.
2009.04	-0.6	-0.1	0.6	2.3
2009.05	-1.0	-1.1	0.0	2.2
2009.06	-1.3	-1.8	-0.1	1.8
2009.07	-2.0	-2.2	-0.7	1.8
2009.08	-1.5	-2.2	-0.2	1.6
2009.09	-1.3	-2.2	-0.3	1.1
2009.10	-0.2	-2.5	-0.1	1.5
2009.11	1.8	-1.9	0.5	1.9
2009.12	2.8	-1.7	0.9	2.9
2010.01	2.7	-1.3	1.0	3.5
2010.02	2.2	-1.1	0.9	3.0
2010.03	2.4	-1.1	1.4	3.4
2010.04	2.2	-1.2	1.5	3.7
2010.05	2.0	-0.9	1.6	3.4
2010.06	1.1	-0.7	1.4	3.2

数据来源：各经济体官方统计网站。
Source: Official Statistical Websites of the Economies.

消费价格当月同比指数
Monthly CPI (YOY)

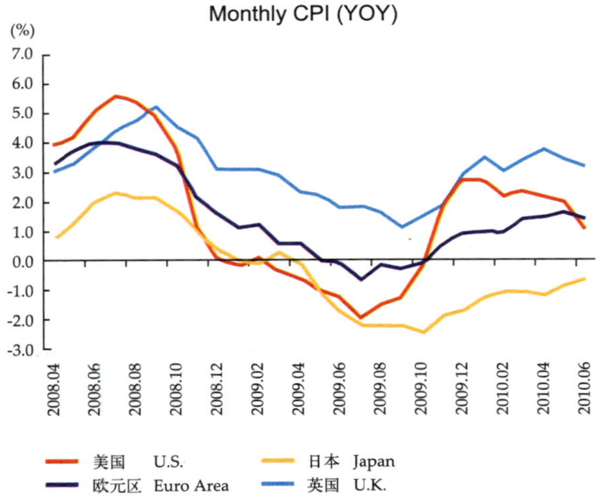

数据来源：各经济体官方统计网站。
Source: Official Statistical Websites of the Economies.

三、失业率
3. Unemployment Rate

失业率（季节调整后）
Unemployment rate
(after seasonal adjustment)

单位：% Unit: %

年/月 Year/Month	美国 U.S.	日本 Japan	欧元区 Euro Area	英国 U.K.
2009.04	8.9	5.0	9.2	7.6
2009.05	9.4	5.1	9.3	7.8
2009.06	9.5	5.3	9.4	7.9
2009.07	9.4	5.6	9.5	7.8
2009.08	9.7	5.4	9.6	7.8
2009.09	9.8	5.3	9.8	7.9
2009.10	10.1	5.2	9.8	7.8
2009.11	10.0	5.3	9.8	7.8
2009.12	10.0	5.2	9.9	7.8
2010.01	9.7	4.9	9.9	8.0
2010.02	9.7	4.9	10.0	8.0
2010.03	9.7	5.0	10.0	8.0
2010.04	9.9	5.1	10.0	7.8
2010.05	9.7	5.2	10.0	7.8
2010.06	9.5	5.3	10.0	7.8

数据来源：各经济体官方统计网站。
Source: Official Statistical Websites of the Economies.

失业率（季节调整后）
Unemployment rate
(after seasonal adjustment)

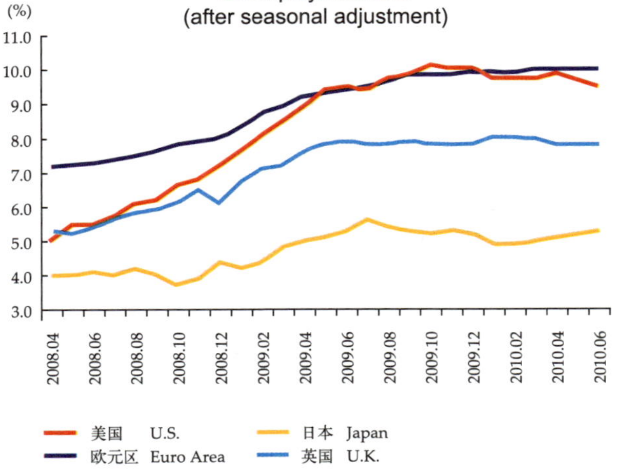

数据来源：各经济体官方统计网站。
Source: Official Statistical Websites of the Economies.

四、国际收支
4. BOP

经常项目差额
Current account balance

单位：10亿美元
Unit: USD billion

年/季 Year/Quarter	美国 U.S.	日本 Japan	欧元区 Euro Area	英国 U.K.
2005Q1	-158.11	44.51	2.03	-13.63
2005Q2	-181.51	38.04	-2.55	-9.32
2005Q3	-198.94	42.69	6.68	-20.99
2005Q4	-210.13	40.54	13.03	-15.46
2006Q1	-180.65	47.27	-10.90	-18.67
2006Q2	-204.74	34.73	-17.97	-16.88
2006Q3	-229.89	45.55	2.07	-24.24
2006Q4	-188.27	42.97	26.49	-21.08
2007Q1	-179.33	57.19	8.08	-23.80
2007Q2	-191.63	46.41	-5.54	-18.73
2007Q3	-186.53	58.23	13.76	-26.36
2007Q4	-169.08	48.66	12.55	-5.84
2008Q1	-156.50	62.55	-51.44	-1.00
2008Q2	-189.67	36.73	-68.30	-12.97
2008Q3	-205.68	38.98	-54.52	-14.65
2008Q4	-154.21	18.38	-42.63	-11.28
2009Q1	-86.52	27.07	-48.47	-7.01
2009Q2	-98.38	33.42	-29.86	-8.38
2009Q3	-119.24	43.68	-5.12	-10.36
2009Q4	-115.74	38.02	10.29	-2.94

资本项目差额
Capital account balance

单位：10亿美元
Unit: USD billion

年/季 Year/Quarter	美国 U.S.	日本 Japan	欧元区 Euro Area	英国 U.K.
2005Q1	-2.59	-1.17	0.69	1.39
2005Q2	-0.51	-0.66	4.50	1.39
2005Q3	14.91	-0.34	4.33	0.54
2005Q4	-0.47	-2.71	4.72	-0.50
2006Q1	-1.72	-2.52	0.27	1.06
2006Q2	-1.02	-1.23	1.89	-1.15
2006Q3	-0.54	-0.30	3.98	0.91
2006Q4	-0.63	-0.71	5.59	0.99
2007Q1	-0.55	-2.09	5.22	0.71
2007Q2	-0.12	-0.18	3.89	0.91
2007Q3	-0.63	-0.60	3.64	1.26
2007Q4	-0.60	-1.16	-6.74	2.29
2008Q1	-0.64	-1.54	6.76	1.83
2008Q2	-0.68	-0.72	2.93	1.93
2008Q3	2.97	-1.10	2.39	1.12
2008Q4	-0.70	-2.11	2.21	1.17
2009Q1	-0.71	-1.04	1.89	1.19
2009Q2	-0.72	-0.76	2.93	1.47
2009Q3	-0.72	-1.98	2.03	1.44
2009Q4	-0.71	-1.21	4.39	1.59

经常项目差额
Current account balance

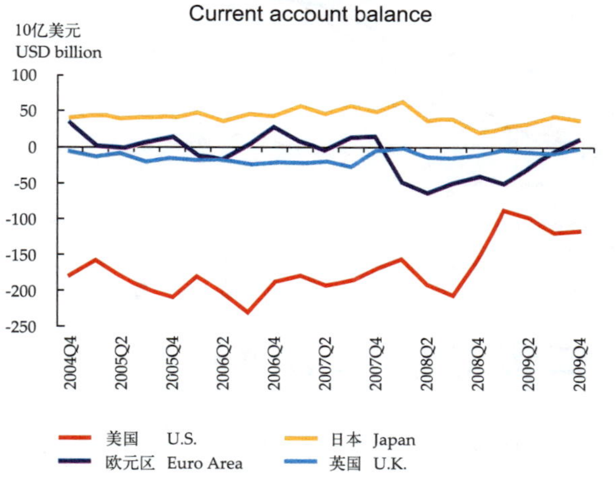

数据来源：国际货币基金组织《国际金融统计》(2010年7月)。
Source: *International Finance Statistics*, IMF, July, 2010.

资本项目差额
Capital account balance

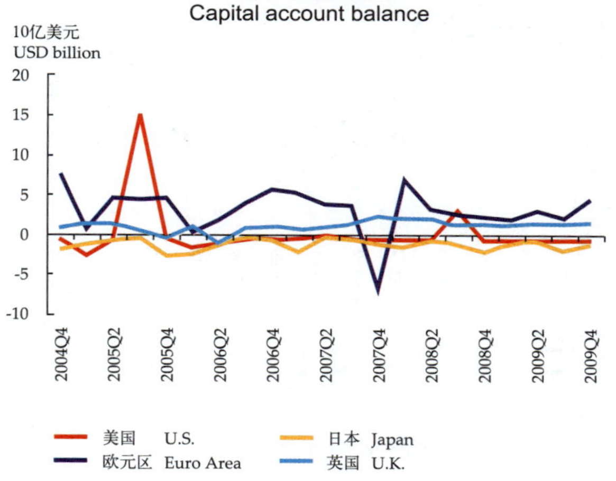

数据来源：国际货币基金组织《国际金融统计》(2010年7月)。
Source: *International Finance Statistics*, IMF, July, 2010.

金融项目差额
Financial account balance

单位：10亿美元
Unit: USD billion

年/季 Year/Quarter	美国 U.S.	日本 Japan	欧元区 Euro Area	英国 U.K.
2005Q1	95.41	-41.88	-17.39	-6.66
2005Q2	84.45	-23.21	-6.81	19.11
2005Q3	208.69	-29.83	-17.57	6.63
2005Q4	298.08	-27.76	-29.61	33.54
2006Q1	150.39	-36.34	8.96	12.57
2006Q2	198.57	-18.31	14.32	28.37
2006Q3	239.97	-28.39	-5.15	13.57
2006Q4	217.84	-19.30	-44.92	15.02
2007Q1	220.59	-59.10	-9.21	14.06
2007Q2	191.84	-36.70	-6.93	11.14
2007Q3	82.87	-50.32	15.29	20.61
2007Q4	168.38	-41.12	-17.57	20.37
2008Q1	158.73	-66.17	49.35	3.01
2008Q2	107.18	-37.24	59.00	2.69
2008Q3	138.94	-28.34	78.00	-7.68
2008Q4	105.06	-40.88	50.05	23.48
2009Q1	29.00	-63.40	58.91	5.43
2009Q2	65.50	-20.55	16.71	1.72
2009Q3	130.08	-28.18	47.30	21.67
2009Q4	56.53	-18.02	-5.45	9.31

金融项目差额
Financial account balance

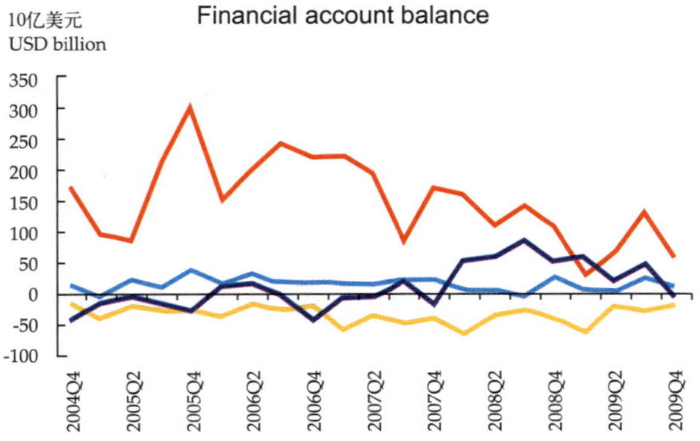

美国 U.S.　　日本 Japan
欧元区 Euro Area　　英国 U.K.

数据来源：国际货币基金组织《国际金融统计》(2010年7月)。
Source: *International Finance Statistics*, IMF, July, 2010.

五、利率
5. Interest Rates

1.中央银行目标利率
(1) Central bank base rates

中央银行目标利率
Central bank base rates

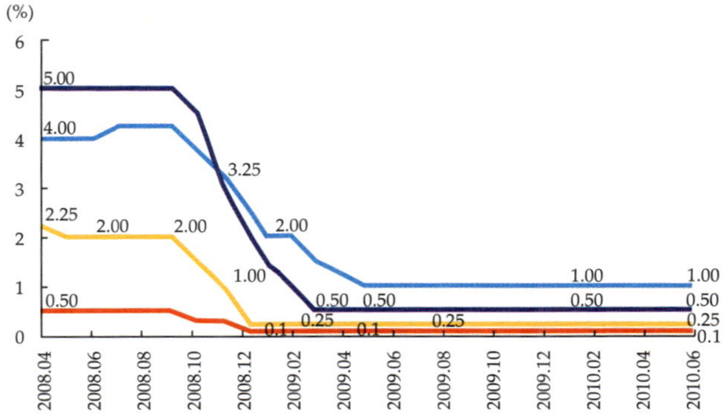

美国联邦基金目标利率
Target for the federal funds rate
日本同业拆借市场隔夜利率
The weighted average of the uncollateralized overnight call rate
欧元区再融资利率
The minimum bid rate on the main refinancing operations
英格兰银行官方利率
Official bank rate

数据来源：各经济体中央银行统计网站。
Source: Central Bank Websites of the Economies.

2.短期利率

(2) Short-term interest rates

3个月期银行间市场拆借利率（年率，月平均）
3-month inter-bank rate (annualized, monthly average)

单位：% Unit: %

年/月 Year/Month	美元 USD	日元 JPY	欧元 EUR	英镑 GBP
2009.04	1.11	0.57	1.42	1.48
2009.05	0.82	0.53	1.28	1.30
2009.06	0.62	0.49	1.23	1.21
2009.07	0.52	0.43	0.97	1.03
2009.08	0.42	0.40	0.86	0.80
2009.09	0.30	0.36	0.77	0.62
2009.10	0.28	0.33	0.74	0.56
2009.11	0.27	0.31	0.72	0.60
2009.12	0.25	0.28	0.71	0.61
2010.01	0.25	0.26	0.68	0.60
2010.02	0.25	0.25	0.66	0.60
2010.03	0.27	0.25	0.65	0.60
2010.04	0.31	0.24	0.64	0.60
2010.05	0.46	0.24	0.69	0.66
2010.06	0.54	0.24	0.73	0.70

3个月期银行间市场拆借利率（年率，月平均）
3-month inter-bank rate
(annualized, monthly average)

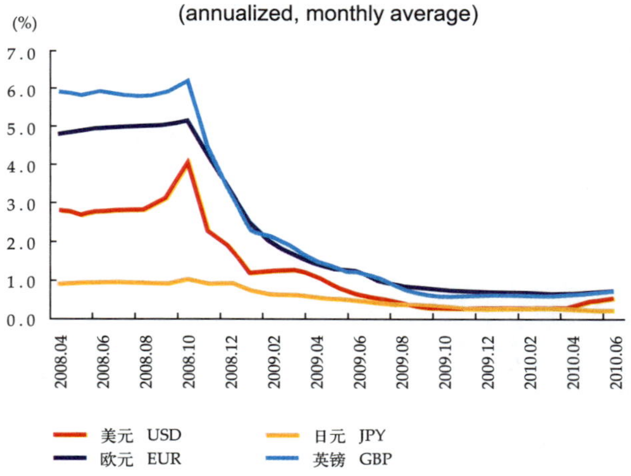

数据来源：《欧洲中央银行统计月报》及CEIC。
Source: *Monthly Bulletin of ECB*, CEIC.

3.长期利率

(3) Long-term interest rates

10年期国债收益率（年率，月平均）
10-year government bond yield
(annualized, monthly average)

单位：% Unit: %

年/月 Year/Month	美元 USD	日元 JPY	欧元 EUR	英镑 GBP
2009.04	2.93	1.35	4.09	3.49
2009.05	3.29	1.45	4.14	3.73
2009.06	3.72	1.53	4.32	3.82
2009.07	3.56	1.35	4.09	3.91
2009.08	3.59	1.45	3.89	3.81
2009.09	3.40	1.33	3.86	3.76
2009.10	3.39	1.26	3.80	3.67
2009.11	3.40	1.44	3.83	3.87
2009.12	3.59	1.25	3.88	4.02
2010.01	3.73	1.34	4.10	4.16
2010.02	3.69	1.35	4.11	4.22
2010.03	3.73	1.33	3.98	4.23
2010.04	3.85	1.40	4.16	4.25
2010.05	3.42	1.32	3.68	3.91
2010.06	3.20	1.28	3.70	3.71

10年期国债收益率(年率，月平均)
10-year government bond yield
(annualized, monthly average)

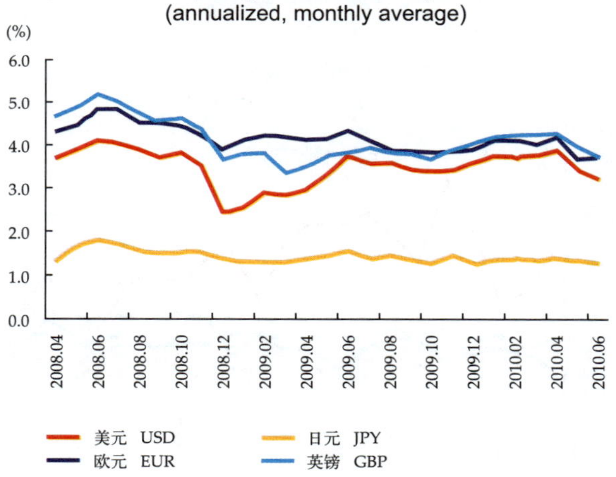

数据来源：CEIC。
Source: CEIC.

六、汇率
6. Exchange Rates

汇率（月平均）
Exchange rates (monthly average)

年/月 Year/Month	美元/欧元 USD/EUR	美元/英镑 USD/GBP	日元/美元 JPY/USD
2009.05	1.3628	1.5413	96.30
2009.06	1.4015	1.6358	96.52
2009.07	1.4087	1.6350	94.50
2009.08	1.4267	1.6552	94.84
2009.09	1.4560	1.6339	91.49
2009.10	1.4815	1.6183	90.29
2009.11	1.4914	1.6588	89.19
2009.12	1.4599	1.6244	89.56
2010.01	1.4270	1.6172	91.16
2010.02	1.3684	1.5620	90.28
2010.03	1.3593	1.5048	90.52
2010.04	1.3408	1.5325	93.38
2010.05	1.2572	1.4631	91.77

实际有效汇率（月平均，2005年=100）
Real effective exchange rates
(monthly average, year 2005=100)

年/月 Year/Month	美元 USD	欧元 EUR	日元 JPY	英镑 GBP
2009.01	101.9	108.5	110.7	81.2
2009.02	104.2	106.4	110.0	83.9
2009.03	106.0	110.0	102.0	82.2
2009.04	104.1	109.5	97.5	84.2
2009.05	100.2	110.0	96.3	86.0
2009.06	97.5	111.1	95.9	89.8
2009.07	95.7	111.3	99.2	89.6
2009.08	93.5	111.5	98.8	89.9
2009.09	92.0	113.0	101.0	87.1
2009.10	90.7	114.4	100.5	84.9
2009.11	90.1	114.3	101.0	86.5
2009.12	90.9	113.0	100.9	85.8
2010.01	91.5	110.9	99.0	86.5
2010.02	93.3	108.0	101.2	85.8
2010.03	92.9	107.9	100.8	82.6
2010.04	93.0	106.4	97.7	84.7

汇率(月平均)
Exchange rates (monthly average)

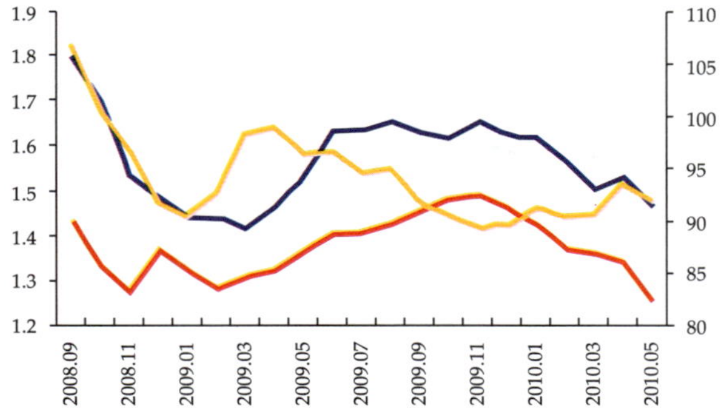

美元/欧元（左坐标） USD/EUR (LHS)
美元/英镑（左坐标） USD/GBP (LHS)
日元/美元（右坐标） JPY/USD (RHS)

数据来源：国际货币基金组织《世界金融统计》(2010年7月)。
Source: *International Finance Statistics*, IMF, July, 2010.

实际有效汇率(月平均，2005年=100)
Real effective exchange rates
(monthly average, year 2005=100)

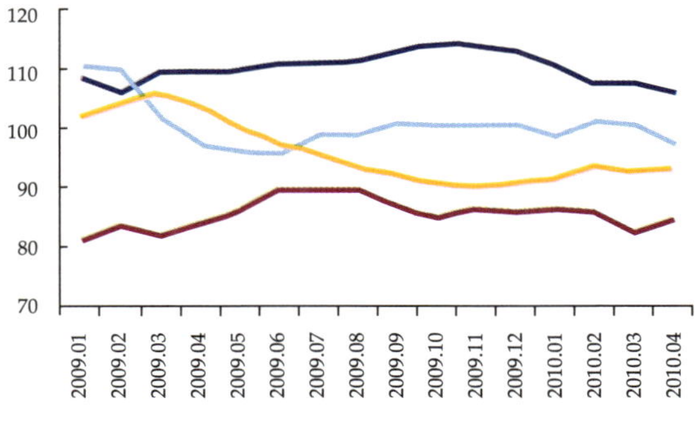

美元 USD　　欧元 EUR
日元 JPY　　英镑 GBP

数据来源：国际货币基金组织《世界金融统计》(2010年7月)。
Source: *International Finance Statistics*, IMF, July, 2010.

七、股票市场指数
7. Stock Market Indices

主要股票市场指数（期末）
Major stock market indices (end-period)

年/月 Year/Month	美国道琼斯30种股票平均价格指数 Dow Jones 30	纳斯达克综合指数 NASDAQ	日本日经225种股票平均价格指数 Nikkei 225	道琼斯欧元区STOXX50股票指数 Dow Jones EURO STOXX 50
2009.04	8 168	1 717	8 828	2 380
2009.05	8 500	1 774	9 523	2 451
2009.06	8 447	1 835	9 958	2 402
2009.07	9 172	1 979	10 357	2 638
2009.08	9 496	2 009	10 493	2 775
2009.09	9 712	2 122	10 133	2 873
2009.10	9 713	2 045	10 035	2 744
2009.11	10 345	2 145	9 346	2 797
2009.12	10 428	2 269	10 546	2 965
2010.01	10 067	2 147	10 198	2 777
2010.02	10 325	2 238	10 126	2 728
2010.03	10 857	2 398	11 090	2 931
2010.04	11 009	2 461	11 057	2 817
2010.05	10 258	2 257	9 769	2 610
2010.06	9 774	2 109	9 383	2 573

主要股票市场指数（期末）
Major stock market indices (end-period)

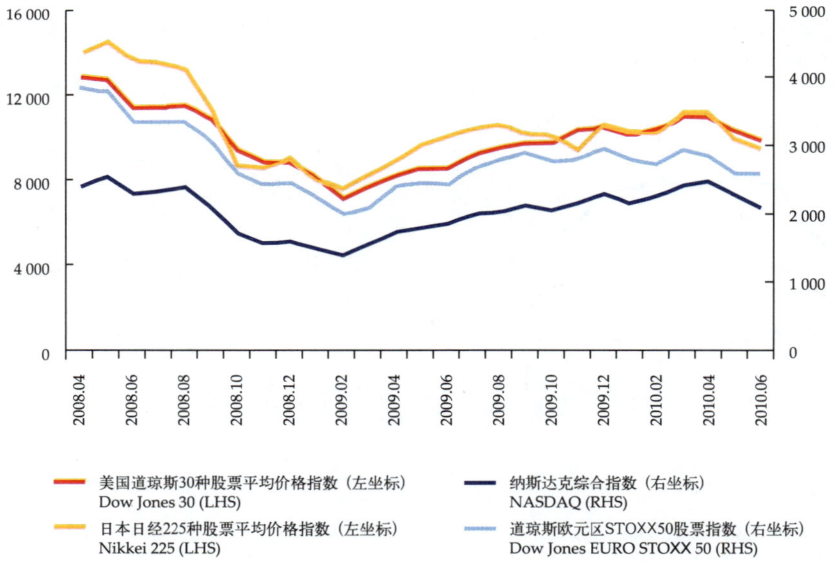